杏坛追梦
考导求索

汪　瀛/著

历史复习与考试研究

光明日报出版社

图书在版编目（CIP）数据

杏坛追梦·考导求索 ／ 汪瀛著．--北京：光明日
报出版社，2019.3
ISBN 978－7－5194－5084－7

Ⅰ.①杏… Ⅱ.①汪… Ⅲ.①中学历史课—教学研究
—高中 Ⅳ.①G633.512

中国版本图书馆 CIP 数据核字（2019）第 040271 号

杏坛追梦·考导求索
XINGTAN ZHUIMENG · KAODAO QIUSUO

著　者：汪　瀛	
责任编辑：石建峰	责任校对：赵鸣鸣
封面设计：中联学林	责任印制：曹　净

出版发行：光明日报出版社

地　　址：北京市西城区永安路 106 号，100050

电　　话：010－63131930（邮购）

传　　真：010－63131930

网　　址：http：//book.gmw.cn

E－mail：shijianfeng@gmw.cn

法律顾问：北京德恒律师事务所龚柳方律师

印　　刷：三河市华东印刷有限公司

装　　订：三河市华东印刷有限公司

本书如有破损、缺页、装订错误，请与本社联系调换，电话：010－67019571

开　　本：170mm×240mm

字　　数：278 千字　　　　　印　张：17

版　　次：2019 年 4 月第 1 版　　印　次：2019 年 4 月第 1 次印刷

书　　号：ISBN 978－7－5194－5084－7

定　　价：58.00 元

有人说，高考是中国最公平、公正、公开，也是最符合中国国情的一种选拔人才的方式。如果没有具有明确标准的高考，中国的人才选拔很可能变为金钱、权力、关系的竞争。这样，那些社会弱势群体，尤其是农村孩子很难鱼跃龙门，社会阶层将严重固化。因此，中国的高考纵有万般不是，却最大限度保证了人才选拔的公平和公正。

或许正因为高考在中国人才选拔中无比重要，对人的一生无比重要，基础教育，尤其是高中教育就成为整个社会关注的焦点之一。从某种意义上说，高考竞争，就是被选拔者接受基础教育的竞争，尤其是他们接受高中教育的竞争。于是，从事基础教育的教师，尤其是从事高中教育的教师，责任就显得无比重大。他们不仅肩负着党和国家、民族与社会赋予的重任，还肩负着家庭和学生的前途与命运，所以每位教师都不得不竭尽全力，肩挑重担，如履薄冰，战战兢兢地前行在教育路上……

序

人总是有梦想的。

人的梦想会因人而异。每个人的生活、学习、工作的环境不同，其梦想也自然存在差异，这或许就是我们常说的环境造就人生吧。

人的梦想也因人的成长而变化。人们儿时的梦想，与成人之后的梦想，可能存在巨大差异，甚至完全相反。说得好听一些，这是与时俱进；说得难听一些，这是见异思迁。

我虽平凡，但也有属于自己的梦想。

我的儿时梦想是什么？说来惭愧，我现在已无法追忆。我想，即便能追忆出来，也没有什么光耀的色彩。我敢肯定，它不如同时代的城镇儿童所说的，长大了要当科学家、解放军、工人、干部、白衣天使……因本人身居乡野山村，眼光所及，无非就是长辈们的农田劳作、五谷杂粮、山川河塘；更不会像当今儿童所追求的明星梦、高官梦、老板梦、发财梦、出国梦……

我不怕读者们笑话，至今我能追忆的第一个梦想，竟然是立足农村学一门手艺，有能力养家糊口和给父母养老送终。因为1974年初中毕业失学之后的我，已成为家庭主要劳动力。当时，家里姊妹众多，父母身体不佳，又无任何优质社会资源，我只能面对现实确定自己的梦想。实话实说，当时若能达成这一梦想，我是心满意足的！

高考制度恢复之后，我开始有了新的梦想——考一个中专，跳出农门，使自己成为一名光荣的国家工人。或许造化弄人，因种种因素制约，我这一梦想也没有变成现实。

人生际遇，有时确实不以自己的意志为转移。我虽然没有考上中专，但由于坚持自学，1980年的高考成绩竟然上了湖南省本科录取线。后来，我被当时的衡阳师范专科学校录取。对于这个结果，我仍然高兴莫名，因为我有机会成为一名光荣的人民教师。

既然我未来的职业是当时社会大力讴歌的"人类灵魂的工程师"，那么我的梦想就是做一个深受学生欢迎和爱戴的历史教师，力争不误人子弟，且为实现这个梦想奋斗至今而没有丝毫改变。实事求是地说，教师作为一种社会职业，在当时社会地位并不怎样，经济收入平平，但对于一个农民出身、胸无大志的我来说，能做一名光荣的人民教师，已经是三生有幸了！

做教师，特别是做一名历史教师，这在社会上不少人看来，似乎并不太难，甚至觉得比较容易。上历史课，不就是给学生讲讲历史故事，然后让学生将相关历史知识背诵下来就行了，保准学生能考个好成绩。其实，持这一想法的人，并不真正了解教师的工作，不了解我们历史教师的教育、教学工作，不了解历史教学与历史高考的要求。

在这个世界上，不论做什么工作，若抱着得过且过，"做一天和尚撞一天钟"的态度去做，可以说都不太难。做教师，做一位深受学生欢迎并且能真正促进学生全面发展的教师还确实不易。当今社会，我们每个人都做过学生，试回想一下，真正受你欢迎，又促进你快速成长的教师可能不会太多。回想自己做学生时，耳闻目睹了不少学生背地里如何议论自己的老师，有些评价至今还历历在目。也许正因为如此，在我看来，要真正实现"做一个深受学生欢迎，不误人子弟的教师"的梦想，绝非易事。因为，我凭什么让自己深受学生欢迎？我凭什么做到不误人子弟？

根据我对教育的肤浅理解，要想让自己深受学生欢迎，要想不误人子弟，除了良好的工作态度——尊重学生、热爱学生、关心学生之外，自己必须在历史学识、教育理论、课程建设、教学方法、学法指导、应试技巧、考试命题、课题研究等方面拥有扎实的功底，并与时俱进，通过学习与研究来不断提升自己，似乎除此再无他法。

教师专业发展是一个终身要求。当今社会是一个飞速发展的社会，知识更新的速度不断加快。曾有教师感慨，教育教学是一个永远说不完的话题，教育教学的完善永无止境。因为，教师的教育教学过程，既是教育和培养学生的过程，也是自己不断学习的过程，教师必须将终身学习的理念贯穿自己的一生，不断完善自己的专业知识、提高专业能力，不断汲取本领域和相关领域的知识、最新的科研成果，提高自己的科研能力，使自己跟上时代发展的步伐，并在教育教学过程中，形成自己的特色。

当今教育不仅要完成党和国家、人民的重托，还要承载社会各界和家长的期望。随着人们对教育的期望不断提高，对教师的期望也越来越高，对教师的素质要求也越来越高。现代教师不仅要有广阔的知识视野、良好的道德修养、健康的心理素质，还要有开拓的创新精神、精湛的教育教学艺术等。因此，作为一名现代教师，必须更新自身观念，将专业发展的需要变成自己的内在需求，变"被动发展"为"主动发展"。教师不仅要成为终身学习者，为学生树立良好的榜样，还要立志成为一名研究者，研究如何促进自我发展和自我实现，做学习型、研究型教师。

如何做一名学习型、研究型教师？我以为，作为一名历史教师，除学习与研究历史、历史课程、历史教育教学外，还得研究历史复习和历史考试。当今中国社会，教师，特别是高中教师，你若不能有效地指导学生学习、复习与考试，你执教的学生若考试成绩不佳，你是难以成为人们心目中的名师的。因为，你所在学校与教育主管部门、你的学生与家长、你的工作与生活空间，有谁不以你执教的学生的考试成绩论英雄？从某种意义上说，你执教的学生考试成绩越优秀，你就越能快速成为人们心目中的名师。

考试作为检测学生的学习结果，或检测学生智能与价值观的一种手段，有其特殊意义。说心里话，本人对于考试与考试研究不感兴趣，尤其是对历史学科的考试与考试研究有时甚至厌烦，尽管本人在众多考试中还差强人意，指导学习复习迎考的效果也相当不错。但本人认为，历史教育的根本意义是让学生感悟历史、涵养品性和增长智慧，提升学生认识人生与认识社会、服务人生与服务社会的能力。

人生发展，有些事往往不以人的主观意愿为转移。本人不喜欢考试，但又不得不认真研究复习与考试之道。因为，本人作为一名高中历史教师，有职责、有义务让自己执教的学生在高考中获得优异成绩，否则，就有可能成为人们心目中的差老师，或不合格的老师。

我不喜欢考试，不喜欢研究复习迎考，但在历史复习与考试研究方面又用时最多，出版的著述与发表的文章最多。我不仅撰写出版过《历史题型解法研究》《历史学习与复习迎考》《中学历史自主学习导引》等专著，还在《历史教学》《中学历史教学参考》《中学历史教学》《历史学习》《中学政史地》《试题调研》《试题与研究》《高中生》《考试报》《现代教育报》《中学生导报·高考历史》《少年智力开发报》等10多家刊物与报纸上发表复习与考试方面的文章及命制的试题近200篇（套），仅《中学政史地》就发表过本人拙作80余篇（套）。本人还主编或参编过历史复习辅导用书50余种。这实在是对我莫大的讽刺！

《杏坛追梦·考导求索》一书，收录了本人20世纪90年代以来有关历史复习与考试方面的研究习作34篇，内容主要涉及历史高考大纲与试题、历史复习方法、历史教材与高考、历史试题命制四个方面。这些习作，或已在不同刊物上公开发表，或已在不同层面以报告的形式交流。本书所收录的有关历史复习与考试方面的研究习作，实际上不到我公开发表文章的1/5。因考虑国家高考制度的改革、高中历史课程标准和教材的巨变，这次收录的文章，既不以发表文章的刊物学术地位或影响力为标准，也不以文章是否被其他刊物转载，或文章的引用量和理论水平为标准，而是以复习迎考的思想方法和启迪为核心，以便于读者借鉴。不过，需要说明的是，另有一些这方面的文章，因其核心或主体内容已在本人公开出版的专著中出现过，这里也不再收录，以避免重复。

当然，本人学识有限，能力不逮，故本书收录的文章，谈不上高深的研究或示范，只不过是鹦鹉学舌、涉及皮毛而已。考试是教育，也是历史教学的重要一环，任何教师都必须勇于面对。我之所以不怕贻笑大方将这方面的习作呈献出来，主要是为了鼓励广大中学教师树立自信，不断自我磨砺，成就教育，成就学生，成就自我！

不过，这里也需要说明一点：就今天发表与出版规范而言，《杏坛追梦·考导求索》中的材料引文和材料注释，包括公开发表的习作，是有明显欠缺的。因时间久远，本人工作单位又几经转换，原有的书刊与笔记业已散失；有些讲稿当时就没有发表之想，撰文时也就没有标注材料出处。凡此种种，现已无法补救，故所有引文或材料注释只能维持原样。若由此而带来谬误，或没有彰显原作者的研究成果，本人特在此致歉！并敬请原作者和广大读者谅解！

汪 瀛

2018 年 7 月 26 日于株洲市第四中学

目 录
CONTENTS

01

高考揭秘

有人说，高考没有秘密。若高考真有什么秘密，那也在历年的高考考试大纲之中。只要教师深入细致地从不同角度研究高考考试大纲，就能够揭开它的秘密，就能有效地指导学生有的放矢地复习迎考；学生就能够在高考中获得优异的考试成绩。

也有人说，高考的秘密并不在高考考试大纲之中。因为，历年高考考试大纲相对稳定，它仅用抽象的语言，对考试性质、能力要求、考查的知识范围等方面做出宏观约定而已，实在有点令人雾里看花。其实，高考的真正秘密隐藏在历年高考试题之中。教师应运用高考考试大纲，深入细致地从不同角度研究历年高考试题，或许可以揭示高考的全部秘密，并从中获得许多有益的启示，为指导师生高效地复习迎考，为学生在未来高考中获得优异成绩奠定坚实基础。

历史是过去的现实，现实是未来的历史。高考中的现实热点问题，不一定是媒体报道最多的问题，历史对现实热点问题的考查，不是简单地附会，而是对历史上的类似于现实问题的本质思考或认识，并从中获得一些规律性的启迪。

近三年高考历史问题答题命题的四大特点①

历史问答题是历年高考历史试卷的主体，也是学生最容易失分的题。恢复高考以来，历史问答题的难度不断增加。特别是近三年，历史问答题的难度越来越大，对应试者的知识和能力要求越来越强。因此，认真研究历史问答题命题特点，并从中获得有益的启示，对执教高中，特别是高三文科班的历史教师来说，是具有重要意义的。综观近三年历史问答题的变化，我以为当今高考历史问答题主要具有以下四大特点：

一、历史基础理论思维能力要求不断强化

中学历史教学要培养学生历史基础理论思维能力，即培养学生辩证唯物主义和历史唯物主义的基本观点，以及运用这些观点观察问题和分析问题的能力。尽管《中学历史教学大纲》早已有明确规定，但长期以来，在高考历史试卷中并没有得到真正的落实。于是，国家考试中心针对这一情况于1992年推出历史学科考试的十条能力要求，明确提出了要考查学生"通过历史现象初步理解辩证唯物主义和历史唯物主义的基本观点，如原因和结果（包括互为因果）、共性和个性、形式和内容、现象和本质、主要矛盾和次要矛盾、继承和发展、生产力和生产关系、经济基础和上层建筑等"。并在当年高考历史试卷中首次推出"材料分析评论问答题"，要求学生就清代史学家赵翼在《唐女娲》中所说"开元之治，几于家给人足，而一杨贵妃以败之"，结合对唐朝由盛转衰原因认识，分析评论赵翼的这一观点。这一题实际上考查了学生能否运用辩证唯物主义和历史唯物主义基本观点透过历史现象看本质，正确评价历史人物

---

① 本文发表于山西教育学院主编全国中文核心刊物《教学与管理》1995年第3期。中国人民大学报刊复印中心《中学历史教学》1995年第5期全文转载。

的能力。1993年高考历史试题，无论是传统组，还是新科目组的问答题，都从不同角度考查了学生历史基础理论思维能力。1994年的《考试说明》中"能力要求"部分之二，在"通过历史现象初步理解辩证唯物主义和历史唯物主义的一些概念或观点"之后，加上了"用辩证唯物主义和历史唯物主义的基本观点分析历史现象"一层含义。这就进一步强化了历史基础理论思维能力的考查。1994年高考历史新科目组命题者，正是依据这一精神，在三道历史问答题命题时都紧扣《中学历史教学大纲》"生产力和生产关系的矛盾是任何社会发展的根本动力，而生产力又是最活跃、最革命的因素。在阶级社会中，生产力和生产关系的矛盾，集中地体现为阶级和阶级斗争，阶级斗争是阶级社会历史发展的直接动力之一"这一具体原理，要求考生在充分理解和掌握生产力是推动社会发展最活跃、最革命的因素的基础上，分析生产力的发展对阶级结构、意识形态、革命前途等方面产生的决定性影响。

然而，只要我们认真研究近年高考学生的历史试卷，就不难发现，学生的历史基础理论思维能力是很差的。造成这一后果的原因虽然很多，但最主要的还是我们中学历史教师平时教学忽视历史基础理论教学的结果。因此，提高中学生历史基础理论思维能力，一是中学历史教师要从自己做起，加强历史基础理论学习，提高自身素质，彻底更新教学观念，高度重视历史基础理论教学。二是从高一起，就必须严格要求，有意识、有计划地结合每章节教学具体内容，培养学生用辩证唯物主义和历史唯物主义基本观分析、解决历史实际问题的能力。三是历史复习，既要高度重视历史知识的网络化和系统化，又要在平时按马克思主义史学理论组织教学的基础上，通过具体实例将历史基础理论体系做一深入浅出的系统介绍和训练，在有限时间内，最大限度地提高历史基础理论思维能力。

二、紧扣现实命题，强化思想品德教育

向学生进行思想教育，既是历史学科的重要功能，也是《中学历史教学大纲》规定的三大任务之一，近三年高考历史问答题都是紧扣当今社会现实命题，很好地突出了历史学科思想品德教育功能，现逐一分析如下：

1992年第49题，它通过对比分析伟大的民主主义者孙中山在辛亥革命后到五四运动前夕为维护民主共和而斗争的事迹和中国共产党在新中国诞生后直到中共八大召开前夕为在中国建立社会主义制度所做的努力产生的不同

结果，向学生进行了一次生动的国情教育和社会主义救中国的教育。

1993 年高考题，无论是传统科目组，还是新科目组的历史问答题，进一步突出了思想品德教育这一主题。传统科目第 42 题要求考生在答题中理解并客观地贯彻民族关系史上的若干思想观点，如我国是一个多民族国家，各民族间进行频繁的经济文化交流；民族间有战争，有和平，和平是历史的主流，和平更有利于社会的进步；汉族人民和少数民族一道为国家的经济建设，尤其是对边疆地区的开发做出了贡献；体现了中华文明是由各民族人民共同缔造的思想。第 43 题启发和引导学生独立思考，分析对比近代中国各阶级的思想观点以及它们不同的结果，从分析比较中使考生深刻认识到：只有以毛泽东为代表的革命知识分子，接受了马克思主义和共产主义思想，缔造了中国共产党；毛泽东把马克思主义的理论和中国革命实践相结合，指出建立农村革命根据地、武装夺取政权和建立最广泛的革命统一战线等主张。毛泽东思想是中国革命的指导思想，运用这一思想，终于赢得了新中国的正确历史结论。新科目组的第 51 题，通过对"八股取士"危害的分析，向考生进行了一次深刻的解放思想、求实创新和关心国家前途命运的教育；第 52 题旨在引导认识帝国主义的本质，从而正确认识当今国际帝国主义国家种种行径的实质；第 53 题则在于启发学生认识团结一切力量，打击世界上最凶恶最反动势力的重要意义。

1994 年更进一步突出了思想品德教育。传统科目组第 45 题，考生通过就苏联经济政策对中国的影响及我国后来经济政策的变化分析，从而认识到学习外国经验，必须从中国的国情出发，切忌形而上学，照搬他国经验，并进一步深刻领会党的十一届三中全会以来，根据中国的国情，党中央提出社会主义市场经济的理论，走建设有中国特色的社会主义道路的重要意义。传统组第 43 题和新科目组第 41 题在动荡的国际形势下，强调了墨子"非攻"思想；传统组第 44 题和新科目组第 42 题，通过中国维新思想与法国启蒙思想的比较，让考生进一步了解中国国情。特别是新科目组第 43 题，要求考生依据历史唯物主义观点去评论历史唯物主义创始人马克思和恩格斯的言论，渗透着尊重历史发展规律、实事求是的思想方法和如何正确对待马克思主义理论的思想教育。此题告诉考生，不能僵化教条主义地看待马克思主义的理论，不同时期产生的马克思主义的观点，必然打上哪个时代的烙印，有哪个时代的局限性。马克思主义在历史进程中不断地修正、丰富、完善，这正是它强大生命力之所在。如果把导师们的每一句话都看成是万世不变的教条，不但不符合历史唯物主义观点，而且只能使马克思主义停滞和消亡。此题要求考生以发展的观点看待马克思主义，正是我们在新的历史条件下发展马克思主义所需要的。

运用历史向学生进行思想品德教育历来被中学历史教师看作是软任务，随意性很大，难以落到实处。而近年高考历史题紧扣社会现实问题，突出了历史思想品德教育功能。这就启示我们，中学历史教学应在加强基础知识和基础理论教学的同时，要抓住当今时代脉搏，借古鉴今。尤其是高三文科班历史复习课时，教师要有意识、有计划地紧扣当前社会上的重大问题和国际上的风云变幻大势，拟定一些问题，让学生去分析。它既有利于培养学生的能力，又有利于充分发挥历史思想品德教育功能，从而为学生参加高考奠定坚实的基础。

三、比较题的分量重

没有比较就没有鉴别。比较是鉴别事物异同关系的思维过程，它往往是从分析、综合到抽象、概括的桥梁；它是揭示事物矛盾，把握事物内在联系，从而认识事物本质的有效方法。综观近三年高考问答题，比较性问答题的分量很重，占整个问答题比重的 1/3 至 2/3。1992 年高考三道历史问答题中，第 49 题和第 50 题都是比较性问答题。前者要求考生比较孙中山为维护民主共和进行斗争的结果和中共八大前中国共产党为在中国建立社会主义制度做出努力的结果，说明导致两种结果的原因，从而认识只有社会主义才能救中国。后者则要求考生比较印度历次反对英国殖民统治争取民族解放斗争，归纳出各次斗争的特点。1993 年高考历史问答题中，传统组和新科目组都有一道比较性问答题。传统科目组第 43 题是要考生比较说明民主革命时期魏源、洪秀全、康有为、孙中山、毛泽东的基本思想及其实践效果。新科目组第 51 题，实质上是要求考生对比分析明朝"八股取士"和秦朝"焚书坑儒"，评论顾炎武"八股之害，等于焚书，而败坏人才，有甚于咸阳之郊所坑者但四百六十余人也"这一观点的正误。1994 年高考历史问答题，比较性问答题在传统科目组中都增加到二题。其中传统科目组的第 44 题是同一题，要求考生比较中国的维新变法思想与法国启蒙思想在促进社会变革的作用上有何不同，并说明其原因。新科目组第 43 题，实际上是要求考生在比较、明确恩格斯在 1848 年和 1895 年两种不同观点的基础上，只有比较分析 19 世纪 50、60 年代欧洲大陆发生的重大事件的原因和性质，才能判断恩格斯的结论是否正确，才能推断出恩格斯观察历史主要着眼于社会生产力的发展。传统科目组第 45 题，是要求考生比较说明两次世界大战苏美两国经济政策的重大变化及其原因，并分析指出美苏经济政策对战后西方世界经济政策和中华人民共和国经济政策的影响。

由于近三年高考历史问答题中，比较性问答题所占分量很重，因此，我们教师在平时历史教学，特别是高三历史复习时，要加强学生比较能力的培养，既要引导学生进行纵向比较，即从时间上对不同国家的不同时期的历史进行比较研究，"求常求变"；又要启发学生进行横向比较，即从地域上对不同国家或民族的历史进行比较研究，"求同求异"。通过纵横比较，在"常"与"同"中把握共性，认识历史发展的普遍规律；于"变"与"异"中把握个性，认识历史发展的特殊规律。同时，教师在进行历史比较教学时，既要重视历史上国家的政治、经济、文化、军事等重大方面的纵横比较和整体比较，又要重视单个历史事件、历史现象、历史人物的细小方面的纵横比较。只有这样，才能提高学生的历史比较能力，才能有效地高质量地完成高考历史比较性问答题。

四、旧题翻新，难度增加

高考历史试卷不出已考试题的知识点，曾成为我们高三历史教师指导学生复习应考的重要指导思想。但综观近三年的历史问答题，这种经验认识是不完全正确的，应该予以修正。实际上，近三年高考历史问答题是"重复"了以前的列举和问答题的有关历史知识内容的。1992 年问答"从中华民国成立到五四运动前，孙中山为维护民主共和进行了哪些斗争？结果如何？从中华人民共和国成立到中共八大前，中国共产党为在中国建立社会主义制度做出了哪些方面的努力？结果如何？说明导致上述两种结果的根源。"它重复了 1979 年问答中"举出中国革命先行者孙中山先生的重要革命活动"的一些内容。1993 年新科目组问答第 51 题，实际上是 1985 年副卷中"列举秦、西汉、明、清加强思想统治的重要措施"秦、明加强思想统治措施的深化。第 53 题，也包含了 1987 年列举第 8 题一些内容。本年传统科目组第 43 题问答，包含了 1990 年问答第 2 题和 1983 年问答第 2 题的某些内容；第 44 题则包含了 1979 年问答第 2 题的一些内容。1994 年新科目组问答第 41、42 题和传统科目组的问答第 43、44 题，分别重复了 1988 年问答第 1 题和 1983 年问答第 2 题的一些内容。同时新科目组的第 43 题，则包含了 1983 年问答第 3 题的一些内容。

在上面比较中，我们可以看出，近三年高考历史试卷中的问答题，不仅"重复"过以前某些列举、问答题的某些内容，而且比率逐年增加。不同的是，它不是一种简单的重复，而是旧题翻新，难度大大增加。例如：1988 年高考历史问答题"试述我国战国时期'诸子百家'的代表人物以及他们的重要主张"，墨子及其主张只是考查内容的一小部分。能够答出墨子是墨家的代表人物，主张"兼爱""非攻"；提倡节约，反对浪费；主张选举贤能之人做天子、国君和官吏，即可得 2 分（该题满分为 9 分）。其他各家代表及其主张的答案也都是如此思维格局。这些答案基本上是教材原文。它实际上是考查学生的记忆能力和归纳概括能力。1994 年高考问答是："墨子说：'欲天下之富而恶其贫，欲天下之治而恶其乱，当兼相爱，交相利。'又说：'（战争）春则废民耕稼树艺，秋则废民获敛……百姓饥寒冻馁而死者，不可胜数。'就上引言论，指出其思想核心（2 分），说明其社会根源（6 分），并分析其积极意义（6 分）。"本题首先引入墨子言论的两段原始材料，渗透了语文知识，提供了新的历史情景。接着，在这个前提下逐次递进地提出了能力要求。能联系所学知识从材料中提炼出"兼爱""非攻"是墨子思想核心，仅得 2 分。进而，能够揭示出墨子是小生产者代表及其渴望温饱富裕，渴望和睦安定的社会根源（历史背景）可得 6 分。最后，能够精当分析墨子思想的积极意义，可得 6 分。它考查了学生是否能从所给材料中获取有效信息，提炼墨子言论信息，分析墨家主张产生的社会根源、阶级属性，评论墨子思想的历史意义和现实意义，是一道颇具深度的分析评论题。其难度就大大超过了 1988 年那道历史问答题了。

高考历史问答题旧题翻新，难度加大的客观事实告诉我们，首先我们不应该忽视业已考过的内容，否则我们在高考历史中就会吃亏；其次，复习已考的问答题的历史知识内容时，不要炒回锅肉，而要变换角度，深入发掘，启发学生从不同角度对这些历史知识进行理论分析，培养学生运用历史基础理论分析问题和解决问题的能力。这样，我们的考生在未来的高考历史中，就会立于不败之地，取得优异成绩。

高中历史新课标与高考历史命题①

高考历史命题走向是每一位高三历史教师和文科学生十分关注的事。因为，它事关高三历史教师的教学方向和高三文科学生学习方向及明年高考的成败。2006 年高考"文科综合"或"历史"一考完，不少学校师生叫苦不迭，因为不少试题与师生们事先预测相去甚远。造成这一现象的原因固然很多，但一个重要原因是大多数历史教师对高考历史学科命题与高中历史新课程标准的关系研究不够。随着高中历史新课程标准教材的使用与深入推广，高考历史命题越来越向新课程标准靠拢。下面，就高考历史命题与新课程标准的关系，谈一些粗浅认识，供高三历史教师和广大文科学生学习历史时参考。

一、突出课程资源的宏观整合与微观领悟有机结合

《普通高中历史课程标准》（实验稿，下同）明确规定："普通高中历史课程在体系构建上，既注意与初中课程的衔接，又避免简单的重复，遵循高中历史教学规律。"正因为如此，无论是新课程标准中的必修或选修模块知识体系的构建，还是依据新课程标准编写的各种版本的高中新课标教材，都是宏观的专题体系。不过，每个版本的高中新课标教材，在解析"课标"中每一个知识点时，是编写得比较详细的。历史新课程这一特点，反映在高考命题上，就是文科综合试卷中"专题式"的一拖几选择题组和非选择的大跨度综合题。如 2006 年全国文科综合卷 I 中的选择题包括了"政治机构与制度的变化""社会主义运动史""法德关系史"三个"专题"，非选择题包括

---

① 本文发表于《中学政史地·高中历史》2006 年第 9 期。

"中华文明融合发展史""列强侵华史"两个专题;文科综合四川卷中的选择题包括"元明清对地方管理""历史上的杰出妇女""国际组织的作用"三个"专题",非选择题包括"中国现代化(近代化)史"和"科技革命史"两个专题。

《普通高中历史课程标准》还规定:"凡是对实现课程目标有利的因素都是课程资源。"认为"充分利用和开发历史课程资源,有利于历史课程目标的实现"。因此,命题者在选材方面也着眼于课程资源的整合。如全国文科综合卷 I 的第 37 题"中华文明史"题,选材视野开阔,思路大而立意深远,较好地整合了相关资源,有利于实现紧扣社会发展脉搏"以史为鉴"的教学目标。第 39 题第(2)问,让学生分析通商口岸对近代中国社会的双重影响。与此相对应的教材所呈现的内容重在说明对中国带来的危害,在高考考查中却多了一个视角,让学生从上海发展成为中国第一繁盛商埠中认识到,通商口岸在客观上给中国带来了一些积极的因素。它体现了在新课改引领下整合课程资源、与新课程衔接的导向,呈现出题在课外、理在课内的特色。

二、命题范式多样化与文明史成为历史命题的主流

《普通高中历史课程标准》规定:"在内容的选择上,应坚持基础性、时代性,应密切与现实生活和社会发展的联系""历史教科书呈现方式应多样化"。由于这一指导思想,加之当前,我国史学研究的范式已从单一走向多元,采用新范式的研究者日渐增多,而在新范式中,人们日益重视从人类文明演进的视角来研究历史,把握历史发展的脉络。因此,这一思想已为更多的学者所接受,并在新的课程体系中得到体现。在方兴未艾的全国各地的课改中,新课标历史教材大都是以"文明史观"来编纂的。从根本上说,人类历史就是人类文明发展史。人类文明的发展以及人类自身的文明化,是演进的基本线索,人类创造、积累文明的过程及其所获得的成果是历史的基本内容,它包括物质文明、精神文明、制度文明三个部分的内容。

历史新课程这一特点反映在高考命题上,就是命题者用不同的史学范式命制高考历史试题,如史学界广泛流行的生产力范式、近代化范式、整体史范式、全球化范式等新思想、新思维、新观念在高考试题中都有反映,而且大都成为耳目一新的高考亮点。但从近几年的命题趋势来看,文明史范式、文化史范式已成为指导历史命题的主流。2006 年高考各套文科综合卷或历史

卷，都有相当分量的试题，从不同的角度考查了人类文明或文化发展史。如
2006年高考全国文科综合卷Ⅰ中的历史试题，从游牧文明、农业文明、工业
文明全方位地考查了人类文明的发展史，尤其考查了不同时期、不同类别、
不同性质的各种文明的冲突与融合。具体表现如下：

选择题的第一组第12—15题，主要考查了中国近现代史上的制度文化或
政治文明发展变化，它反映了先进的中国人一方面吸收西方政治文明的伟大
成果，另一方面也根据中国的国情进行了政治制度的创新，中国政治文明的
水平在文明的继承与交流中得到了新的发展。

选择题的第二组第16—19题，以"社会主义运动史"为主题，重点考
查了"1871年巴黎公社是无产阶级推翻资产阶级统治，建立无产阶级专政的
第一次伟大尝试"以及"俄国十月革命胜利的划时代意义"和"十月革命对
半殖民地半封建社会中国的影响"等。它反映了资产阶级文化和无产阶级文
化的差异和冲突，有利于引导考生从政治文明、制度文明的视角来审视社会
发展、进步。

选择题的第三组第20—22题，以"和平安全"为主题，透过错综复杂
的法德关系，考查了法德两国历史上从矛盾、战争到和解、合作的过程，反
映了法德两国的发展理念变化，即极端的民族主义→武力战争→和平发展→
合作发展的变化历程。文化的冲突与融合在这里得到了最好的注解。

非选择题的第37题，全方位立体地考查了中国古代史上胡汉文化或少
数民族的游牧文化与华夏族的农耕文化、北方的游牧文明与中原的农业文明
之间的冲突与融合，反映了先进的文化必然战胜落后的文化，强势的文明必
然战胜弱势的文明，同时先进的文化、强势的文明也吸收落后的文化、弱势
的文明中的优秀文化成果和先进文明来丰富、发展自己的文化和文明。它能
使考生认识到：文化的交流是双向的，我国是一个以汉族为主体的统一的多
民族国家，各民族在历史和文化上虽然发展程度不同，但是互相联系，互相
影响，共同发展，对共同缔造与促进伟大的中华民族的形成、发展与壮大都
有重要的贡献，中华文明是历史上各族共同创造的。

非选择题的第39题是从隐性方面来考查"文明史观"的。因为近代工
业和近代城市的出现是人类社会跨入文明门槛的重要标志之一，也是近代化
（现代化）的内容之一。本题通过分析通商口岸的开放对近代中国经济发展
的双重影响，说明了西方资本主义文化在中国人面前表现出既野蛮又先进的

双重性格。通商口岸的开放在客观上促使了中国近代工业的诞生，促进了中国自然经济的解体，推动了近代城市的崛起。正因为如此，中国文化开始摆脱以往与世隔绝的状态而走向世界，清政府对外政策也由闭关锁国到被迫开放。

三、基础、能力与方法并重

《普通高中历史课程标准》将课程目标设计为"知识与能力""过程与方法"和"情感态度与价值观"三个部分。在知识、能力与方法的要求上明确规定："在义务教育的基础上，进一步认识历史发展进程中重大历史问题"，"在掌握基本历史知识的过程中，进一步提高阅读和通过多种途径获取历史信息的能力；通过对历史事实的分析、综合、比较、归纳、概括等认知活动，培养历史思维和解决问题的能力"。"掌握学习历史的基本方法，学习历史唯物主义的基本观点和方法，努力做到论从史出、史论结合；注重探究学习，善于从不同的角度发展问题，积极探索解决问题的方法；养成独立思考的学习习惯，能对所学内容进行较为全面的比较、概括和阐释。"这些要求，反映在高考命题上，就是高考历史试题越来越强调知识、能力与方法考查并重。2006年全国各套文科综合试卷或历史试卷，都较好地反映了这一要求。

如全国文科综合卷Ⅰ中的三组选择题，考生要高质量完成这些试题，必须同时具备扎实的基础知识和较强的分析能力。如第12题中的"总理衙门的设立"，第15题中国人民政治协商会议"代行全国人民代表大会职权"，第21题中的"欧洲煤钢联营""原子能共同体的成立"和"《马斯特里赫特条约》"，考生如果不熟练掌握相关阅读教材和小字内容，就难以全面得出正确结论。

如果说，选择题较好地实现了"知识与能力"的结合，那么非选择题则突出了"知识、能力与方法"的有机结合。如2006年全国文科综合卷Ⅰ中的第37题"中华文明"题，既可视为开放题，又可视为研究性课题——"中华文明的融合、发展、演变"，尤其是第4：问更体现出开放性的特点，较好地考查了学生的发散思维能力、创新思维能力和运用所学知识分析解决问题的能力。2006年全国文科综合第Ⅱ卷的历史试题，用图与表格命题，注重考查学生的读图、识图、分析、归纳能力。如第38题，10世纪至19世纪中叶中西科技成就简表；第 40 题，图 7 1937 年中国主要铁路示意图，较好地实现了知识、能力和方法考查目标，一箭三雕。2006 年高考四川卷的第 37 题为考查考生知识、能力与方法，设计了一道多材料、多层面、多角度来考查变革创新这个主题的试题，它从孔子、孟子、韩非子的思想来考查传统文化问题，从隋唐的科举制、三省六部制、两税法来考查制度创新问题，从甲午战争到五四运动前中国在政治、经济、思想上的变化来考查现代化问题，从三幅图片来考查新中国的农村改革和城市经济体制改革问题。这是《普通高中历史课程标准》中所规定的"普通高中历史课程的设置，体现多样性、多视角、多层次、多类型、多形式地为学生学习历史"的形象注解。

四、突出考查学生的历史情感、态度与价值观

"情感态度与价值观"是《普通高中历史课程标准》规定的三大课程目标之一。重视考查考生的"情感态度与价值观"是近年高考历史命题的一大特点之一。因为，高考是国家为培养德才兼备的高级人才而进行的一种选拔性考试。高考文科综合的历史命题，无疑要追求其"情感态度与价值观"的教育功能。

如 2006 年全国文科综合卷Ⅰ，选择题第一组"政治机构与制度的变化"，体现了民族与法制教育；第二组"社会主义运动"史，则体现了社会主义前途教育和社会发展规律的教育主题；第三组"和平与安全"，则有利于培养学生的"和平发展观""国际观"。第 37 题，有利于培养学生正确的民族主义思想观念。第 39 题通商口岸题，通过对近代中国战败开埠通商的被迫开放与当代独立自主的主动开放的比较，促使学生对坚持改革开放政策的理解和坚定走中国特色社会主义道路的信念。2006 年高考文科综合重庆卷第 37 题（3）通过对近代香港岛被割占和香港回归的历史背景的考查，促使学生体验落后就要挨打的屈辱和当代中国和平崛起的自豪感，继而形成渴望统一的强烈爱国情感和早日实现统一的历史责任感。2006 年高考文科综合四川卷第 15—18 题，让古今中外的伟大女性们（李清照、秋瑾、宋庆龄、居里夫人）集体闪亮登场，既充分展现了人文精神中对女性的关注，又对勤劳、勇敢、上进的女性们给予了正面的肯定与褒扬。2006 年高考文科综合北京卷"北京奥运题"和"中西文明碰撞与交融题"等都有积极的引导意义，有利于学生在答题过程中体验中华文明的辉煌灿烂的自豪感和为中华民族和

平崛起而努力的时代精神。可以说，这类高考试题不胜枚举。高中阶段的历史教学，教师都应追求让学生在学习历史课程中，学会尊重历史，追求真实，吸收人类优秀文明成果，弘扬爱国主义精神，陶冶关爱人类的情操，增强历史意识，吸取历史智慧，开阔视野，了解中国和世界的发展大势，增强历史洞察力和历史使命感。虽然在以纸笔为主要形式的高考中对情感态度价值观等难以确切考查，但却可以通过考试进行引导，通过答题进行体验。

五、新课程理念下对历史现实热点问题的考查更加理性

高考文科综合历史学科命题之所以关注"历史现实热点"问题，这不仅是因为《高考文科综合考试大纲》做了明确规定，而且是由中学历史学科的课程性质所决定的。《普通高中历史课程标准》在课程性质中明确规定："普通高中历史课程，是用历史唯物主义观点阐释人类历史发展进程和规律，进一步培养和提高学生的历史意识、文化素质和人文素养，促进学生全面发展的一门基础课程。""通过高中历史课程的学习，能使学生了解人类社会发展的基本脉络，总结历史经验教训，继承优秀的文化遗产，弘扬民族精神；学会用马克思主义科学的历史观分析问题、解决问题；学习从历史的角度了解和思考人与人、人与社会、人与自然的关系，进而关注中华民族以及全人类的历史命运。"在这一基础上，《普通高中历史课程标准》在"课程的基本理念"中又明确规定："（普通高中历史课程）在内容的选择上，应坚持基础性、时代性，应密切与现实生活和社会发展的联系，关注学生生活，关注学生全面发展。"其"课程目标"之一，就是要学生"学会运用科学的理论和方法认识历史和现实问题，逐步形成科学的世界观和历史观；树立不断完善自我、为祖国社会主义现代化建设做贡献和关注民族与人类命运的人生理想"。

《普通高中历史课程标准》不仅要求我们在平时学习历史过程中要关注"历史现实热点"，而且还告诉我们历史现实热点不等于"时政热点"。现在高三历史教学关注的"热点"问题通常是追随传播媒体的报道，在媒体大量反应相关问题时，该问题被列为"热点"，随着媒体对于该问题的降温，这个热点也就逐渐淡出教学所关注的范围。它给人一种流于功利、肤浅和牵强附会的感觉。"时政热点"问题和"历史现实热点"问题既有其一致性，也有其差异性。可以说，所有的"时政热点"问题都是"历史现实热点"问题；如果反过来说，所有"历史现实热点"问题都是"时政热点"问题，则难以成立。如 2005 年文科综合全国卷 I 中的"西南民族关系"选择题组，表面上看，这个问题并不是我国全民关注的"时政热点"，但实际上，它与"现实热点"密切相关，隐性考查了我们现在普遍关注的"国家统一和民族团结"这一重大"时政热点"问题。又如第 37 题"民族主义"试题，就是一个很重要的现实问题。这个问题可以涵盖当今"中日关系""中美关系""以美国为首的西方大国的对外政策""伊拉克问题""朝鲜与伊朗的核问题""联合国改革"等许多"时政热点"问题。但是"民族主义"问题本身在中学的高三教学中并没有被大家视为"热点"。正如考试中心命题专家再三强调：从考试的角度未提要考热点，只提不回避热点，不是刻意要考热点。热点即便联系起来了，也只是切入点，真正要考查的还是学科基本内容。

2006 年高考全国各套文科综合卷或历史试卷对"热点"问题的考查与往年明显不同，就是直接避开了各地炒得过热的问题，而是以隐性的方式进行考查。如全国文科综合卷 I 中的选择题：第一组"政治机构与变化"题和第二组"社会主义运动"题，实质上是考查"社会改革"和"制度创新"这些热点问题；第三组"法德关系"题，实质上是考查"和平与安全""建立和谐社会、和谐世界""中日、中美关系"等热点问题。非选择题第 37 题对现实热点的体现更是匠心独运。试题的设计以中华文化的形成和发展为切入点，考查了从春秋到东汉，再到宋、金、元时期的民族融合问题。从而反映了中华文明是以华夏文明为基础，不断吸收、融合各民族文化，逐步发展形成的。中华文明的光辉灿烂，得益于它的开放性和包容性，得益于华夏民族与各少数民族在长期的生产斗争与交往中实现了和谐与统一；反映了在民族融合的社会环境下，统治者必然选择最先进的制度和文化治理国家。它折射出"西部大开发""维护国家统一与民族团结""改革开放""建设学习型社会"和"建立和谐社会与和谐世界"等多方面的时政热点问题。第 39 题（1）（2）问，实质上涉及了"改革开放""日本侵华"等热点问题。这种对"历史现实热点"问题考查趋势，在高考其他文科综合试卷中也得到了较好反映。如 2006 年高考文科综合四川卷选择题第 15—18 题以杰出的妇女人物对社会发展做出的重要贡献为题，把视角投向女性，可谓独辟蹊径，充分体现了时代的进步，富有人文色彩，令人耳目一新。非选择题第 37 题：历史上的社会转型期，在政治、经济、文化等方面往往会出现重大的发展与变革，是我们认识和把握历史的关键。这些题目都洋溢着浓厚的时代气息。总之，2006 年的高考历史对"历史现实热点"问题的考查，给我们发出了一个明确而强烈的信号：历史与现实的联系应该是一种深层次的、更具本质意义的联系，我们在学习历史过程中，一定要在深刻理解课程标准、深刻理解历史教育本义，守望基础之上，关注"历史现实热点"问题。

全国文综卷 I 历史试题评析①

2006 年高考文科综合考试尘埃一落，就有不少历史教师和文科学生不断向我诉苦："今年文科综合中的历史试题太难了！尽管历史学科考查的主题在您的意料之中，但命题的角度、能力要求太高……"每年都是如此，高考一结束，不仅学生会将高考试题与教师的教学指向联系起来议论教师的教学得失，而且不少专家和教师也要对试卷进行品评，以期望自己的研究成果为新一轮高考命题和中学师生复习迎考提供有益的参考。本人不揣浅陋，对今年全国文综卷 I 历史试题进行评议，实在是为了抛砖引玉。

一、历史试题展现的新特点

从近几年全国高考文科综合试卷命题的方向和重点来看，今年历史学科的命题，一方面在总体趋势上保持了相对稳定，如文科综合试卷结构，历史试题的题量与分值与去年保持一致；命题突出考查了历史学科的基础知识和主干知识，且以历史学科内综合为主；命题突出考查了学生运用历史基础知识和基本技能，在新的历史情境下，阅读、理解、分析、提取材料和教材中有效信息评价、论证实际问题的能力。另一方面稳中求变，稳中求新，成功展现了一些新的特点。

第一，宏观考查与微观考查有机结合。

这一特点体现在选择题上，就是每组主题和大部分选择题的题干是宏观的，而选择项的设计则有不少是微观的。如第 15 题，关于"中国人民政治协商会议"是宏观的，而"代行全国人民代表大会职权"则是微观的；第 17、18、20、21、22 题等，也大致如此。非选择题的第 37 题的答案，看似

---

① 本文发表于《中学历史教学参考》2006 年第 7 期，发表时因篇幅限制而有所删节。

是宏观的，实际上它建立在教材史实的微观掌握的基础之上，学生没有具体史实的把握，根本无法概括出相关答案。这也是学生叫苦的原因之一。

第二，突出历史发展的主旋律，强调人类物质文明和精神文明的发展与进步。

人类社会的发展，有偶然因素，但更有必然规律，很多历史现象不以人们的个人意志而转移。人类社会历史发展是有其主旋律——物质文明和精神文明的发展与进步。这一特点，反映在选择题上，就是"政治机构与制度的变化""社会主义运动""和平与安全"等；反映在非选择题上，就是"民族融合"和"西方殖民侵略的双重影响"。不容讳言，自东欧剧变和苏联解体后，特别是近些年来，因种种原因，高考对"社会主义运动"已经不太关注，这是不争的事实。其实这是不正确的。姑且不说"社会主义运动"与未来社会发展趋势怎样，作为世界不少思想家、政治家和普通劳苦民众追求了几个世纪，改变了整个世界历史发展进程，并深刻影响普通民众物质和精神生活的"社会主义运动"，我们没有任何理由可以淡忘。

第三，突出考查学生运用辩证唯物主义和历史唯物主义的思想方法分析历史现象和事物的能力。

这一特点，既反映在选择题中，更反映在非选择题中。选择题如第 16 题，关于"巴黎公社是无产阶级革命的一次伟大尝试"问题。非选择题如第 37 题和第 39 题的第（2）问，突出考查了中国境内少数民族与汉族经济文化交流的相关影响，西方列强侵华对中国社会的双重影响，从而考查了学生历史唯物主义和辩证唯物主义思维能力。在关于中国古代民族交往和对外交往相关历史教学中，我们教师总是有意或无意地过于强调汉族对少数民族的影响、中华文明对世界的贡献，往往忽视少数民族文化对汉族的影响、外来文化对中国的影响。

第四，隐性考查了社会热点，突出了历史的借鉴功能。

关注社会热点，是近几年来文科综合考查不变的特点。不过，今年文科综合卷 I 历史试题对"热点"问题的考查与往年明显不同，直接避开了各地炒得过热的问题，而是以隐性的方式进行考查。如历史选择题中的第一组"政治机构与变化"题和第二组"社会主义运动"题，实质上是考查"社会改革"和"制度创新"这一热点问题；第三组"法德关系"题，实质上是考查"和平与安全""建立和谐社会、和谐世界""中日、中美关系"这些热点问题。非选择题第 37 题，实际上是考查事关国家统一和民族团结的"台湾问题""民族分裂主义"等热点问题；第 39 题（1）（2）问，实质上涉及了"改革开放""日本侵华"等热点问题。

第五，历史、地理、政治三科融合较好。

几年来，文科综合卷对历史、地理和政治三科知识与能力的考查，从总体上说是一种"拼盘"，即使是非选择题中三科综合题也是如此。但今年的文科综合卷第 39 题综合题，三科知识跨学科融合得比较好。尽管地理、历史、政治三科是分开的，但三科之间的衔接融合还是成功的。第（1）问，要求分析两次鸦片战争后清政府开放的通商口岸的地理分布特点，有机地将历史知识与地理学科知识和能力融于一体；第（6）（7）问，运用政治常识和哲学常识分析近现代史的对外开放的本质和方针政策，实现了历史与政治的有机融合。

二、历史试题存在的问题

虽然今年文科综合卷有不少成功和欣赏之处，但就历史学科命题而言，我个人认为也有不少令人遗憾之处。

第一，试题涉及阅读教材和小字的内容太多，有"超纲"之嫌。

往年文科综合卷中的历史试题有时也涉及教材中的小字内容，如 2005 年文科综合卷中选择题"滇王印"，第 37 题中的"凯末尔革命"。但两者都是材料性试题，应试者不需要背诵教材中的大量内容，只要从材料中提取有效信息就能得出结论，故试题没有超出"考试大纲"所规定的能力要求，因而不算"超纲"。但今年历史试题不同，学生如果不熟练掌握相关阅读教材和小字内容，就难以全面得出正确结论。如第 12 题中的"总理衙门的设立"，第 15 题"中国人民政治协商会议""代行全国人民代表大会职权"，第 21 题中的"欧洲煤钢联营""原子能共同体的成立"和《马斯特里赫特条约》"，第 37 题的第（2）问，"根据所学知识，概括汉唐时期少数民族在哪些方面丰富发展了中华文化"等。

第二，地域特色几乎消失。

从高考命题权下放到各省市以来，特别是 2004 年全国各套文科综合试卷有明显的地域性特点，即各省市考生所考的文科综合卷，有一定的试题反映考生所在省份或区域的历史问题。今年全国文科综合能力测试卷Ⅰ，主要是供湖南、湖北等省考生使用，试卷中几乎找不到反映湖南、湖北省的历史内容。实际上，两湖文化在历史教材中有很多体现，尤其是近现代历史，真是"惟楚有材，于斯为盛"，湖南、湖北的历史人物和发生在这一区域的历史事件，几乎影响了中国历史发展的进程。适度考查一些考生所在区域的历史，更有利于培养学生关爱家乡、关爱他人、关爱社会、关爱国家的情操。一个不爱自己家乡的人，他会爱国吗？"修身、齐家、治国、平天下"，这是我们的古训。

第三，试题的难度过大，个别选择题答案存在歧义现象，不利于中学历史教学。

试题的难度是相对的，今年文科综合卷中的历史试题与近两年文科综合历史试题相比，难度明显增加。在12道选择题中，突出教材中主干知识，不需要经过多少思考能直接得出答案的可能只有第13、14题。第15题"代行全国人民代表大会职权"，应该是比较容易的试题，但因是教材中的小字，难度就相对增加了。其他选择题都有相当的难度。在非选择题中，第37题的难度最大，第39题的第（2）问，难以全面概括出答案。造成今年选择题难度增加的原因，一是涉及阅读教材内容和教材小字内容增多；二是不完整陈述题多达6题，如"这一变化反映了""中国人民政治协商会议""巴黎公社""十月革命""中国先进知识分子"和"欧洲联盟"等陈述性问题；三是相对较难的比较选择题和程度选择题又占了3题。今年非选择题的难度增加，一是表现在第37题所提供的材料是文言文。尽管命题者对一些难懂之处做过解释，但对文言文基础较差的学生来说，仍然会存在文字障碍，从而影响其理解和提取有效信息解决相关问题。二是试题命题的角度比较新，需要较强的发散思维能力和历史思维能力、高度的概括能力和扎实的基础知识（博闻强记能力），才能答出较好的答案。

另外，选择题第23题的所给标准答案为"B. 揭露社会的黑暗"。事实上，选项"A. 歌颂反抗斗争精神"也是正确答案。因为《中国古代史》关于《水浒传》的介绍明确指出"（它）歌颂了农民的斗争精神"；而《世界近代现代史上册·教师教学用书》第28页明确指出："（《堂吉诃德》）歌颂了西班牙人民渴望自由、追求真理、反抗压迫的崇高品质。"实际上，有关《堂吉诃德》的这类评价，体现在不少书评与著作之中。命题者千万不要以为教材中没有就不存在。

三、对历史命题与教学的建议

评析试卷，从一定的角度来说，是事后诸葛亮。为评析试卷而评析试卷是没有多大意义的。今年文科综合历史试题给我们的重要启示有：

第一，命题与教学都必须严格遵循《文科综合考试大纲》。

教育部颁布的《文科综合考试大纲》，既是高三文科综合教学的依据，也是高考命题的依据。

今年高考文科综合中的历史试题是有超纲之嫌的，在程度上表现为一种擦边球。这种擦边球，在命题者看来是一种得意之作；但从中学历史教学的角度来说则是一个败笔，它大大加强了中学历史教学的难度。因为，中学师生从此不敢相信"大纲"，在教学深度与广度上，将会大大拓展，师生的负担就大大加重了。现在中学师生教学任务太重，我们天天喊"减负"，实际上是负担越来越重。文科综合考试，因教材多和试题量少，考查的知识点本来就相当有限。在这种背景之下，命题者还想方设法在命题上打擦边球，不知是何居心？现代高三文科学生没有不讲历史难学的，知识（主要是记忆）与能力全部要求高，且投入大产出少，不成比例。说真话，要不是为了考试，几乎没有人想学历史。这种悲剧，在一定程度上是考试造成的。敬请高考命题专家们，多多考虑中学历史教学的实际，而不要想当然，干一厢情愿有损中学历史教学之事。

今年全国高考文科综合卷Ⅰ虽然有超纲之嫌，但高三历史教学，还应严格按《文科综合考试大纲》中所规定的教学内容和能力要求进行教学，以免加重学生负担，抑制学生的自由发展空间。

第二，历史基础知识和基本技能的教与学是高三历史教学的重中之重。

历史命题重基础知识的考查，不仅今年的高考文科综合历史科命题体现了这一特点，而且近几年来无不如此。即使是能力考查试题，也无不建立在教材的基础知识之上，无不注重对学生能力的考查。不熟练掌握历史教材的基础知识和形成相关的基本技能，是不可能获得优异成绩的。今年高考文科综合历史试题部分，无论是选择题，还是非选择题，没有扎实的历史基础知识和基本技能，是考不出好成绩的。

第三，注意揭示历史现象或事物之间的有机联系，辩证地分析历史现象或事物的历史影响，形成规律性的认识。

综观今年文科综合卷中的历史试题，我们不难发现，命题者相当重视比较分析历史现象或事物之间的联系。如"总理衙门与外务部""巴黎公社与十月革命""《堂吉诃德》与《水浒传》"、中国古代史上不同历史时期的民族关系变化等试题，就较好地揭示了相关历史现象或事物之间的有机联系。特别是第37题，在揭示历史现象之间的联系的同时，通过引导考生对相关历史现象或事物的辩证分析，形成规律性的认识。

第四，关注社会热点，从社会热点的角度重组历史教材中的基础知识，获得新认识。

历史教学关注社会热点，事关历史教育功能的实现，应是每一位历史教师必须要做的一件事。但关注热点，不等于历史教学与考试炒"热点"，更不等于历史问题"热点"化（请参见拙作《新课程理念下高考文综历史对"现实热点"问题的考查》，《中学历史教学》2006年第3期）。历史命题只能以当今社会人们关注的热点和焦点问题为背景材料，并以此为切入点，将历史上与此类似或有联系的历史事件、历史人物、历史现象作为命题对象进行命题考查，从而引导学生学习历史、关注现实，达到观古鉴今的目的。

以上分析只是我的一些粗浅看法，肯定有不少谬误之处。在这里，我一方面诚请专家同仁多多指教，另一方面也希望本文能给读者一些有益的启示。

题在书外，理在书中①

——2007 年全国高考文科综合卷 I 历史试题给我们的启示

　　2007 年高考尘埃落定，品评这年的高考试卷，反思我们中学历史教学与高考命题的关系，有利于我们提高应对高考历史教与学的效率。"新冷"、基础与能力并重是《全国统一考试文科综合能力测试卷 I》的基本特点，它体现了高考历史命题与历史新课程接轨，昭示培养学生的能力是中学历史教学的主攻方向。

一、"新冷"的选择题彰显了历史新课程理念

　　2007 年《全国统一考试文科综合能力测试卷 I》中的选择题，一方面较好地展示了对历史基础知识的考查，如第 14、16、17、20、22 题，所考查的早期八旗制度的特点、清政府编练的新军主要特点、国民革命军与以往军队的区别、蒋介石开始掌握国民党最高军事权力的标志性事件和毛泽东提出"三个世界"划分理论的目的，基本上属于考查学生再认、再现方面的能力，难度不大。另一方面，它也突出考查了学生运用所学知识和所形成的相关能力解决新的历史问题的能力，这突出表现在第 12、13、15、16、18、19、21和 23 题。这些选择题对广大中学生来说是"新冷"的。所谓"新冷"，就是试题考查的主题、知识点、选材等，既有新颖的一面，又有生冷的一面。

　　第 12 题是考查中国古代皇帝的"谥号"。关于中国古代皇帝的"谥号"，

---

①　本文发表于《中学政史地》2007 年第 7—8 期合刊，发表时因篇幅限制而有所删节。同时，本文经调整和修改，还以《2007 年高考全国文科综合卷 I 历史试题品读》为题，发表于《中学历史教学》2007 年第 8 期，故本书不再收录。

学生并非完全没有接触，我们平时在历史教学中讲到相关皇帝时，实际上都涉及了"谥号""庙号"和"年号"问题。只是学生对其内涵不完全清楚，因而感到"新冷"。但由于试题已经给了学生回答问题的条件——"依其生前行为而议定"，因而丝毫不会因为学生平时不知道这一知识而影响他答题。事实上，学生只要知道本题选项中四个皇帝的基本事迹，并运用这些知识，依据试题所给条件就不难得出正确答案。本题给我们的最大启示，就是在历史学习过程中，不能忽视对一些熟视无睹的历史概念的理解，重视对重要历史人物的整体感知与把握。

第13题，实际上是考查学生正确评价"武周政治"的能力，题中的相关评述历史教材基本上没有近似表述。本题关键词有二：一是"武周之代李唐"，由此明确武则天取代李唐称帝，历史进入武则天统治时期。二是"社会革命"，这里的"社会革命"，实际上是指革除前朝社会政治生活中的种种弊端。理解了这两个关键词，联系魏晋以来的社会政治生活现象和武则天统治的相关举措，就能得出正确答案"扶植庶族，抑制士族"。本题给我们的启示，就是学习历史必须从当时的历史背景出发认识统治者所采取的种种措施和政策的历史价值或影响。

第15题，实际上是通过材料考查了湘军性质与近代军阀的历史渊源关系。历史教材上关于湘军的性质和近代军阀问题，分别在阅读教材"清朝政局变动"和"军阀割据下的中国政局"一节有所表述，但没有涉及它们之间的关系，加之阅读教材不在考点之内，学生一般无法调动相关知识作答。不过，本题材料提供了相关信息，只要抓住"勇丁感营官挑选之恩，皆若受其私惠"，就能够排除错误选项得出正确答案。本题给我们的启示是，对于课本中的阅读教材我们在平时历史学习中要注意适当涉猎，同时要提高我们从材料中提取有效信息解决问题的能力。

第18题，是对鸦片战争以后，外来宗教入侵与中国人民反对宗教侵略，也就是"民教冲突"现象的一种描述。解答本题的关键是清楚1884年、1898年和1900年中国历史上所发生的大事——中法战争、帝国主义掀起瓜分中国的狂潮、义和团运动兴起、八国联军侵华。明确了这一历史背景，就不难得出"民教冲突随着民族危机加深而凸显"的结论。本题给我们的最大启示是，现代高考，对历史时间的考查是宏观和隐性的，历史学习要关注重大历史现象或历史事件发生的时间与背景。

第19题，关于"赫德街道"设立问题，难度很大。因为，现行中学历史教材关于赫德其人是在"西方资本主义国家经济势力的入侵"这节阅读教材中提到的，第二次鸦片战争后赫德担任中国海关总税务司长达46年的史实，又是在教材注解中说明的。要求学生利用这些知识推断答案确实很难。但我们如果认真审题，仔细思考题干中的"此路牌设立的时间"与所备选项的关系，第二次鸦片战争时期、洋务运动时期和北洋政府统治时期，由中国政府在京城里主动以侵略者的姓名为街道命名可能性甚微，街道居民也不会答应。也就是说不具备以"赫德"姓名命名街道的条件。在八国联军占领时期则不同，此时慈禧率皇公贵族和高官外逃，北京处在八国联军占领之下，侵略者可以强制实行，同时当时以慈禧太后为首的清政府执行卖国求荣的政策，"尽中华之物力，结与国之欢心"，因而具备产生这种历史现象的可能。不过，从考试的难度、效度和信度来说，这一试题是不理想的。

第21题，是一道图表材料选择题，解题的关键，一是读懂图表所给的信息——某统计数据在1956—1958年间平稳中略有一升，从1958开始下降，到1960年达到最低点，此后逐渐回升，到1965年回复到原来发展水平。二是依据四个备选项中的煤炭、粮食、钢铁和石油，回顾这一历史时期我国在这些方面所取得的成绩与存在的问题，就能得出正确结论。由此可见，提高分析图表能力和运用所学知识分析历史现象的能力是很重要的。

第23题，作为一道材料选择题，其主要特点是提供的材料比较长。解答本题的关键就是从这一长材料中概括出其基本点——18世纪中期以来欧洲一些地区的资产阶级凭借自己的经济实力开始在生活中炫富。由时间和现象，我们就不难看出英国工业革命开始后，拥有强大经济实力的新兴工业资产阶级社会生活的变化，也就是说"工业革命已经影响到社会生活"。因此，学会从材料中提取有效信息是学好历史和提高历史成绩的关键。

《全国统一考试文科综合能力测试卷Ⅰ》选择题的"新冷"特点，不少是以超越《文科综合考纲》所规定的知识点和涉及教材阅读与小字内容为前提的。这实际上是对学生运用所学知识阅读和理解材料能力的一种考查方式，在本质上没有超出大纲的能力要求。命题者这种创新，彰显了历史新课程理念，体现了我国今后高考历史命题的一种发展趋势。因为，随着历史新课程在全国的推行，一标多本是中学历史教材的必然。在这一背景下，高考历史命题，必然不会再以哪一种历史教材的表述为命题和答案的依据，而只能是以考试大纲规定的知识点所能涉及的历史知识和相关能力要求，并适当选择一些看似超出考试大纲知识点范围，而在本质上又能反映考试大纲所规定的能力要求的材料作为命题和答案的依据。这样，既能体现高考的公平性原则，又能充分反映历史新课程的本质。换言之，"题在书外，理在书中"，应是以后高考历史命题的一种常态。

二、非选择题突出了历史学科能力的考查

稳中求变是历史高考命题的一个特点。《全国统一考试文科综合能力测试卷Ⅰ》历史非选择题与往年相比，体现了一个"稳"字。在历史非选择题中，无论是第38题美国总统罗斯福修改"中立法案"和对华援助问题，还是第40题第（1）（2）问宋金分界线和金迁都燕京问题；无论是题型，还是试题所提供的材料和设问，或是考查的深度、广度和开放性，都是十分平稳的，与往年相比没有什么变化。如果硬要指出其变化，那就是非选择题所提供的材料长度比往年要长不少，并出现了一套试卷材料的多样化。如第38题，总共给了3段材料，不仅文字量相对有点大，而且将文字材料与表格材料混在同一试题中；第40题（1）（2）问所提供的材料也不少，并将历史地图与文字材料混在一起。这样，考生在紧张的情况下，要在较短的时间内，从大量的文字、表格和地图等材料中稳、准、狠地提炼出有效信息也不是一件容易的事。从这个角度来说，历史非选择题对学生提取有效信息的能力和分析概括能力的要求是非常高的。这也要求我们中学历史教师在平时历史教学中，要加强学生这方面的能力训练。

历史非选择题第38题考查的主题是美国总统罗斯福修改美国"中立法案"与对华援助问题。本题在知识立意上涉及的历史教材知识比较广，主要有世界史中的"法西斯国家的扩张和反法西斯斗争的开始""第二次世界大战的爆发和扩大"，中国史中的"抗日战争的伟大胜利"的相关内容。但试题设问求答，对考生在历史教材知识上的要求不高，考生只要在宏观上掌握了这些知识，就可以基本上解决（3）（4）问。难度大的是本题的（1）（2）问，它要求考生必须具备较强的阅读能力、善于抓住材料中的关键语句从材料中提取有效信息能力和分析、概括、比较说明问题的能力。不然，考生很难答好这两个问题。

历史非选择题第40题（1）（2）问，对考生在历史教材知识的要求上仍

然不高，考生只要对宋金和议的内容与影响和历史上定都北京的朝代有个宏观掌握就可以了。解决这两个问题的关键，也仍然是读懂所提供的材料，并根据问题要求从材料中提炼出有效信息解答相关问题。

《全国统一考试文科综合能力测试卷Ⅰ》历史试题的"变"主要体现在选择题之上。可以毫不夸张地说，选择题是这一套试题中的亮点。与往年相比，这套试卷历史选择题的"变"首先表现在命题的"主题"选择上，它改变了以往由三个或三个以上"主题"板块构成文科综合历史选择的命题模式。自从文科综合考试以来，历史选择题一般由三个或三个以上的"主题"板块构成，每个"主题"菜单下，有两个或两个以上体现"主题"精神的选择题。这种命题方式，有它的优势，那就是综合性、专题性强，主题鲜明突出。但它也有弱点，那就是灵活性不足，命题主题一旦确定，命题者必须千方百计地依据"考点"和教材，挖空心思地命制试题，有时难免出现牵强附会。2007年历史选择题，只有"17世纪以来，中国的军队在组织、性质等方面几经转变"一个"主题"板块，4个选择题。其他8个选择题，全部是命题者自由选择的内容。命题者可以根据自己的优势，将一些得心应手的深刻感悟化为历史试题来考查学生的知识与能力，命题的灵活性大大增强了。这也许是亮点集中在选择题上的原因之一。

其次，这套历史选择题的"变"表现在命题的材料、考查知识和角度的选择之上。在题干"主题"选材选择方面可谓丰富多彩，既有简明扼要直入主题的表达，如第14、16、17、20和22题，也有用丰富的材料来表达主题的，如第12、13、15、18、19、21和23题；既有文字材料选择题，如第12、13、15、18和23题，也有图表材料选择题，如第19和21题；既有原始材料选择题，如第12、13、15、19和23题，也有命题者依据历史知识自己或他人概括或绘制的材料，如第18和20题。在考查知识和角度的选择上，命题者十分重视考查学生运用相关历史知识与能力解决新问题。"谥号""湘军性质与近代军阀的历史渊源关系"和"赫德街道"，表面上看，是一个十足的"超纲"题，但仔细分析，你就可以发现它并没有"超纲"，而是考查学生在新情景下解决历史问题的能力。因为，任何一道试题，考生都可以凭借该试题所提供的材料得出相关正确结论。以第12题"谥号"为例，我们平时在历史教学中讲到相关皇帝时，实际上都涉及了"谥号""庙号"和"年号"问题。即使我们平时没有给学生讲，由于试题已经给了学生回答问题的条件——"依其生前行为而议定",因而丝毫不会因为学生平时不知道这一知识而影响他答题。

总之,《全国统一考试文科综合能力测试卷 I 》与往年相比,在注意考查学生基础知识的同时,更加追求对能力的考察,无论是客观性试题还是主观性试题,仅死记硬背是难以获得高分的。因此,中学历史教学,在注重历史基础知识教学的同时,一定要加强学生历史学科能力的培养,这应是我们中学历史教与学的一个主攻方向。

2008 年文科综合考试大纲
历史考点变化及其命题意义①

  2008 年《文科综合考试大纲》与 2007 年《文科综合考试大纲》相比，从宏观上说，整个考试大纲变化不大。但 2008 年大纲中的历史学科知识考点，与 2007 年大纲中的历史学科知识考点相比，有不少增删和表述上的变化，这些变化，势必会在 2008 年高考历史命题中有所反映。因此，我们在复习过程中，必须关注这些变化内容，并注意对其内容进行适当的研究和整合，预测其命题趋向。

  1. 增删内容

  2008 年大纲中的历史学科知识考点增加的内容有：先秦时期的"西周的强盛""井田制""夏、商、西周的社会经济"（包括农业和畜牧业、青铜铸造为代表的手工业、商业交通和城市）；秦汉时期的"刺史制度"；三国、两晋、南北朝时期的"北方农业的恢复与发展""手工业的发展""商业的发展与社会生活的变化"；隋唐时期的"府兵制和募兵制""社会生活"；宋元时期的"庆历新政""史学"；明清时期的"明朝中后期的政局和明末农民战争"（包括明朝中后期的政治危机、明末农民战争）；中国近代半殖民地半封建社会开端中的"太平天国运动兴起的原因""天京变乱和重建领导核心""太平天国的防御战"；资产阶级民主革命和清朝的灭亡的"'革命派'与'保皇派'的论战"；"清朝统治危机的加深"一目下的"清政府的'新政'和'预备立宪'"；国民大革命中的"北京政变""孙中山北上和国民会议运动""工农运动的发展"；国共两党十年对峙中的"中华苏维埃共和国的建

---

  ① 本文发表于《历史学习》2008 年第 4 期。但因篇幅限制，发表时有删改。

立""革命根据地的经济建设""华北事变";抗日战争中的"国民政府的对内政策""毛泽东的《论持久战》";人民解放战争中的"解放区的土地改革";人民民主政权的巩固和向社会主义的过渡中的"新中国诞生的历史条件";"全国夺权和二月抗争";"知识青年上山下乡和干部下放";垄断资本主义的形成中的"非洲、拉丁美洲的民族民主运动""社会主义运动的新发展";俄国十月社会主义革命和苏联的社会主义建设中的"苏维埃政权的巩固";第二次世界大战后的世界中的"亚洲人民民主国家"。

综合分析上述增加的内容，我们不难发现：这些增加的内容集中在经济与社会生活史、制度与民主政治建设史、民生与农民革命史、民族解放运动史四个方面。这些变化，既与当前人们普遍关注的时政热点密切相关，也与高中历史新课程改革相关，其在命题上的意义就显而易见了。关于这些新增的历史知识考点，我们应联系原有的考点，组成相关专题进行复习，以增强复习的针对性。

完全删除的内容有：三国、两晋、南北朝时期的"均田制"；明清时期的"华侨与南洋的开发"；北洋军阀统治中的"洪宪帝制"；俄国十月社会主义革命和苏联的社会主义建设中的"苏联的建立"。这些完全删除的内容，有些是因为在高考中考过，如"均田制"；有些则是不适宜当今时政发展的要求，如"苏联的建立"。

2. 内容表述变化及其命题意义

2008 年《文科综合考试大纲》内容表述变化有三种情况，其变化意义是不同的。

第一，删除子目下的具体内容。这些被删除的内容有：在"第二次工业革命和垄断组织的形成"一目下，删除了"第二次工业革命"和"垄断组织的出现"；在第二次世界大战后的"战后的主要资本主义国家"一目下，删除了"美国""西欧""日本""矛盾与问题"；在"东欧剧变与苏联解体"一目下，删除了"东欧剧变""苏联解体"；在"世界经济的发展"一目下，删除了"经济全球化和经济区域化""人类面临的共同问题"。这些内容，表面上看似乎被删除了，实际上它并没有被删除，反而使有些子目考查的外延扩大了。如"世界经济的发展"一目，原来只考查"经济全球化和经济区域化"和"人类面临的共同问题"；现在除了考查这两个内容外，还可以考查其目下"知识经济的兴起"的内容。

第二，增加子目下的具体内容。在"洋务运动"一目下，增加了"洋务派与顽固派""洋务运动的兴起和发展""洋务运动的效果"；在"中国民族资本主义的进一步发展"一目下，增加了"中国民族资本主义发展的背景""民族工业短暂的春天""无产阶级的壮大"；在"新文化运动"一目下，增加了"新文化运动的背景及其兴起""新文化运动的内容"；在"五四运动"一目下，增加了"五四运动爆发的背景""五四运动的经过"；在"红军的战略转移"一目下，增加了"第五次反'围剿'的失败""红军长征和遵义会议"；在"美国的建立和拉丁美洲独立运动"一目下，增加了"英属北美殖民地状况和美国独立战争""美国共和政体的确立""拉丁美洲独立运动"；在"现代科学技术"主目下，增加了"新科学技术革命的兴起与发展"和"第三次科技革命的特点与影响"两个子目。

这些增加内容的含义，不同于前面所陈述的增加内容，因为，这些内容原本就包含在这些主目或子目之下，属于考查的内容。这次大纲修订将其列出，我认为其变化意义有二：一是强化这些考点，突出了这些内容的重要性。如洋务运动的因果、遵义会议、美国共和政体的确立、第三次科技革命等。二是表面上缩小了一些子目考查外延，实际上为修正教材中一些不合时宜的评价，给命题者提供了更大的命题空间。如"新文化运动"和"五四运动"两个子目下，都没有具体列出其影响或意义，因为它涉及当今史学界和人们普遍关注的如何对待传统文化的问题。这就为命题者创新命题提供了很大的弹性空间。

第三，修正了一些子目呈现形式或表达方式。但不同的修改，其折射出来的意义也不一样。现分别分析如下：

（1）"秦末农民战争"原为独立子目，现并于"秦朝建立统一的多民族的中央集权国家"一目之下。我认为其修改意义，一是为了与现行教材相吻合；二是为了体现"秦末农民战争"与"中央集权"的关系。

（2）删除了"元朝的制度和统一多民族国家的发展"一目，但其目下内容"行省制度和宣政院的设立""统一多民族国家的发展""元朝的灭亡"等并没有被删除，而是合并在"蒙古的兴起和元朝的建立"一目之下。我认为其修改意义，就是为了与现行教材相吻合，体现知识的整体性，有利于从宏观上掌握元朝的历史知识体系。

（3）删除了太平天国"北伐和西征"的表达方式，另修改表达为"太平天国的全盛时期"。这种修改，实际上扩大了历史知识的考查范围，它不仅保留了对"北伐和西征"的考查，而且将太平天国的"东征"也纳入了考查范围之内。

（4）原来属于"洋务运动"一目下的"中国民族资本主义工业的兴起"和"早期的民族资产阶级和无产阶级"内容被抽出，置于新增加的"中国民族资本主义的产生"一目之下。这种修改，既增强了大纲知识结构的严谨性，又突出了中国民族资本主义产生的历史地位，同时在纵向上可与后面的"中国民族资本主义的进一步发展"一目组合成一个历史专题知识体系，使中国民族资本主义发展线索更加明晰。

（5）"黄海、辽东、威海之战"被修改表达为"战争的经过"。这一修改，一方面扩大了考查范围，另一方面有利于评析甲午中日战争失败原因和李鸿章其人。

（6）"戊戌变法"一目下的"维新思想的发展和传播"，被修改为"戊戌变法的背景""康、梁的维新思想""维新派和顽固派的论战"。这一修改，一方面扩大了考查的范围，另一方面有利于与前面的"洋务派与顽固派"和后面新增加的"革命派"和"保皇派"论战、新文化运动组合，形成一个完整的近代中国"思想解放运动"历史专题知识体系。我们在复习时，对这一专题有必要引起注意。

（7）"辛亥革命"被具体化为"武昌起义和湖北军政府的成立"。这一修改，主要突出了革命与政权建设之间的关系，也为分析"中华民国的成立"和辛亥革命的结局创造了条件。

（8）"北洋军阀政权"被修改为"袁世凯专权和称帝"。这主要是为了突出反封建和民主法制建设的艰巨性、曲折性。

（9）"革命的新曙光和国民革命运动"主目，被修改为"新文化运动和中国共产党的诞生"，将国民大革命的所有现象置于本主目之下。这一修改，一是突出了新文化运动与中国共产党诞生的密切关系；二是突出了中国共产党诞生和其成长的过程；三是突出了中国共产党成立后在中国革命中所起的巨大作用。

（10）"北伐战争"被修改为"国民革命运动的发展"，"北伐军胜利进军及其原因"被修改为"北伐军胜利进军"。这一修改，一是在知识体系上，可与前面的"国民大革命的兴起"和后面的"国民大革命的失败"形成一个完整的知识体系；二是扩大了考查范围，更有利于国民大革命（包括北伐军胜利进军的原因）成败原因和经验教训的分析。

（11）"抗日民族统一战线方针的制定"被修改为"瓦窑堡会议"。这一修改缩小了考查范围，突出了瓦窑堡会议的历史地位。

（12）"社会主义制度的建立和第一个五年计划的完成"被修改为"社会主义制度的建立和第一个五年计划"，新中国"50年代中期的外交成就"被修改为"20世纪50年代中期的外交成就"。这些修改，主要是为了提高考纲表达的科学性。

（13）"中共八大的正确决策"被修改为"经济建设方针的确定"，扩大了知识的考查范围，更有利于我们从决策过程和因果关系上认识中共八大决策的正确性，理解中共八大正确决策为何没有得到执行的历史原因。

（14）"关于真理标准问题的讨论"被修改为"在徘徊中前进"，扩大了知识的考查范围，更有利于从因果关系上认识"关于真理标准问题的讨论"的历史意义。

（15）"法兰西第一帝国"和法国"革命进程"被修改为"拿破仑帝国"和"从君主立宪派到雅各宾派"。我认为，这一修改主要是为了突出拿破仑在法国历史上的重要地位，突出政治派别斗争对法国历史发展的深刻影响。

（16）原属于"第二次工业革命和垄断组织的形成"一目下的"主要资本主义国家向垄断阶段过渡"单独列为一目；将"战后初期的国际关系"修改为"战后初期的国际关系和两极格局的形成"；将"美苏争霸格局的形成及其发展"和"80年代中后期的美苏关系"，修改为"美苏争霸格局的形成"和"20世纪60年代至80年代中后期的美苏关系"；将"韩国和新加坡经济的发展"，修改为"东亚和东南亚各国经济的发展"。这些修改，主要是为了突出相关历史知识在整个历史知识体系中的重要地位，增强历史知识表达的科学性，也相应扩大了一些历史知识点的考查范围。

综合上述分析和2007年高考的命题特点，我认为2008年的《文科综合考试大纲·历史》所展示的命题思路和趋势是：

第一，命题高度重视检测考生的思维过程。即审题，发现和分析有效信息，联系背景知识，设计解决问题的路径，进行推理、判断、分析、综合、比较等，说明问题和表达结论。

第二，命题将力图体现社会科学所具有的共性研究特征与方法，使文科综合能力测试达到真正意义上的综合。

第三，命题体现历史学发展的趋势，高度重视人类文明演进与发展史。

第四，更加重视历史与现实的联系，关注时政热点。

第五，关注历史课程改革，为新课程改革和高考命题衔接创造条件。

年年岁岁花相似，岁岁年年题不同①

——2008 年全国文综Ⅰ卷历史试题特点、启示与复习对策

每年的高考历史试题往往超出我们的意料，但又多在考试要求的情理之中。司马迁曾提出"究天人际，通古今之变"。我们当今中学历史教师虽不敢有此奢望，但研究每年高考命题"规律"，用以指导学生复习迎考，则是高中特别是高三历史教师必须要做的一件事。2008 年全国文科综合能力测试卷Ⅰ历史试题呈现出哪些特点？它给我们历史学习与复习哪些重要启迪？就此我谈一些粗浅认识。

一、特点与启示

第一，历史常识已成为命题内容之一。

在高考历史试题中渗入历史常识，严格地说是始于 2007 年全国文综Ⅰ第 12 题，也就是帝王的"谥号"问题。2008 年全国文综Ⅰ和文综Ⅱ的第 12 题，则分别考查了中国古代人们的"阴阳"观。全国文综Ⅰ第 12 题，是以中国古代地名与所在地相邻山、水之间的关系切入，要求回答"阴"的方位——山之北、水之南；全国文综Ⅱ是以古人"日之所照曰阳"切入，要求回答山水之"阳"的方位——山之南、水之北。从这两年三道历史试题比较，我们可以看出，高考历史命题者是重视历史常识考查的。因此，我们在未来的历史学习与复习中，对一些历史常识应有所了解。

第二，取消了专题组合命题方式，增强了命题的灵活性。

---

① 本文撰写于 2008 年 8 月，曾以高考研究报告的形式在一些市级高三研讨会上交流。

在 2008 年全国文科综合能力测试卷 I 12 道历史选择题中，无一组"专题组合式选择题"，全部是"自由散打式"选择题。这一变化，表面上看，似乎只是一个组卷形式问题，实则不然，它使试卷的命题视野更加开阔，主干知识的覆盖面比较广。如考查近代中国"开眼看世界"、洋务运动、世界大战与科技、抗日根据地的政权建设、"二战"时期的中国外交成果、新中国成立、工业文明、明治维新、世界经济大危机、两极格局、"二战"后朝鲜半岛局势、中国古代科举制、近代英国文官制度、土尔扈特回归祖国等知识点。此外，还考查了中国古代文化的基本常识。从这一角度来说，高考最后两个月历史专题复习的效能是有待我们重新审视的。

第三，材料题在历史试题中占统治地位，彰显了高中历史新课程理念。

历史学科的教与学，有一个不同于其他学科的重要特点，那就是特别强调"论从史出"。历史教学没有"史"，其"论"就成了空中楼阁。因此，占有史料，正确理解和分析史料，既是研读历史的第一步，也是关键的一步。

在 2008 年全国文科综合能力测试卷 I 12 道历史选择题中，材料选择题占了 10 道；历史非选择题则是清一色的材料题。同时试题所提供的材料丰富多样、富有情境性，如学者观点、报纸评论、社会生活场景、历史图片、大事年表等，历史学科的特点鲜明。

从历史学科能力考查的角度来说，材料题因创设了全新的历史情境，考生必须首先理解材料，从中获取相关信息，然后调动和运用已学历史知识分析材料与所设问题之间的关系，并综合相关信息对试题所提出的问题或进行描述，或进行阐释，或进行论证，或进行探讨。因此，历史材料题与其他类型的历史试题相比较，它能更好地、更全面地考查学生获取和解读信息的能力、调动和运用知识的能力、描述和阐释事物的能力、论证和探讨问题的能力。以选择题第 22 题为例：

以下两图是欧洲某一城市的街景。图 4 摄于 1961 年 8 月，图 5 摄于 1989 年 11 月之后，它们分别反映的是：

图4   图5

A. 冷战开始和两极格局消亡   B. 大国对峙加强和国家统一
C. 军事冲突加剧和政权更迭   D. 民族矛盾激化和暂时缓解

本题以不同时间拍摄的某一城市的街景照片为题材，创设了一个全新的历史问题情景。学生要正确解答本题，首先要认真观察两张不同历史时期的照片上的街景变化，即一堵"墙"的存在与消失，并利用题干给出的照片时间，联系相关历史知识推测出"柏林墙"的存在与消失。考生只有在此基础上，才能运用所学的历史知识，分析四个选项与题干之间的逻辑关系：冷战的开始和两极格局的消亡不是以"柏林墙"的兴建和倒塌为标志的，故A项不符合题意；"柏林墙"是在美苏冷战和德国分裂的背景下修筑的，其倒塌则是分裂的两德走向统一的重要步骤，与军事冲突和民族矛盾无关。所以C、D两项不符合试题的要求，只有B项是正确的。本题创设巧妙，令人回味无穷，彰显了高中历史新课程理念。因为，《普通高中历史课程标准》明确指出："普通高中历史课程的设计与实施有利于学生学习方式的转变，倡导学生主动学习，在多样化、开放式的学习环境中，充分发挥学生的主体性、积极性与参与性，培养探究历史问题的能力和实事求是的科学态度，提高创新意识和实践能力。"

从上述分析我们可以看出，今年全国高考文科综合卷Ⅰ试题正朝着提供新材料、创设新情景、提出新问题的"三新"方向发展。试题在不断运用文献资料、历史照片、大事年表、史学新观点等新材料新情境新问题来考查学生分析、理解历史和诠释历史的能力，不仅有效考查了考生阅读和理解材料、从材料中获取有效信息、迁移知识和综合分析等能力，而且引导学生关注人类生存与发展进程中的重大问题，运用历史知识分析、阐释、评价、解决实际问题，让考生走向更宽泛和更深刻的历史理解。随着高中历史新课程在全国范围内普遍推广，加之一纲多本的教材选用体制给考试命题所带来的制约，历史材料题在高考历史试题中占绝对统治地位是必然的。也就是说，我们在以后的历史教学与训练中，必须注意向学生提供相关材料，用史实理解和说明教材中的相关结论；训练时，无论是选择题，还是非选择题，也应以历史材料题为核心。

第四，突出考查了历史主干知识和重点知识，基本没有出现偏题、怪题。

在历年高考文科综合历史命题中，命题者为了出新，往往考查一些中学师生不太重视的教材小字内容。这一点尤其以2007年为盛。2008年全国文科综合能力测试卷I中的历史选择题改变了年考查许多小字的做法，基本围绕主干知识和国内外重大历史事件进行考查。第13题考查新思想萌发，知识分子观念的转变；第14题考查洋务运动；第15题考查科学技术的双重作用；第16题考查抗战时期敌后抗日根据地的民主政权建设，体现了政治民主化主题；第17题考查抗战时期中国外交成果；第18题考查中华人民共和国成立；第19题考查工业文明；第20题考查日本明治维新；第21题考查1929—1933年经济危机；第22题考查"二战"后国际关系和德国分裂、统一；第23题考查朝鲜半岛形势。除了第12题和第23题，考查的都是主干知识和重点知识，这对高中历史教学具有很好的导向作用。

第五，以文明史观为基调，四种史观并存，展现多元化视角。

从人类文明演进的角度考查人类社会的发展历史，就成为近年高考历史命题的重要特点之一。2008年全国文科综合能力测试卷I以文明史观为基调，兼顾整体史范式、现代化范式和传统的革命史范式。如第14题官督商办的中国民用企业、第16题陕甘宁边区的民主选举制度、第20题日本的文明开化的文化政策、第37题中国科举制度与英国文官制度，体现了尊重、理解并吸收各国优秀的文明成果的文明史观。第13题的在华美国人士评论中国近代著作，第17题美国《时代》周刊的评论，第21题美国经济危机波及世界等体现了整体史观。第15题梁启超批判"科学万能说"、第19题工业社会形成与发展、第20题日本文化开化政策的影响则是现代化范式下的新颖视角考察。第18题"中国人民站起来了"的含义、第22题德国柏林墙与国家的统一、第23题20世纪50年代至80年代朝鲜半岛状况、第39题土尔扈特回归祖国等是革命史范式的表现。这些历史试题的命题视角告诉我们，在历史学习过程中，我们应注意挖掘这些知识的内涵，对一些经常考查的历史重点知识更应该进行多视角探究与分析，从而使重点知识焕发新的生机。如关于工业革命的影响，我们平时一般只注意从经济、政治、文化方面进行理解，但很少从家庭观念、就业观、人生观与价值观等方面审视工业革命的影响，更不要说工业革命对英国文官制度形成的促进作用了。

第六，多角度考查了人类文明的发展和进步，彰显历史新课程理念。

《普通高中历史课程标准》要求高中历史教学应"加深对历史上以人为本、善待生命、关注人类命运的人文主义精神的理解"。"理解和尊重世界各地区、各国、各民族的文化传统，汲取人类创造的优秀文明成果。"因此，为适应高中历史新课程改革的需要，从人类文明演进的角度考查人类社会的发展历史，就成为近年高考历史命题的重要特点之一。2008年全国文科综合能力测试卷Ⅰ从政治、经济、文化和社会生活等不同角度考查了人类文明的演进，继续强化了这一考查特点。在12道历史选择题中，第12、19、20、22题，是从社会生活的角度来考查人类文明演进的；第13、15题是从文化的角度来考查人类文明演进的；第14、21题是从经济的角度来考查人类文明演进的；第16、18题则是从政治民主的角度来考查人类文明演进的。非选择题第37题，从官员的文化素养和人才的选拔角度来考查人类文明的演进；第39题则从文化传统、民族心理的角度考查了土尔扈特回归的历史。由此可见，2008年全国文科综合能力测试卷Ⅰ"文明史"特点明显，从一个侧面彰显了高中历史新课程理念。

第七，继续隐性考查时政热点，引导学生从历史的视角关注现实问题。

文科综合高考历史命题关注时政热点是历年高考历史学科命题的一大特点。2008年全国文科综合能力测试卷Ⅰ对时政热点的关注坚持了2007年的命题风格，即隐性关注时政热点。如选择题第13、14、20题实际上折射了"改革开放"30周年这一热点问题；选择题第21、22、23题涉及"战争与和平"的问题；选择题第23题折射了热点"朝核问题"；非选择题第39题关于土尔扈特回归的考查，实际上折射了当今中国"藏独""疆独"和"台独"等热点问题，旨在通过对民族问题的史实来考查，让学生养成尊重历史、追求真实、弘扬民族精神、增强祖国统一的认同感，为祖国统一做贡献，发扬中华民族强大的凝聚力的优秀传统。只是与前些年不同，2008年高考历史学科命题与 2007 年一样不再直白切入"热点",而是隐性地加以关注。历史毕竟不是时事政治,我们历史教学与考试,既要注意历史的现实性,更要关注历史的过去性。关注热点,不等于历史教学与考试炒"热点",更不等于历史问题"热点"化。历史命题只能以当今社会人们关注的热点和焦点问题为背景材料,并以此为切入点,将历史上与此类似或有联系的历史事件、历史人物、历史现象作为命题对象进行命题考查,从而引导学生学习历史,关注现实,达到观古鉴今的目的。否则,历史就真的成为"供人任意打扮的小女孩"了。说实话,当今一些历史老师为应对高考历史对时政热点的考查,热衷于依据媒体所报道的"热点"命制历史试题供学生训练,往往给人以形而上学之感,我以为是不可取的。

第八,政史地三科跨学科综合呈现出亮点。

如何实现政史地三科的有机综合,是历年高考文科综合试卷命题的一大难题。可以这样说,自高考文科综合能力测试以来,政史地三科有机综合的试题甚少,高考文科综合能力测试卷,基本上是政史地三科知识大拼盘。2008 年全国文科综合能力测试卷 I 则较好地实现了政史地三科知识有机综合。如历史选择题第 12 题,实际上就是历史与地理知识的有机融合;政治选择题第 33 题,则可以说是一道历史选择题。尤其是非选择题第 39 题,大大改变了往年的"拼盘"色彩。全题仅以西方史学家的一句评析土尔扈特回归的观点和《土尔扈特回归祖国大事年表》为背景材料,设计了六个与土尔扈特回归祖国相关的问题,分别考查了政史地三个学科的知识,顺理成章,浑然一体,毫无拼盘之感,可以说是一道不可多得的政史地综合题。

第九,2008 年《文科综合考试大纲》历史部分的新增"考试范围"在本套试卷中没有反映,而没有纳入"考试范围"的又命了题。

2008 年《文科综合考试大纲》有关历史学科的"考试范围"变化很大,可以说是近几年来"考试范围"变化最大的一年,与 2007 年"考试范围"相比,仅新增加的"知识点"就多达 30 多处。一般而言,往年历史学科"考试范围"变化虽少,但在当年考试中或多或少都有反映。但今年一反常态,新增加的"知识点",在 2008 年全国文科综合能力测试卷 I 中没有反映,而没有纳入"考试范围"的又命了题。如按 2008 年《文科综合考试大纲》"考试范围"规定,抗日战争时期"国民政府的内外政策"知识点,只考查"国民政府的对内政策",然而选择题第 17 题的答案落点,却是没有纳入"考试范围"的"国民政府的对外政策",这是不正常的。虽然中学历史学习和复习,最终目的不是考试,但师生花了大量时间、费了九牛二虎之力复习了大量新增的历史知识点,而在高考中没有一点"收获",实在于情于理都说不过去。考试大纲制定者和高考命题者,不能置中学历史教学实际于不顾,人为地增加广大中学师生的负担。说心里话,从20世纪90年代以来,在历年文科高考成绩中,历史学科的省平成绩总是政史地三科中最低的,有时比数学、英语学科的省平成绩还低,使广大中学历史教师面临巨大的压力。高中学生对历史学科考试也是叫苦不迭,这实际上是不利于中学历史教学发展的,也与高中历史新课改减轻学生负担的精神相悖。

二、复习对策

第一,遵循《文科综合考试大纲》,依纲靠本搞好历史复习。

教育部颁布的《文科综合考试大纲》,既是高三文科综合教学的依据,也是高考命题的依据。应该说今年全国高考文科综合卷 I 基本遵循了《文科综合考试大纲》精神。第 12 题虽有超纲之嫌,但属于历史常识,不少学生还是知道的。第 37 题的英国文官制度,虽脱离了历史知识的"考试范围",但提供了相关材料,属学科能力考查范畴,不能视为超纲。因此,高三历史复习,必须按照《文科综合考试大纲》中所规定的能力要求和考试范围进行,不要人为地加重学生负担。

第二,关注历史基础知识学习和基本技能的训练,多视角审视历史教材中的重点知识。

历史命题重基础知识的考查,不仅今年的高考文科综合历史科命题体现了这一特点,而且近几年来无不如此。即使是能力考查试题,也无不建立在教材的基础知识之上,无不注重对学生能力的考查。不熟练掌握历史教材的基础知识和形成相关的基本技能,是不可能获得优异成绩的。今年高考文科综合历史试题部分,无论是选择题,还是非选择题,没有扎实的历史基础知识和基本技能,是考不出好成绩的。不过我们在关注历史基础知识的同时,还应重点加强重点知识的学习,任何时候重点内容的地位总是不会改变的,特别是中外历史上对一个时代有着巨大影响的一些历史事件。当然,我们在关注重点历史知识时,应注意挖掘这些知识的内涵,对一些经常考到的重点知识更应该从多个角度进行探究与分析,以使重点知识焕发新的生机。

第三，历史学习与复习注意与高中历史新课程的衔接。

高中历史新课标要求历史教学不仅要吸收人类的历史文明成果，还要注意培养学生多角度分析和解决问题的能力。今年全国高考文科综合卷Ⅰ试题正朝着提供新材料、创设新情景、提出新问题的"三新"方向发展。试题在不断运用文献资料、历史照片、大事年表、史学新观点等新材料新情境新问题来考查学生分析、理解历史和诠释历史的能力，不仅有效考查了考生阅读和理解材料、从材料中获取有效信息、迁移知识和综合分析等能力，而且引导学生关注人类生存与发展进程中的重大问题，运用历史知识分析、阐释、评价、解决实际问题，让考生走向更宽泛和更深刻的历史理解。因此，我们在高三历史复习中，应适当关注高中历史新课标教材的变化，当然更主要是将高中历史新课程理念应用到我们的历史学习和复习中。

第四，关注社会热点，从社会热点的角度重组历史教材中的基础知识，获得新认识。

历史教学关注社会热点，事关历史教育功能的实现，应是每一位历史教师必须要做的一件事。教师在日常历史教学中，应重视以当今社会人们关注的热点和焦点问题为切入点，将历史上与此类似或有联系的历史事件、历史人物、历史现象作为对象，引导学生通过学习历史，认识现实，观古鉴今。

2009 年高考全国文综卷 I 历史试题
给我们的启示①

　　2009 年全国高考尘埃落定，广大中学师生对高考的关注重点立马转移到研究全国各类试卷上来。那么，2009 年高考"全国文科综合能力测试 I 卷"给我们什么重要启迪？我们在未来一年的高三历史教与学中应注意些什么？也就自然成为广大中学历史教师和高三文科关注的话题。我认为，2009 年"全国文科综合能力测试 I 卷"的总体特点是突出考查学生运用所学历史知识理解、分析和解决问题的能力。整套试卷既在情理之中，又在意料之外。全卷给我们的启示主要体现在下列四个方面：

　　第一，保持"相对稳定"是高考命题的基本原则。

　　2009 年高考"全国文科综合能力测试 I 卷"与 2008 年高考"全国文科综合能力测试 I 卷"相比，保持了"相对稳定"，其主要体现在：一是整套试卷中的历史试题在结构模式、题型、题量和所占分值上与 2008 年完全一样，如第 12—23 题为历史选择题，共 48 分；第 37 题为材料题，32 分；第 39 题为政史地综合题各占 20 分等。二是所考内容基本上是教材中的主干知识。三是所有历史试题，除选择题第 16 题外，全部为材料题，与 2008 年相比没有差别。四是所考查的内容基本上是《高中历史教学大纲》《文科综合考试大纲·历史》所列举规定的、高中历史教材中的主干知识。

　　我们透过 2009 年高考"全国文科综合能力测试 I 卷"的历史试题发现，人们常说的高考命题所谓"稳中求变"，其"稳"的含义：从知识的考查角度来说，就是考查教材中的主干知识和基本史实，通俗地说，就是教材中的大字、大事，同时渗透一个历史和文化常识题；从能力的考查角度来说，就

① 本文发表于《中学政史地》2009 年第 7—8 期合刊。

是考查获取和解读信息、调动和运用知识、描述和阐释事物、论证和探讨问题的能力，并以材料题的形式来呈现；从试题命制的角度来看，选择题与非选择题的结构不会变，其分值分配比例不会变，材料题占绝对的统治地位不会变，隐性主题组卷方式不会变，隐性关注热点不会变，多种命题范式并存不会变，着眼新课程改革和试题创新的方向不会变，科学体现学科内综合和跨学科综合的方向不会变。就"变"的内涵来说，也就是发扬优长，主要集中于试题的选材、立意、呈现形式、命题范式、综合程度方面的创新。因此，"依纲扣本"复习历史知识和培养学生能力，仿照 2009 年高考"全国文科综合能力测试Ⅰ卷"命题方式、原则选择试题或问题引导练习，是当今高三历史教师和文科学生必须坚持的基本原则。那种不顾实际，盲目追求"新""奇"的做法是不可取的。

第二，坚持考查学生的历史和文化常识，但命题花样翻新。

2009 年高考"全国文科综合能力测试Ⅰ卷"历史试题与往年一样，第12 题考查了一个历史和文化常识问题——"姓氏的渊源"，不少考生因教师平时教学没有讲，自己又从来没有思考过这类问题而不知从何作答。实际上，从命题方式来说，本题并没有什么新意。因为，从 2007 年开始，全国文科综合Ⅰ卷历史选择题中的第 12 题，基本上是考查历史和文化常识性试题。2007 年考查的是皇帝的"谥号"，2008 年考查的是传统文化中的"阴""阳"问题。真可谓"年年岁岁花相似，岁岁年年题不同"。在历史和文化常识考查上，命题者可谓匠心独具。

近几年来的第 1 题给我们的最大启示，不是我们在历史教与学中要不要重视历史与文化常识考查问题，而是我们在历史教与学过程中，应如何有机融入和掌握历史与文化常识，做到以不变应万变的问题。实事求是地说，从2007 年考查皇帝"谥号"以来，我们中学历史教师和高三文科学生是比较重视历史与文化常识的教与学的，有些甚至在历史复习过程中专门花几节课时间讲述"谥号""庙号""尊号""年号""阴阳五行"等历史和文化常识性问题，这无疑超出了传统《历史教学大纲》和现行的《普通高中历史课程标准（实验）》的要求，加重了学生课业负担。即使从应对高考的角度来说，这些做法也未必有效。因为，有关历史和文化常识的内容相当丰富，远不是我们盲目跟风可以解决问题的。我认为，正确的做法，就是将相关的历史和文化常识，有机地融入日常的历史教与学过程之中。如"司马""司徒"等姓氏在《中国古代史》教材中就出现过，如史学家司马迁、司马光，权臣与帝王司马懿、司马炎、司马睿等。只是我们在教学这些历史知识时没有注意深入考察和理解而已。

第三，材料选择题占统治地位，突出考查学生运用所学知识理解、分析和解决问题的能力。

2009 年高考"全国文科综合能力测试Ⅰ卷"历史试题与 2008 年一样，全卷 12 道选择题只有 1 道为非材料选择题，其他选择题都向考生提供了新材料，突出考查考生综合运用所学知识理解材料、分析和解决问题的能力。

题号	试题提供的材料	答案
12	"氏于国，则齐鲁秦吴……氏于字，则孟孙叔孙；氏于居，则东门北郭。"	官名
13	"四面楚歌"典出楚汉战争。西汉初期，"楚歌"在社会上风行一时	统治集团的更替
14	南朝秀美灵动，北朝刚健雄浑，南北文化共同孕育了唐代文化的新气象	初唐书法
15	《汉至宋南北方户数变化表》（数据内容略）	经济格局变化
17	1858 年，中英《天津条约》规定："嗣后各式公文，无论京外，内叙大英国官民，自不得提书'夷'字。"	"天朝上国"规制受到冲击
18	1917 年，李大钊撰文指出："孔子者，历代帝王专制之护符也；宪法者，现代国民自由之证券也；专制不能容于自由，即孔子不当存于宪法。今以专制护符之孔子，入于自由证券之宪法，则其宪法将为萌芽专制之宪法，非为孕育自由之宪法也。"	反对尊孔复古
19	抗日战争期间某战役后，《新华日报》刊载一位中国将领的谈话："我军……对于一城一寨之得失，初不以为重，主在引敌深入，使其兵力分散，而予敌主力以打击。"	台儿庄战役
20	法国人达尔让松在 18 世纪中期写道："委托给大臣们的事务漫无边际。没有他们，什么事也办不了，只有通过他们，事情才能办成；如果他们的知识与他们庞大的权力有距离，他们便被迫将一切交给办事员办理。"	专制王权强化

续表

题号	试题提供的材料	答案
21	1787 年费城会议制定的《美利坚合众国宪法》规定：合众国不得授予贵族爵位	共和主义
22	19 世纪中期的一位英国记者报道："没有一个曼彻斯特的工人没有钟表，这是他们须臾不可离开的东西……（他们）最通常的物品是那小小的荷兰机械。有一个忙碌的摆，在整个世界面前公开而公正地摆动着。"	工厂纪律严格
23	拉尔夫·达伦道夫在 1998 年写道，20 世纪"在相当大程度上为各种分裂所主宰，导致热战冷战不断，但 20 世纪同时也是一体化的起源"；全球化开始"主导人们的生活、想象和恐惧"，人们不得不"从全球的角度去思考，以回应这一日益全球化的现实"	世界联系日益密切

从上表统计，我们可以看出：历史选择题所提供的材料，除第 13 题和第 18 题我们在平时可能有所知闻外，其他试题所提供的材料，对于广大中学生，即使是中学历史教师来说，都是全新的。考生要从所提供的材料中得出正确答案，就必须运用所学历史知识理解材料，只有在这一基础上，综合分析设问、备选项与所提供材料之间的关系，才能做出正确选择。

如第 13 题，材料"四面楚歌"，似乎大家都比较熟悉，但"楚歌"在社会上风行一时的原因则是多方面的，试题为考生准备的四个选项是：A. 南方的经济影响/B. 统治集团的更替/C. 北方文化的衰落/D. 民族融合的结果。在这里，考生最容易错选 D 项，因为春秋战国时期的民族融合是秦汉大一统局面形成的重要条件。考生怎么也没有想到，高中《中国古代史》教材与本题答案密切相关的还有一个重要隐性知识：无论是在楚汉战争中失败的西楚霸王项羽，还是胜利者汉王刘邦，他们都曾是历史上的"楚国人"，曾共同起兵推翻秦朝的统治。我们常说的"楚虽三户，亡秦必楚"，就是指强大的秦朝就是被"弱小"的楚国人灭亡的。由于考生在平时历史学习过程中忽视了西汉初年以刘邦为首的统治集团曾是"楚国人"这一历史渊源，也就自然无法将"统治集团的更替"与西汉初年"楚歌"在社会上风行一时联系起来。其他选择题，如第 14、15、19、21 题，都需要考生综合运用所学的历史显性和隐性知识进行分析，才能得出正确答案。

因此，2009 年高考"全国文科综合能力测试 I 卷"历史选择题给我们的启示是，在日常历史学习中，既要关注历史显性知识的理解，并运用这些显性历史知识分析和解决历史新材料、新情境问题，也要关注历史上一些重要的历史隐性知识的发掘、理解和应用。

如果要我来点评 2009 年高考"全国文科综合能力测试 I 卷"历史选择题的命题质量，我认为，运用不同材料命制历史选择题，突出考查考生综合运用所学知识理解材料、分析和解决问题的能力的方向是好的，必须坚持。广大中学历史教师和有志于学习文科的学子，在日常历史教与学过程中，也必须有意识地培养这方面的能力。但命题者也必须注意控制试题的难度，参加高考的对象是广大高三学生，而不是在校大学生，更不是硕士、博士和专家学者。2009 年高考"全国文科综合能力测试 I 卷"历史选择题第 13、14、19、21 题的难度太大，即使要在校大学生，甚至于历史硕士和博士来考，其结果也未必理想。

第四，历史非选择题突出历史性、现实性、多样性、综合性的有机结合。

2009 年高考"全国文科综合能力测试 I 卷"历史非选择题这一特点，主要表现在两个方面：一是试题材料的选择。如第 37 题，从材料的表达方式来看，既有描述的文字材料（如材料一李剑农《中国经济史稿》和材料三温家宝在第十届全国人民代表大会第四次会议上的《政府工作报告》），又有数字性的统计材料（如材料二《中国统计年鉴》）；从材料所反映的历史内容来看，既有反映中国古代史上的土地和赋税制度变化的材料（如材料一），也有反映中国现代史上的材料（如材料二、材料三，材料三甚至可算为时政材料）；从材料的出处来看，既有人们研究得来的成果材料或间接材料（如材料一和材料二），也有历史文献或直接第一手材料（如材料三）。第 39 题所提供的材料也大致如此，不同的是将数字统计材料换成了历史地图材料。二是试题设问和所考查的内容。如第 37 题，第（1）问，要求考生"根据材料一并结合所学知识，指出两税法实施前后中国古代赋税征收的特点及变化的原因"；第（2）问，要求考生"根据材料二并结合所学知识，说明 1950—1965 年我国农业税占农业实产量比例的变化趋势及主要原因"；第（3）问，要求考生"根据材料一、二、三并结合所学知识，谈谈你对我国取消农业税是'具有划时代意义的重大变革'的认识"。本题设问所考查的内容贯通古今，考查的内容不仅综合性强，而且将历史与现实有机地结合在一起，从而使人们深刻认识到我国取消农业税是"具有划时代意义的重大变革"。又如第39题，基本上继承了2008年的命题方式与思路，以历史上"三角贸易"问题作为试题的开篇，主要要求学生分析其历史背景和影响；然后要求考生运用地理学科知识阐析"三角贸易"涉及海区的大洋环流规律，三段航程海域洋流性质，里斯本1月份的气候特征及其成因；再要求考生运用政治学科知识阐释现代贸易与历史上的"三角贸易"的区别，分析早期资本主义扩张的二重性，并说明我国为什么要大力发展生产力和不断提高人民生活水平。由此可以看出，本题以历史问题为切入点，巧妙地将历史问题、地理问题和现实政治问题联系在一起，很好地实现了历史性、现实性、多样性和综合性有机地融合。

从历史学科和政史地三科综合的角度看，2009年高考全国文科综合卷I，历史非选择题和第39题，体现了政史地三科综合，命题质量不错。它给我们的启示主要有：我们在历史教与学过程中，既要注意每一个历史知识点的理解、分析和运用，又要关注历史的学科内的纵横联系，还要关注历史科学与政治、地理学科之间的联系，从而深刻认识客观事物的发展规律，以史为鉴，启迪人生。

2010 年高考文综
历史考试大纲要旨与复习备考策略①

一、考试大纲要旨

人们常说，高考文科综合历史命题的最大秘密，就隐藏在当年的《文科综合考试大纲》之中。2010 年高考《文科综合考试大纲·历史》业已出台（适合大纲本教材区使用，下文所有分析亦同），因此，科学揭示"历史考试大纲"所隐藏的命题信息，就成为广大高三文科师生十分关注的问题。

令人大跌眼镜的是，2010 年高考《文科综合考试大纲·历史》与 2009 年高考《文科综合考试大纲·历史》相比没有任何变化，而 2009 年高考《文科综合考试大纲·历史》规定的有关"考试性质""考核目标与要求""考试范围""命题指导思想""考试形式与试卷结构"等方面，又是 2008 年高考《文科综合考试大纲·历史》的翻版。近三年来"历史考试大纲"的"不变"，给我们哪些重要启示呢？

首先，要深入体会其"不变"的内涵。"考试大纲"的"不变"，实际上就意味着 2009 年高考文科综合历史学科命题在"考核目标与要求""考试范围""命题指导思想""题型""内容比例""试题难度"和"组卷"等方面总体上会保持稳定，不会发生大变。具体说来，一是"考试大纲"提出的考核目标要求、三个梯度的能力要求仍是我们历史教与学必须解决的问题。二是继续高度重视检测考生的思维过程，即审题，发现和分析有效信息，联系背景知识，设计解决问题的路径，进行推理、判断、分析、综合、比较

---

① 本文发表于《中学政史地》2010 年第 4 期。

等，说明问题和表达结论，力图体现社会科学所具有的共性研究特征与方法，使文科综合能力测试达到真正意义上的综合。三是意味着 2008 年、2009 年高考试题将成为我们测定 2010 年高考的风向标，其主要特点就是运用大量的情境材料，在新情境下，经过分析、知识迁移、理解、对应基础知识内容，让考生做出准确的判断。四是意味着 2010 年高试卷呈现方式将会比较平稳，但并不意味着命题者命题不会创新变化。实际上，命题者每年都在去陈求新。

其次，要研究揭示其"不变"中的秘密。当今，有不少中学历史教师在研究高考《文科综合考试大纲·历史》时，往往只注意当年"考试大纲"的变化，而忽视当年"考试大纲"与往年"考试大纲"的关系。换言之，我们往往忽视当年"考试大纲"是在过往几年"考试大纲"基础上修订的。由于 2010 年高考《文科综合考试大纲·历史》是 2008 年、2009 高考《文科综合考试大纲·历史》的翻版，我们就应将比较研究的视野扩展到 2007 年高考《文科综合考试大纲·历史》，并认真研究 2008 年、2009 年高考《文科综合考试大纲·历史》在 2008 年、2009 年全国高考文科综合卷上的反映。由此，我们就会发现 2010 年高考《文科综合考试大纲·历史》在制定思想上将在关注历史学科特点、关注历史新课程改革、关注时政热点总趋势下，明显呈现下列六大特点：

第一，2010 年高考《文科综合考试大纲·历史》继续重视从制度和民主政治建设的层面关注人类社会的发展变化。因为 2010 年高考《文科综合考试大纲·历史》所规定的考查内容继续保持了 2008 年高考《文科综合考试大纲·历史》新增加的有关制度和民主政治建设方面的内容。如先秦时期的"井田制"，秦汉时期的"刺史制度"，隋唐时期的"府兵制和募兵制"，宋元时期的"庆历新政"，中国近代半殖民地半封建社会开端中的"天京变乱和重建领导核心"，资产阶级民主革命和清朝的灭亡中的"清政府的'新政'和'预备立宪'"，国民大革命中的"北京政变""孙中山北上和国民会议运动"，国共两党十年对峙中的"中华苏维埃共和国的建立"，社会主义建设在探索中曲折发展中的"'文化大革命'的背景""全国夺权和二月抗争"，"知识青年上山下乡和干部下放"等。如 2009 年全国文科综合卷Ⅰ中的第 18、19、20 和 37 题，卷Ⅱ中的第 17、18 和 37 题，就是从"制度和民主法制建设"的层面来考查人类社会发展变化的。2010 年高考历史学科命题者必将在这方面进行创新命题。

第二，2010年高考《文科综合考试大纲·历史》继续重视从经济与社会生活的角度关注人类社会的发展变化。因为，2010年《文科综合考试大纲·历史》继续保持了2008年高考《文科综合考试大纲·历史》所新增加的有关经济和中国古代史的社会生活史。如先秦时期的"夏、商、西周的社会经济"，三国、两晋、南北朝时期的"北方农业的恢复与发展""手工业的发展""商业的发展与社会生活的变化"，隋唐时期的"社会生活"，国共两党十年对峙时期的"革命根据地的经济建设"等。尤其是三国、两晋、南北朝时期的"社会生活的变化"和隋唐时期的"社会生活"，这些《历史教学大纲》没有收录在教材中又是小字的内容被纳入考试范围，更彰显了大纲制定者对社会生活史考查的高度重视。正因为如此，2008年全国高考的一些地方试卷，就明显地考查了这些内容。2009年全国文科综合卷中的历史试题，则强调考生初步学会运用辩证唯物主义和历史唯物主义的基本观点，站在全球史观、文明史观的立场，从经济的角度分析历史现象和历史事物，揭示其本质，阐述历史发展的一般规律。比如全国文科综合卷Ⅰ选择题第12、13、14、15、18、20、21、22、23题和主观题第37、39题，卷Ⅱ选择题中的第16、19、20、22、23题，无不从一侧面体现上述特点。经济与社会生活是当今人们普遍关注的问题，但历史学科不同于政治，不会直接考查现实问题，它关注更多的是有关这方面的"长效热点"，如科学发展观、新农村、税费改革、和谐社会问题。2009年全国文科综合卷Ⅰ第37题就隐形考查了中国古代赋税征收的特点及变化、1950—1965年我国农业税占农业实产量比例的变化趋势及主要原因、我国取消农业税是"具有划时代意义的重大变革"的认识等重大社会现实问题。又有谁敢说，在2010年高考全国文科试卷中，不会出现这类重大经济改革的历史试题呢？

第三，2010年高考《文科综合考试大纲·历史》继续重视从民生的角度关注农民革命史、民族解放运动史和社会主义运动史。这一命题趋势主要反映在2010年《文科综合考试大纲·历史》继续保持了2008年高考《文科综合考试大纲·历史》所新增加的有关农民革命和民族解放运动史。如明清时期的"明朝中后期的政局和明末农民战争"（包括明朝中后期的政治危机、明末农民战争），中国近代半殖民地半封建社会开端中的"太平天国运动兴起的原因""太平天国的防御战"，国民大革命中的"工农运动的发展"，人民解放战争中的"解放区的土地改革"，垄断资本主义的形成中的"非洲、拉丁美洲的民族民主运动""社会主义运动的新发展"，俄国十月社会主义革命和苏联的社会主义建设中的"苏维埃政权的巩固"，第二次世界大战后的世界中的"亚洲人民民主国家"。2009年全国文科综合卷Ⅰ的第19题，卷Ⅱ的第16、21、22题，就在一定程度上反映了从民生的角度关注农民革命史、民族解放运动史和社会主义运动史这一态势。

第四，2010年高考《文科综合考试大纲・历史》继续重视体现历史学科研究发展的新趋势，重视从思想文化的角度考查人类文明演进与发展史。因为，2010年《文科综合考试大纲・历史》继续保持了2008年高考《文科综合考试大纲・历史》对人类文明演进与发展史相关内容的整合。如"秦末农民战争"原为独立子目，从2008年开始并于"秦朝建立统一的多民族的中央集权国家"一目之下。这样做，一是为了与现行教材相吻合；二是为了体现"秦末农民战争"与"中央集权"的关系。又如"戊戌变法"一目下的"维新思想的发展和传播"，从2008年开始被修改为"戊戌变法的背景""康、梁的维新思想""维新派和顽固派的论战"。这一整合，一方面扩大了考查的范围，另一方面有利于与前面的"洋务派与顽固派"和后面新增加的"革命派"和"保皇派"论战、新文化运动组合，形成一个完整的近代中国"思想解放运动"历史专题知识体系。再如，世界历史中从2008年开始将原属于"第二次工业革命和垄断组织的形成"一目下的"主要资本主义国家向垄断阶段过渡"单独列为一目；将"战后初期的国际关系"修改为"战后初期的国际关系和两极格局的形成"；将"美苏争霸格局的形成及其发展"和"80年代中后期的美苏关系"，修改为"美苏争霸格局的形成"和"20世纪60年代至80年代中后期的美苏关系"；将"韩国和新加坡经济的发展"，修改为"东亚和东南亚各国经济的发展"。这些历史知识点的整合，既突出了相关历史知识在整个历史知识体系的重要地位，增强历史知识表达的科学性，也相应扩大了一些历史知识点的考查范围。从命题的角度看，2009年全国高考文科综合卷Ⅰ的第12、13、14、21题，卷Ⅱ的第12、16、17、18、37题，则突出反映了史学研究最新成果和人类思想文化的演进。

第五，2010年高考《文科综合考试大纲・历史》注意继续为命题者创制历史开放性试题创造条件。因为，2010年《文科综合考试大纲・历史》继续保持了2008年高考《文科综合考试大纲・历史》对相关内容的开放性表述。

如在"洋务运动"一目下，保持了"洋务运动的效果"的修改表达。这种表达与教学大纲和教材中的"洋务运动的破产"相比，无疑具有开放性意义，它给命题者从正反两个方面考查学生对洋务运动的理解与评析提供极大空间。又如"新文化运动"一目，考纲保持了"新文化运动的背景及其兴起"和"新文化运动的内容"的修改表达；"五四运动"一目，考纲保持了"五四运动爆发的背景""五四运动的经过"的修改表达。在这里，我们不难发现考纲"新文化运动"和"五四运动"两目之下都没有具体列出其影响或意义。考纲的制定者之所以这样做，是因为新文化运动和五四运动都涉及当今史学界和人们普遍关注的如何对待传统文化的问题，且争议很大。这就为命题者创新命题提供了很大的弹性空间。从 2008 年和 2009 年全国文科综合卷的命题实际来看，这一命题弹性空间并没有被利用，从查漏补缺的角度来说，这恰是我们在 2010 年历史复习迎考中必须引起高度注意的地方。

第六，2010 年高考《文科综合考试大纲·历史》继续重视考查中国共产党对中国革命和社会主义建设所做出的伟大贡献。因为，2010 年《文科综合考试大纲·历史》继续保持了 2008 年高考《文科综合考试大纲·历史》有关中国共产党领导中国革命和社会主义建设方面的大量内容的修改表达。如"革命的新曙光和国民革命运动"主目，保持了"新文化运动和中国共产党的诞生"的修改表达，并将国民大革命的所有现象置于本主目之下。这就突出了新文化运动与中国共产党诞生的密切关系，突出了中国共产党诞生和成长的过程，突出了中国共产党成立后在中国革命中所起的巨大作用。又如考纲保持了将"中共八大的正确决策"修改为"经济建设方针的确定"表达，从而扩大了知识的考查范围，更有利于我们从决策过程和因果关系上认识中共八大决策的正确性，理解中共八大正确决策为何没有得到执行的历史原因。所有这些，为命题者创设这方面的优秀试题提供了良好条件。2009 年全国文科综合卷 I 的第 37 题第（2）（3）问，卷 II 的第 15 题等，就较好地体现了"考试大纲"这一修订目标。

二、复习备考策略

研究"考试大纲"的目的是更有效地指导我们学习与复习历史。因此，我们在理解 2010 年高考《文科综合考试大纲·历史》要旨的基础上，在日常历史复习备考中，应注意以下策略：

第一，坚持以"考试大纲"为核心，构建基础知识网络。不论高考形势如何变化，"考试大纲"所规定的"考试范围"，始终是高考的命题依据。首先，我们必须对"考试范围"的知识进行全面理解和牢固记忆，包括史实、概念、结论、阶段特征、基本线索和发展过程等。其次，无论是教师还是学生，都应开动脑筋，积极主动创设新视角，着力构建科学严密的基础知识网络，使基础知识系统化、网络化。

第二，正确处理基础与能力的关系，在夯实基础的前提下，明确能力培养目标，努力实现能力在基础知识学习中得到培养，基础在能力提升中得以夯实，实现基础与能力并重，相得益彰。无论是教与学，都要注意突出重点，坚决避免不顾实际、贪多求全、不求甚解，坚决避免脱离基础知识盲目地拔高能力。衡量历史教与学的效率的关键不是看教师讲了多少，也不是看学生一节课看了多少页历史教材或复习资料，而是看学生掌握了多少知识，解决历史问题的能力是否得到实际提升。

第三，要坚持论从史出，史料判读。在历史复习过程中，一定要注意运用所学知识，解决新材料新情境下所出现的历史问题，学会从不同角度发现与分析同一情境材料所包含的不同问题，既要厘清史实，又要通过练习学会判读史料，并与教材知识内容进行有效对应。

第四，要努力提高练习效益。练习设置应集中体现新材料、新情境，信息量适中，强调试题的题眼。注重题目质量，切忌题海战术。坚决避免套题，无论是教师的教，还是学生的学，都应从实际出发，有选择地进行，强化练习的针对性，努力做到每练必过关，解决问题不隔天。

第五，适度关注热点问题。从历史与现实的角度来看，下列问题值得我们关注：古代科技发展与社会进步，气候变迁与中国古代经济重心南移，经济全球化与区域化，资本主义社会调节机制，中国与世界近代民主化进程，中国历史上的分裂与统一（重点是新疆、西藏与台湾问题），抗日战争与世界反法西斯战争，东学西渐与西学东渐，中国古代思想文化的发展，大运河的历史作用，古代赋税制度的变迁，三农问题，东北亚地区的发展与交流，东南亚地区的发展，长三角、珠三角地区的发展与现代化，新中国民主与法制建设，中部崛起（着重湖北、河南），近代民族工业的发展，中外历史人物评价（如孙中山、拿破仑等），中俄、中美、中日、德法关系等。

2011 年高考历史试题解读与应对策略①

解读高考试卷，研究其命题特点与趋势，其旨在指导新高三学生进行有效学习与复习，并在未来高考中获得更好的成绩。就历史学科而言，2011 年湖南省用的新课标全国高考文科综合能力测试卷，其历史试题向我们展示了哪些特点和命题趋势？在新的一年高三学习与复习中，我们应如何应对？

一、2011 年高考历史试题的特点与命题趋势

（一）从考查题型与题量的角度看，无论是全国文科综合历史新课标卷，还是各省市自主命题的文科综合历史卷或单科历史卷，都呈现出稳中求变的特点

1. 全国文科综合历史新课标卷连续考了四年的"历史常识"题 2011 年没有再现，于是不少历史教师据此认为，"历史常识"类试题今后不会在高考试卷中再现。这是对高考历史命题的误读。实际上，高考历史命题者命制"历史常识"类试题考查学生，不是心血来潮，而是遵循《普通高中历史课程标准（实验）》：高中历史教学"在内容的选择上，应坚持基础性、时代性，应密切与现实生活和社会发展的联系，关注学生生活，关注学生全面发展"。何谓"历史常识"，我们认为就是一名普通公民在日常生活中经常遇到且应当知晓的历史知识。如 2007 年考查的有关古代社会的"尊号""谥号""庙号"等区分问题，2008 年考查的山、水之南北的"阴""阳"问题，

---

① 本文以《2011 年全国文综卷课标历史试题特点之我见》为题，摘要发表于《中学历史教学参考》2011 年第 7 期，并全文收录到当年株洲市教科院主编的高三历史复习指导纲要中。

2009 年考查的中国人姓氏渊源问题，2010 年考查的中国一些省市简称历史渊源问题，都是我们当今社会生活、学习和工作中日常遇到的问题，作为一名合格的高中毕业生并希望通过高考进入大学深造有一定文化素养的"公民"来说，对这些"历史常识"理应有所了解和掌握。2011 年高考新课标全国文科综合历史新课标卷虽没有考查这类历史常识试题，但并不意味着这类试题从此退出高考。实际上，2011 年大纲区全国高考文科综合卷·历史就考查了"历史常识"试题：

　　唐初编定的《隋书·经籍志》，确立了中国古代史四部分类著录图书的原则，汉代的乐府民歌应著录于：

　　A. 经部　　　　B. 史部　　　　C. 子部　　　　D. 集部

　　本题中的"经史子集"古代图书分类法，对广大中学文科师生而言，就是一种应该掌握的"历史常识"。我国古代图书分为四部，即"经史子集"，四部的名称和顺序是在《隋书·经籍志》中最后确定下来的。经部：指儒家学说，儒家经书开始有五部，即诗、书、易、礼、春秋，称为"五经"。从唐代到宋代，形成十三经，即易、书、诗、周礼、仪礼、礼纪、左传、公羊传、谷梁传、论语、孝经、尔雅、孟子。史部：指记载历史兴衰治乱和各种人物以及制度沿革等的历史书，远在四千多年前，中国即有历史的记录。各种体裁的历史著作都属于这一类。司马迁的《史纪》为中国正史的开始，以后几乎每朝一史，共有二十四史。此外古史、野史、法典、地志、职官、政书、时令等，凡记事的书籍均归入史部。子部：指记录诸子百家及其学说的书籍。春秋战国之际，学者辈出，百家争鸣，哲学、名学、法学、医学、算学、兵学、天文学、农学十分发达。每家著书一种，后人因为次于经书而成一家之言，所以称为子书，道教、宋明理学、清朝的考据学也都归入子部。集部：凡历代作家的散文、骈文、诗、词、曲等集子和文学评论著作，均归入此类。属于一人所有的称为别集，汇选若干人的作品称为总集，有关诗的集子称为诗集。由此可见，汉代的乐府应属于集部，答案为 D。

　　2. 试题量方面比 2010 年有所增加。就全国文科综合新课标历史卷而言，其主要表现在两个方面：一是 2011 年的试卷将 2010 年试卷中的 37 分必做题演化为两道必做题，分别为 25 分和 12 分。这一变化有利于扩大试卷考查范围，增强命题的灵活性。二是选做部分则由原来的两道非选择题变为四道非选择题，即《历史上重大改革回眸》《20 世纪的战争与和平》《近代社会的民主思想与实践》《中外历史人物评说》各一道试题。这一变化，增强了试卷的选择性，既有利于考生发挥自己的特长，也有利于考查学生的选择智慧。如我所在的湖南学生，由于湖南省在课程设计上指定选修《历史上重大改革回眸》和《20世纪的战争与和平》，估计多数学生会在这两大试题之间做一选择。但从四道非选择题的选材和问题设计来看，《近代社会的民主思想与实践》与必修内容联系紧密，且材料内容也比较熟悉，选做本题，实际上也是一个不错的选择。

[近代社会的民主思想与实践]

材料一 "予之定名'中华民国'者，盖欲于革命之际，在破坏时则行军政，在建设时则行训政。所谓训政者，即训练清朝之遗民而成为民国之主人翁，以行此直接民权也。有训政为过渡时期在，则人民无程度不足之忧也。""除宪法上规定五权分立外，最重要的就是县治，行使直接民权。"

——摘编自《孙中山全集》

材料二 1928年10月3日，中国国民党中央执行委员会常务会议通过《训政纲领》，内容包括："依照总理建国大纲所定选举、罢免、创制、复决四种政权，应训练国民逐渐行使，以立宪政之基础……治权之行政、立法、司法、考试、监察五项，付托于国民政府总揽而执行之，以立宪政时期民选政府之基础。"

——摘编自《中华民国法规辑要》等

（1）根据材料一并结合所学知识，指出孙中山的民权主义与英美宪政思想的异同。（7分）

【参考答案】同：反对专制；主权在民；权力制衡。异：英美为三权分立，孙中山主张"五权分立"（五权宪法）；孙中山强调直接民权，分阶段实现宪政。

（2）根据材料并结合所学知识，简评孙中山的训政思想与南京国民政府的"训政"。（8分）

【参考答案】孙中山训政思想的实质是主权在民，反映了当时的中国社会政治状况，其目标是实现直接民权；国民党长期施行"训政"，其实质是独裁统治，违背了孙中山的训政思想。

从试题设问和所提供的"参考答案"来看，考生只要依据材料与必修1和必修3中的相关内容完全可以得出相关结论。如第（1）问中的相同点：

历史必修 1 "辛亥革命"中的《中华民国临时约法》和历史必修 3 有关"三民主义"思想与实践的叙述,都展示了孙中山民权主义包含了"反对专制;主权在民;权力制衡"等宪政思想。而历史必修 1 "英国君主立宪制"和"美国 1787 年宪法",历史必修 3 的"启蒙思想",也很好地包含了"反对专制;主权在民;权力制衡"等宪政思想。至于其不同点,材料展现得更加分明。第(2)问,孙中山训政思想已经包含在材料中,南京国民政府的"训政",其"独裁实质"在历史必修 1 关于"国共十年对峙""抗日战争"和"解放战争"中得到了充分展现。

由于湖南省是采用全国文科综合新课标卷,加之试题题量变化具有相对稳定性,故其他各套高考文科综合卷或历史卷的题量变化,对湖南考生而言,没有什么参考价值,有关变化这里不再做分析。

3. 开放性试题已独立成题,并会相对稳定下来。高考历史命制开放性问题并不始于 2011 年,曾长期以"启示""启迪""认识""看法"等设问形式出现在非选择题之中,且多为最后一问,所占分值不大。2010 年全国高考文科综合·历史新课标卷开始推出大分值历史开放性试题,但仍置于第 40题非选择题的最后一问:

40. (37 分)阅读材料,完成下列各题。

材料一 历代盛行的官营作坊,在明清时期受到冲击。江南城镇附近农户不事农耕,"尽逐绫绸之利",渐成风尚,城镇中"络纬机杼之声通宵彻夜"的情形亦载于史籍。明万历年间,仅苏州丝织业中受雇于私营机房的织工就有数千人,是官局的两三倍。清初在苏州复置关局,设机 800 张,织工2330 名。至康熙六年(1667)缺机 170 张,机匠补充困难,而同一时期苏州民机不少于 3400 张。"家杼轴而户纂组,机户出资,机工出力,相依为命久矣。"

——摘编自许涤新、吴承明主编《中国资本主义发展史》

材料二 自中世纪晚期开始,乡村手工业特别是毛纺织业在英格兰东部、西部和约克郡地区快速发展。商人发放原材料,回收产品,销往海内外,这种新型的"乡村制造业活动"被称为"原工业化"。在此基础上发展起来的"工厂",推动了手工业的发展。16 世纪初,纽贝里的一家毛纺织"工厂"雇用了 1140 名工人,其中近三分之二为妇女和儿童。海外市场的需求大大地刺激了此类"工厂"的发展,英国成为欧洲最重要的毛纺织品生产和出口国。1700 年毛纺织品占国内出口商品的 70%。棉纺织业作为新兴行业随之兴起，其他行业也迅速扩张。机械化逐渐成为新的生产方式的重要特征，并在欧洲大陆广泛传播。

——摘编自【英】E.E.里奇等主编《剑桥欧洲经济史》等

材料三 包含着整个资本主义生产方式的萌芽的雇佣劳动是很古老的；它个别地和分散地同奴隶制度并存了几百年。但是只有在历史前提已经具备时，这一萌芽才能发展成资本主义生产方式。

——恩格斯《反杜林论》

（1）根据材料一并结合所学知识，概括指出明清之际江南手工业发展的特点。（8 分）

（2）根据材料二并结合所学知识，说明 19 世纪中期以前英国工业发展的阶段及阶段性特征。（16 分）

（3）根据材料并结合所学知识，阐述对恩格斯所说"历史前提"的认识。（13 分）

（要求：以对"历史前提"的认识为中心；观点明确，史论结合。）

2011 年高考全国文科综合历史新课标卷，命题者不再将"开放性试题"依附于某非选择题之中，而是重新选材和独立命制问题，从而增强了命题的灵活性，更有利于考查学生的历史学科能力。

41.（12 分）阅读材料，回答问题。

材料

西方的崛起曾被视为世界历史中最引人入胜的历程之一。这一进程起始于民主与哲学在古希腊和古罗马的出现，继之以中世纪欧洲的君主制和骑士制度，经过文艺复兴和大航海时代，结束于西欧和北美对全世界军事、经济和政治的控制。非洲、拉丁美洲和亚洲的人们只有在遭遇欧洲探险或被殖民时才会被提到，他们的历史也就是从欧洲的接触和征服才开始的。

然而在过去的十多年中，一些历史学家对上述概括提出了颠覆性的认识。他们认为在 1500 年前后的经济、科学技术、航海、贸易以及探索开拓方面，亚洲与中东国家都是全世界的引领者，而那时欧洲刚走出中世纪进入文艺复兴时期。这些历史学家认为，当时的欧洲要远远落后于世界其他地方的许多文明，直到 1800 年才赶上并超过那些领先的亚洲国家。因此，西方崛起是比较晚近才突然发生的，这在很大程度上都要归功于其他文明的成就，而不仅仅取决于欧洲本土发生的事情。

> ——摘编自杰克·戈德斯通《为什么是欧洲？——世界史视角下的西方崛起（1500—1850）》

评材料中关于西方崛起的观点。（12分）

（要求：围绕材料中的一种或两种观点展开评论；观点明确，史论结合。）

2011年高考命制历史"开放性试题"并不只有全国文科综合历史新课标卷，全国其他省市命制的历史试题中也有不少"开放性试题"。

如2011年上海单科历史第34题第（2）问："以今日之见，你觉得哪种判决合理，说出你的理由。"第35题第（2）问："简要评述汉、唐的选官制。"第37题第（2）问："你认为当时外国人持这类护照游历有哪些弊端？"第38题："辛亥革命 写历史小论文，列提纲是一项重要的技能。某同学在阅读课文及相关史料后，拟了一份有关辛亥革命的小论文提纲，请你帮他完成空缺的部分。（提纲略）"第39题第（4）问："基于以上材料，谈谈你对两次工业革命影响的看法。"

又如北京文科综合·历史第37题第（4）问："阅读下表中的资料，围绕爱国，提炼出一个涵盖若干条资料的主题，并将符合主题的资料序号挑选出来。结合所学，补充一条符合该主题的新资料并加以简要阐释。要求：提炼的主题必须涵盖两条以上资料，立意明确；符合该主题的资料选择要完整，无遗漏；逻辑清晰合理。"

再如江苏单科历史第22题第（3）问："运用上述材料，结合所学知识，论证陈旭麓先生提出的观点。"（要求：观点理解准确；史论结合；逻辑严密；表述清楚；200字左右）

还有四川卷文科综合第37题第（4）问："根据材料四，结合所学知识评析罗斯福政府的知识移民政策。"

（二）从考点分布的角度看，不搞绝对平均主义，但注意追求三个模块的适当平衡，突出对中国历史的考查

第一，不搞绝对平均，但注意各模块知识考查量（分值）的适当平衡。以2011年湖南高考文科综合卷历史选择题为例，本卷的第28、29、30、31题为政治文明史，第25、32、33和34题为经济文明史，第24、26、27和35题为思想文化与科技文明史，也就是历史必修1、2、3三大模块各占三分之

一，即每个模块为4道选择题，各占16分。又如北京文科综合卷12道选择题，政治文明史为4道，经济文明史为3道，思想文化与科技文明史为5道。再如山东文科综合卷，共命制8道历史选择题，政治文明史为4道，经济文明史为4道。由于思想文化与科技文明史没有命制选择题，故命制了1道12分的非选择题。

第二，在中外历史考查比重上，突出对中国历史的考查。如2011年湖南高考文科综合卷中国史选择题是世界历史的两倍。全卷中的第24、25、26、29、30、31、33和34题为中国史，共计为8道试题；第27、28、32、35题为世界史，共计为4道试题。又如北京文科综合卷12道选择题，其中中国史占了8道，世界史占4道，比例与2011年湖南高考文科综合卷相同。山东文科综合卷8道选择题，中国史占5道，世界史占3道。

从非选择题必修内容考点分布的角度来看，以中国古代史为主，以世界史为辅。如2011年湖南高考文科综合卷第40题是考查中国古代用人制度（标准）的变化，占25分；第41题从历史的角度考查西方的崛起，考生评析相关观点所需历史知识应以世界史为主，也适当涉及中国历史。

阅读材料，回答问题。

材料

西方的崛起曾被视为世界历史中最引人入胜的历程之一。这一进程起始于民主与哲学在古希腊和古罗马的出现，继之以中世纪欧洲的君主制和骑士制度，经过文艺复兴和大航海时代，结束于西欧和北美对全世界军事、经济和政治的控制。非洲、拉丁美洲和亚洲的人们只有在遭遇欧洲探险或被殖民时才会被提到，他们的历史也就是从欧洲的接触和征服才开始的。

然而在过去的十多年中，一些历史学家对上述概括提出了颠覆性的认识。他们认为在1500年前后的经济、科学技术、航海、贸易以及探索开拓方面，亚洲与中东国家都是全世界的引领者，而那时欧洲刚走出中世纪进入文艺复兴时期。这些历史学家认为，当时的欧洲要远远落后于世界其他地方的许多文明，直到1800年才赶上并超过那些领先的亚洲国家。因此，西方崛起是比较晚近才突然发生的，这在很大程度上都要归功于其他文明的成就，而不仅仅取决于欧洲本土发生的事情。

——摘编自杰克·戈德斯通《为什么是欧洲？——世界史视角下的西方崛起（1500—1850）》

评材料中关于西方崛起的观点。（12分）

（要求：围绕材料中的一种或两种观点展开评论；观点明确，史论结合。）

由于本题是从比较的角度提供西方崛起材料的，考生在评述西方崛起时，自然以世界史为主，并适当引入一些中国史内容，以比较说明西方的崛起。

第三，注意厚今薄古。如2011年湖南高考文科综合卷历史选择题，中国古代史为3道题，即第24、25和26题；中国近现代史为5道题，即第29、30、31、33和34题；世界古代史为1道题，即第27题；世界近现代史为3道题，即第28、32、35题。合计，古代史为4道题，近现代史为8道题，即近现代史是古代史的2倍。又如北京文科综合卷历史选择题共12道，其中古代史4道题，近现代史8道题。再如天津文科综合卷历史选择题共11道题，其中古代史为3道题，近现代史8道题。

（三）从必修与选修考点分布的角度看，命题者坚持遵循"考纲"但不拘泥于"考纲"

2011年湖南高考文科综合卷历史试题基本上遵守了"考纲"约定，必修（必做）占85%，选修（选做）占15%。但这并不等于说，考查必修内容时不涉及选修内容。实际上，命题者有意识地将一些选修内容有机地渗透进必做（必修）题之中。如选择题第30题，考生如果没有选修历史知识背景，是很难得出正确答案的。

甲午战争后的"公车上书"与巴黎和会时的五四运动都是爱国救亡运动，但两者的规模与影响差别甚大，其主要原因在于：

A. 民族觉醒程度与群众基础不同

B. 外交失利导致的损害程度不同

C. 大众传媒发展水平与方式不同

D. 列强攫取中国利权的手段不同

从上题我们可以看出，题干中的"公车上书"，虽是维新变法运动中的大事，但现行《普通高中历史课程标准（实验）》无论是必修1"政治文明史"模块，还是必修3"思想文化与科技文明史"模块，都没有明确涉及这一知识点，依据"课标"编写的人教版历史必修1和历史必修3两册教材也没有涉及这一知识点。只有选修教材《历史上重大改革回眸》明确叙述了

"公车上书"这一历史事件（当然，初中历史涉及了这一内容）。考生如果没有这一历史知识背景，自然无法比较得出正确答案。我认为，这类命题的最大价值是有利于促进普通高中历史选修课程的落实。

实际上，全国高考文科综合新课标卷历史选择题将历史必修内容与选修内容融合命题并不始于2011年，在2010年就存在这一现象。如2010年全国高考文科综合新课标卷选择题第26题，命题者在题干中引用了王安石"形者，有生之本"的观点。按历史新课程标准体系与相关教科书知识体系，历史必修1政治文明史、必修2经济文明史、必修3思想与科技文化史，都没有涉及王安石其人其事，只有历史选修1《历史上重大改革回眸》设置了"王安石变法"专题。从这个意义上说，本题不属历史必修内容。但从本质上看，本题考查的是宋明理学，它属于必修3思想与科技文化史内容。如果从深层次看，本题还告诉我们，王安石在历史上不仅是一个改革家，他还是一个思想家，其哲学思想不同于当时盛行的理学，这种"客观唯物思想"，在某种程度上影响着他的变法。命题者选择王安石"形者，有生之本"来考查宋明理学，其用意确不一般。又如选择题第30题，又将历史选修1历史上重大改革回眸中的"日本明治维新"内容有机融合了进来。

命题者将历史必修内容与选修内容融合在一起的做法，并未局限于选择题，它也表现在非选择题之中。如前面提到的2011年湖南高考文科综合卷·历史非选择题中的选修试题"近代社会的民主思想与实践"就是如此。至于全国高考其他各省市历史试题是否存在这种现象，因此缺乏它们的"考试大纲"，故不再举例说明。总之，我们在日常历史教与学的过程中，不要有意无意地割裂历史必修内容与历史选修内容之间的联系。

（四）从试题选材与所提供的参考答案来看，突出考查了考生的历史学科能力和综合分析解决问题的能力。

当今高考历史试题选材与答案越来越脱离现有历史教材，题在书外、理在书中的特点越来越突出。如2011年全国文科综合历史新课标卷必做（必修内容）中的选择题第25、28、29、31、32、33、34题，其材料与答案，与现行新课标人教版高中历史教材中的内容基本上没有什么关系。现以第25题为例，做一简要分析：

图4是依据《隋书·食货志》等制作的南北朝时期各地区货币使用情况示意图，该图反映出：

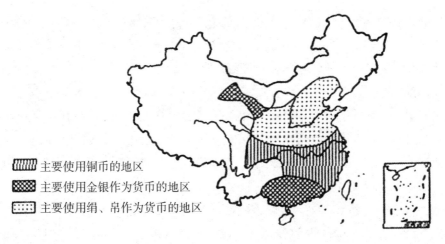

主要使用铜币的地区
主要使用金银作为货币的地区
主要使用绢、帛作为货币的地区

图4

A. 长江流域经济水平总体上高于黄河流域

B. 河西走廊与岭南地区经济发展速度最快

C. 黄河流域的丝织业迅速发展

D. 长江流域经济发展相对稳定

本题所提供的地图信息可以说与《普通高中历史课程标准（实验）》和相配套的历史教材（如人教版）无任何直接关联。学生要正确解答此题，必须具备以下三个方面的知识：

一是政治学科中有关货币的产生、演变及其原因方面的知识。

二是秦统一全国与统一货币方面的历史知识。

三是我国经济重心逐步由北向南转移的历史知识。

从"示意图"所提供的信息我们可以看出：南北朝时期，我国的经济重心在黄河流域，因此仅凭货币使用情况是无法得出"长江流域经济水平总体上高于黄河流域"的结论，故 A 项错误。

河西走廊与岭南地区虽以金银作为商品交换的货币，但与经济发展速度最快没有必然联系。因为，从货币演变规律看，铜作为法定货币更是经济发展水平提高的产物（实际上，南北朝时期，河西走廊与岭南地区经济发展水平是比较低的，也不是经济发展速度最快的地区。这一历史时期，经济发展最快的地区应是江南地区，且以三吴地区最为发达），故 B 项错误。

黄河流域此时以绢、帛作为商品交换的货币，按照货币演变规律，实际上是以物易物。它只能说明这一地区商业发展萎缩，甚至比以前退步了。因为，早在秦统一之前的战国时期，黄河流域作为韩、赵、魏、齐、燕之地，就已经广泛使用法定的"铲币"和"刀币"；秦统一后，则统一使用法定的"半两钱"。西汉武帝时改铸"五铢钱"。但自东汉末年以来，因北方长期战乱，生产遭到严重破坏，不少城市毁于战火，故商业萎缩。于是，作为商品变换媒介，便出现了以绢、帛为货币的情况。因此，C项错误。

长江流域主要使用铜币，则表明这一地区基本上维持了秦汉以来的货币规则，从一个侧面反映了这一地区经济发展相对稳定。故本题答案为D项。

试题选材与答案直接脱离教材，不仅表现在选择题（必修内容）上，也表现在选做题（选修内容）上。如选做题中的第45题"历史上重大改革回眸"题和第48题"中外历史人物评说"题，其所考查的内容与《普通高中历史课程标准（实验)》及相应的选修教材内容没有任何直接联系，是一种纯学科能力考查。

需要特别强调的是，无论是选择题第25、28、29、31、32、33、34题，还是非选择题中的第45题"历史上重大改革回眸"题和第48题"中外历史人物评说"题，我们都不能说这些试题超越了"考试大纲"。因为，试题给我们提供了认识相关问题的材料，学生可以通过综合运用自己所学知识解决相关问题获得正确答案。可以说，这些试题所突出的是历史学科能力的考查和学生综合能力的考查。

试题选材与答案直接脱离教材，不仅存在于全国文科综合历史新课标卷中，也存在于全国其他省市的历史试题之中。如2011年江苏省单科历史卷第4题：

据《南台备要》记载："江浙省……调兵剿捕之际，行省官凡有轻重事务，若是一一咨禀，诚恐缓不及事。……（如今）凡有调遣军情重视及创动管钱，不须咨禀，……交他每（们）从便区处。"这段材料可以反映出元代的江浙行省：

A. 与中央权力之争难以调和　　B. 获得了紧急事务处置权

C. 行政长官不再由朝廷任命　　D. 权力不再受到中央节制

依据材料我们可以看出其答案为B，即江浙行省"获得了紧急事务处置权"。从某种意义上说，江浙行省长官，此后可以"情况紧急"为由避开中央节制而行使经济、军事等大权。但现行人教版历史必修1相关内容明确告诉学生："行省拥有经济、军事大权，但行使权力时受到中央的节制。"学生如果固守历史教材中的知识，自然无法得出正确答案。

（五）从试题选材类型来看，试题材料丰富多彩，其中 2011 年全国文科综合历史新课标卷突出了历史地图的考查

综观高考全国与各省市历史试题，其命题选材确实丰富多彩，有的来源于二十四史等正史典籍，如《唐书》《新唐书》《宋史》等；有的来源于历史上的法律典籍，如《唐律疏议》等；有的来源于当时奏折、条约、电报、上谕、指示、命令、官家档案与实录，如《袁世凯、赵尔巽、张之洞等会委之停科举推广学校上折暨上谕立停科举以广学校》《东南互保条款》《南台备要》等；有的来源于后世史家著述，如翦伯赞的《中国史纲要》、白寿彝的《中国通史》、钱乘旦的《英国通史》、斯塔夫里阿诺斯的《全球通史》等；有来源于各种著述，如徐继畬的《瀛环志略》、赵翼的《二十二史札记》、黄遵宪的《日本国志》、毛泽东的《中国革命与中国共产党》、顾炎武的《顾亭林诗文集》等；有的来源于历史图片或历史地图，如北京文科综合卷第 17 题的"法国报刊上的政治讽刺漫画"等。可谓不拘一格，任命题者选材。

不过，从 2011 年全国文科综合·历史新课标卷的命题选材来看，则突出了对历史地图的考查。虽然以"历史图表"为题材进行命题不是什么新鲜事，但在整套文科综合·历史试卷中"三幅图"同时采用清一色的"历史地图"则是罕见的。

1. 选择题第 25 题以中国"南北朝时期各地区货币使用情况示意图"来考查南北朝时期我国不同地区的经济发展水平（本题前面已经阐释，这里不再分析）。

2. 第 32 题以"《世界：一部历史》中的一幅示意图"考查当今经济全球化。

3. 选做题中的第 47 题"20 世纪战争与和平"以第二次世界大战爆发前夕"苏德波关系形势示意图"考查第二次世界大战前后波兰东、西边界线变化原因，并进行评述。

历史地图是历史知识体系的重要组成部分，是历史事件、历史现象存在空间的具体表现，它把难以用语言描述的空间概念变成了可以感知的具体形象。"左图右史"是我们学习历史的优良传统，以历史地图为材料，有利于综合考查学生能力，深化、活化历史知识，增强学生历史时空概念，有力促进中学历史教学的改革。

（六）隐性关注时政热点，较好地考查了学生情感态度与价值观

如2011年全国文科综合历史新课标卷非选择题中的第40题，关于历史上用人标准"德"与"才"的考查；第41题关于如何"评材料中关于西方崛起的观点"的考查；第45题关于"清朝少数民族管理制度创新"的考查；第46题关于"中华民国宪政"问题的考查；第47题关于"波兰边界变更"问题的考查；第48题关于"如何对待传统文化"问题的考查，无不紧扣了当今人们所关注的中国与世界发展的时政热点，无不透视着人们的情感态度与价值观。（全国其他省市历史题举例略）

关于情感态度与价值观的考查，一直是困扰历史命题的难题。实事求是地说，从前有关高考历史试题如何考查了学生情感态度与价值观的分析，多为官样文章。尤其是选择题，表面上看似乎考查了学生什么样的情感态度与价值观，实际上并没有达到相应的效果。何哉？因为趋利避害是人的本能，考生即使不同意某价值观，但只要它是正确的答案，为了得分与升学，考生会毫不犹豫地选择它。我之所以说今年高考历史试题较好地考查了学生情感态度与价值观，主要是指非选择题中的第41题"评材料中关于西方崛起的观点"，第48题"根据材料并结合所学知识，评价钱玄同对待传统文化的不同态度"。当然，这两道历史试题能否真正起到考查学生情感态度与价值观的作用，还有赖于试题评分标准的制定与阅卷者的具体操作实施。

（七）命题者自觉或不自觉地考查了"历史周年"问题

以2011年全国文科综合历史新课标卷为例：2011年是"巴黎公社"成立140周年（1871—2011），太平天国运动爆发160周年（1851—2011），辛亥革命爆发100周年（1911—2011），本套试卷中的选择题第28题、第29题，非选择题中的第46题（选做题）"近代社会的民主思想与实践"题，就分别考查了这三大历史事件。（全国其他省市历史题举例略）

二、2012年高考历史复习应对策略

（一）注意高考命题的变与不变

1. 高考命题中的不变因素

变与不变，稳中求变，是每年高考历史学科命题是常态。一般来说，高考历史学科命题的稳定的，许多方面是保持不变的。

（1）政、史、地三个学科在文科综合试卷中所占分值比例各100分，已

是多年保持不变,明年自然也不会有变化。

(2)选择题与非选择题所占分值比例将保持不变。历史选择题为12题,每小题4分,共计48分;非选择题占52分,也是多年保持不变。

(3)试题将保持以材料题为主的命题特色不变。近几年历史学科试题,无论是选择题还是非选择题,均以材料题为主,没有发生什么变化。

如2010年新课标全国高考文科综合卷·历史选择题共12道,材料选择题占了11道;非选择题全部是材料题。2011年新课标全国高考文科综合·历史选择题共12道,材料选择题占了9道题;非选择题全部是材料题。

(4)强调学科内综合的命题特点将保持不变。试题虽名为"文科综合",但真正命制三个学科有机融合的文科综合试题难度较大,因此从2009年开始的"三个学科"分块命题的方式(有人称之为"拼盘")明年也不会发生变化。

(5)开放性试题将成为常态。历史教学应在培养学生能力方面下大功夫,要注意创设新情境、提供新材料和新观点,引导学生运用所学知识去认知,去辨别,去评析,去论证,以提高学生运用历史唯物主义等史观解决相关问题的实际能力。

2. 高考命题中的常变因素

历史学科命题中的常变因素主要体现在考查内容、材料类型、试题难度、设问方式、评分要求等方面。

(1)在考查内容选择上,一般三年内不会考同一个知识点。

(2)在材料类型上,力求每年有所变化。以历史图表为例:2010年只在选择题里出现了两幅图表:一是"统计表格",一是"漫画"。

第27题:表2 明代洪武至弘治年间(1368—1505)徽州祁门土地买卖契约情况

时间	使用通货类别及契约张数
洪武年间至永乐年间	宝钞23、银1、布1
宣德年间至景泰年间	宝钞4、银27、布42、稻谷4
天顺年间至弘治年间	银52、稻谷1

表2反映了:

A. 宝钞在民间的信用降低

B. 社会经济大幅度衰退

C. 生活资料均可作为支付手段

D. 白银始终是主要流通货币

第 29 题：图 4 是英国 1782 年的一幅漫画。此漫画反映了：

A. 英国国际地位下降

B. 英美关系亲近友好

C. 英国承认美国独立

D. 英国愿与美国和解

"不列颠娜"与流浪的女儿"美利坚"

图 4

2011 年则为不同，命题者选择了三幅历史地图。

第 25 题：图 4 是依据《隋书·食货志》等制作的南北朝时期各地区货币使用情况示意图，该图反映出：

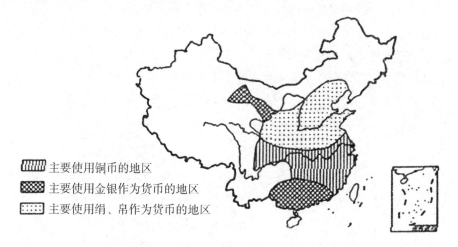

▨ 主要使用铜币的地区

▨ 主要使用金银作为货币的地区

▨ 主要使用绢、帛作为货币的地区

图 4

A. 长江流域经济水平总体上高于黄河流域

B. 河西走廊与岭南地区经济发展速度最快

C. 黄河流域的丝织业迅速发展

D. 长江流域经济发展相对稳定

第 32 题：右图是选自菲利普·费尔南德兹所著《世界：一部历史》中的一幅示意图。该图反映了：

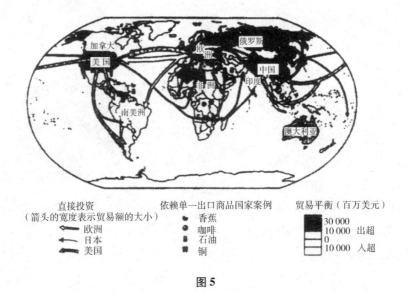

图5

A. 单一商品出口国在经济全球化中陷入困境

B. 贸易往来对国家间关系产生了决定性影响

C. 贸易不平衡加剧了发展中国家的贫困化

D. 资本流动在经济全球化中占有重要的作用

第47题：（15分）20世纪的战争与和平

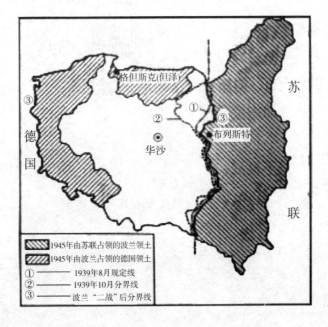

(1) 根据上图并结合所学知识，分别说明图中①、②两条界线形成的主要原因。

(2) 根据上图并结合所学知识，评述第二次世界大战后波兰东、西部界线的确定。

2012 年也许会选择历史统计数据表或其他类型的图片。因此，我们在相关历史地图学习、复习与运用的同时，不可忽视其他类型的历史图表学习、复习与运用。

(3) 在试题难度上，一般大致保持稳定。若 2011 年历史学科试题较难，中学师生呼吁强烈，2012 年历史试题的难度可能会有所下降。

(4) 在设问方式与评分要求方面，虽然每年有所变化，但变化不大，我们平时在学习、复习与练习过程中，应注意高考历史学科的评分要求，掌握不同设问方式应答技巧，增强自主应变能力。

（二）夯实历史基础知识，提升历史学科能力，是高三历史复习永恒的主题

当今高考历史学科试题虽然是材料题主宰天下，不少试题的解答似乎不需要用到所学历史知识，于是有不少历史教师和文科学生开始出现轻视历史基础知识的倾向。这实际上是非常危险的，对提升历史学科高考成绩有害无益。日常历史学习与复习中夯实历史基础知识在高考历史学科解题过程中有两大作用：

1. 坚实的历史基础知识是考生正确深入理解历史新材料的重要条件。

如 2011 年新课标全国高考文科综合卷历史第 32 题：

右图是选自菲利普·费尔南德兹所著《世界：一部历史》中的一幅示意图。该图反映了：

A. 单一商品出口国在经济全球化中陷入困境

B. 贸易往来对国家间关系产生了决定性影响

C. 贸易不平衡加剧了发展中国家的贫困化

D. 资本流动在经济全球化中占有重要的作用

解答本题的关键是通过题中地图"中国"与"俄罗斯"所统辖的领土推出该图主要反映的应是"20 世纪 90 年代后的世界贸易发展状况"。在此基础上再根据具体贸易商品交流状况，不难得出答案为 D。如没有系统坚实的历史基础知识，考生就无法准确定位"《世界：一部历史》中的一幅示意图"

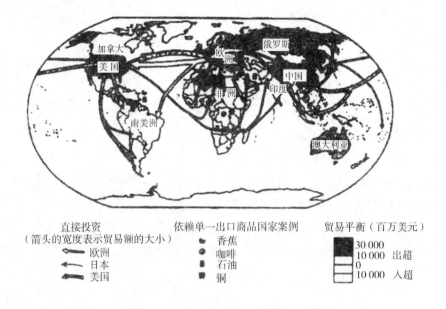

直接投资
（箭头的宽度表示贸易额的大小）
香蕉
咖啡
石油
铜

依赖单一出口商品国家案例

贸易平衡（百万美元）

欧洲
日本
美国

30 000
10 000 出超
0
10 000 入超

所反映的历史时代，也就难以准确寻找其正确答案。

2. 不少历史材料题的问题答案源于历史教材中的基础知识。

如 2011 年新课标全国高考文科综合卷·历史第 41 题"评材料中关于西方崛起的观点"，就需要运用所学历史知识才能解决：

41.（12 分）阅读材料，回答问题。

材料

西方的崛起曾被视为世界历史中最引人入胜的历程之一。这一进程起始于民主与哲学在古希腊和古罗马的出现，继之以中世纪欧洲的君主制和骑士制度，经过文艺复兴和大航海时代，结束于西欧和北美对全世界军事、经济和政治的控制。非洲、拉丁美洲和亚洲的人们只有在遭遇欧洲探险或被殖民时才会被提到，他们的历史也就是从欧洲的接触和征服才开始的。

然而在过去的十多年中，一些历史学家对上述概括提出了颠覆性的认识。他们认为在 1500 年前后的经济、科学技术、航海、贸易以及探索开拓方面，亚洲与中东国家都是全世界的引领者，而那时欧洲刚走出中世纪进入文艺复兴时期。这些历史学家认为，当时的欧洲要远远落后于世界其他地方的许多文明，直到 1800 年才赶上并超过那些领先的亚洲国家。因此，西方崛起是比较晚近才突然发生的，这在很大程度上都要归功于其他文明的成就，而不仅仅取决于欧洲本土发生的事情。

——摘编自杰克·戈德斯通《为什么是欧洲？——世界史视角下的西方崛起（1500—1850）》

评材料中关于西方崛起的观点。（12分）

（要求：围绕材料中的一种或两种观点展开评论；观点明确，史论结合。）

答案略。

选做题第47题"20世纪的战争与和平"，试题提供的历史地图只是一种"引子"或"背景"信息，如果考生没有坚实的历史基础知识，是不可能准确分析"波兰东、西边界线"变迁原因，并进行相关评述的。因为，历史学科问题的解答，是需要用史实说话的。

第47题：（15分）20世纪的战争与和平

（1）根据上图并结合所学知识，分别说明图中①、②两条界线形成的主要原因。

（2）根据上图并结合所学知识，评述第二次世界大战后波兰东、西部界线的确定。

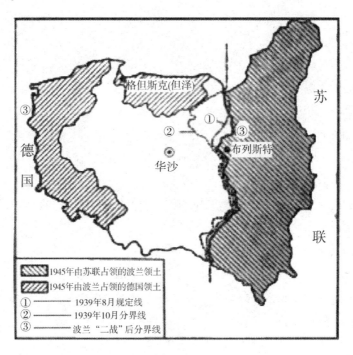

通过分析近两年新课标高考文综试卷，我们可以看出，历史试题在注重

对基础知识考查的同时，还不忘对考生能力的考查，如从历史材料中获取和解读信息的能力、调动和运用知识的能力、描述和阐释事物的能力、论证和探讨问题的能力等。尤其是考查考生的阅读、理解、分析、比较能力已成为高考历史学科能力考查的常态。这与课程改革强调"在掌握基本历史知识的过程中，通过对历史事件的分析、综合、比较、归纳、概括等认知活动，进一步提高阅读和通过多种途径获取历史信息的能力、培养历史思维和解决问题的能力"是相适应的。而 2011 年新课标全国高考文科综合历史试题显示，在能力考查方面注意突出历史学科几种能力的综合考查，并存在有机渗透政治、地理学科能力考查的趋势，这是中学广大文科师生必须引起注意的问题。如 2011 年新课标全国高考文科综合卷·历史第 25 题就需要用到政治学科货币方面的知识。因前面已做了分析，这里不再赘述。

（三）"历史常识"不要因为今年高考新课标卷没考而忽视它的价值

1. 明确"历史常识"范畴。这里所说的"历史常识"应是高中文科学生在进入大学进一步深造理应知晓和掌握的日常历史知识。

2. 2011 年新课标全国高考文科综合卷·历史试题虽然中断了连续考查了四年的"历史常识"题，但这并不意味着明年就一定不考"历史常识"类试题。

3. "历史常识"教学与考试应注意"渗透"和"创新"。所谓"渗透"，就是"历史常识"教与学无须设置相关专题进行教学与训练，而应"渗透"到相关历史知识学习之中。例如，我国的"姓氏"渊源、民间"祠堂"与"归宗祭祖"现象、帝王与名门望族中的"庙号"、平民家族的"辈分"与"族谱"等，应在讲授或复习"分封制"与"宗法制"时有机"渗入"。

（四）强调知识考查的综合性和关联性

1. 综合性，即从政治、经济和文化三方面综合理解和掌握历史发展的阶段特征。

如 2011 年新课标高考文科综合第 34 题：

1985 年，国务院在《关于国有企业工资改革问题的通知》中规定，企业工资总额同经济效益浮动的比率，一般是上缴税收利总额 1%，工资总额增长 0.3% ~0.7%，最多不得超过 1%，这一规定的主要目的是：

A. 保证职工收入逐年提高　　　B. 拉开职工收入的档次

C. 鼓励企业提高经济效益　　　D. 有效控制企业工资总额

　　本题从 1984 年这一时间来看，它正处于我国改革开放起步阶段。这一阶段的基本特点就是改革生产关系中不适应生产力发展的环节，改革高度集中的计划经济体制，以增强企业活力。从试题所提供的材料我们可以看出，"通知"规定企业工资总额现经济效益浮动比率的相关限制，表明企业职工收入是浮动的，不能保证职工收入逐年增加，故 A 项错误；又材料不能体现"拉开职工收入的档次"，故 B 项也错误；"有效控制企业工资总额"是内容而不是目的，故 D 项错误。企业工资总额随经济效益浮动，有利于调动企业和企业职工发展生产的积极性，鼓励企业提高经济效益。答案为 C。

　　从近年高考命题发展趋势来看，考生要特别注意整理以下几个关键时期的阶段特征：春秋战国时期的中国、明清之际的中国、19 世纪末 20 世纪初的中国、新中国成立前后的中国、改革开放新时期的中国、17 世纪和 18 世纪的欧美世界、20 世纪 30 年代的苏联和美国、20 世纪六七十年代的世界、世纪之交的世界。

　　2. 关联性，即以小专题的形式归纳同类史实、进一步强化古今贯通、中外关联意识。

　　如 2011 年新课标全国高考文科综合卷第 35 题：

　　哥白尼、牛顿和爱因斯坦被称为近代以来最伟大的科学家，其理论的公共之处是：

　　A. 得到了科学实验的验证

　　B. 改变了人类对自然世界的认识

　　C. 推动了技术的重大突破

　　D. 科学地概括出物质运动的定律

　　本题就是以"近代科学发展"为主题进行归类整合的。哥白尼是文艺复兴时期的天文学家，其主要成就是提出了"太阳中心说"，开启了近代天文学革命。牛顿是经典力学体系的创立者，其主要科学成就是提出了物体运动三大定律和万有引力定律，确认了物体宏观运动规律。爱因斯坦则是 20 世纪相对论的创立者，他否定了经典力学的绝对时空观，深刻地揭示了时间和空间的本质属性，同时又发展了牛顿力学，将其概括在相对论力学之中，推动物理学发展到一个新的高度。因此，他们的公共之处就是改变了人类对自然世界的认识。

　　举一反三，我们还可以将西方人文精神的起源、发展与近现代科学技术的进步放在一起，梳理、归纳人文精神与科技进步之间的相互关系，构建"人文精神与科技进步"专题。也可将明清之际中国历史发展的基本特点、趋势与17世纪和18世纪欧美世界历史发展的基本特点、趋势相互关联、比较，得出一些规律性的认识，构建"17世纪和18世纪的东西方世界"专题。

（五）关注时政热点，树立正确的情感态度与价值观

1. 关注时政热点、情感态度与价值观考查是高中历史新课程改革的要求

《普通高中历史课程标准（实验）》明确指出："通过普通高中历史课程学习，扩大掌握历史知识的范围，深入地了解历史发展的基本线索；对历史唯物主义的基本理论和方法有所了解，初步认识人类社会发展的基本规律，学会运用科学的理论和方法认识历史和现实问题，逐步形成科学的世界观和历史观；树立不断完善自我、为祖国社会主义现代化建设做贡献和关注民族与人类命运的人生理想。"因此，高考历史学科命题"关注时政热点，考查学生的情感态度与价值观"就成为应有之义。

2. 高考命题关注时政热点，不回避现实热点，但现实热点不等于报刊炒得最热的问题

高考命题关注的国内现实热点，一般是那些能体现国家意志，被老百姓普遍关注的大事，带有战略性、事关人类社会未来的新价值观，多年来一直被关注的持续性热点；国际热点主要是关注那些与我国根本利益、我国的外交政策紧密联系的，本身又相当稳定、清晰的国际热点。如国家统一和民族团结问题，改革与开放问题，制度创新与社会发展问题，自然灾害和环境污染问题，关注民生和科学发展观问题，"三农"与建设社会主义新农村问题，经济全球化与中国近代化问题，文化多元化问题，金融危机与中美、中日关系问题等，就值得我们认真关注。台湾问题、朝伊核问题等虽然很重要，但因其政治上太敏感，在一般情况下高考是不会直接介入的。在历史与现实热点问题的关系上，高考历史并不考查现实热点本身，而是以现实问题为切入点，实现以史为鉴，古为今用，洋为中用，拉近历史与现实的距离。

3. 高考历史关注时政热点，必须注意历史的过去性，重在"以史为鉴"

历史学科高考命题考查学生情感态度与价值观，重在"以史为鉴"，旨在引导中学师生在历史教与学的过程中，关注中国与世界人类发展与命运，关注当今时代党和国家、人民群众所面临的重大社会问题，通过对历史问题

的思考与评析而形成正确的情感态度与价值观。但历史毕竟不是时事政治，高中历史教学与考试，我们既要注意"以史为鉴"，关注历史的现实借鉴性，更要关注历史的过去性；否则，历史就会成为我们的"玩偶"。说实在话，那种应对高考历史对现实重大社会问题的考查，热衷于依据媒体所报道的"热点"进行种种猜题、押题的做法，是没有什么成效的。

近年高考全国文综卷 I 历史试题的教学启示①

　　无论你承认与否，只要存在高考，高考"魔咒"都会如影随形影响着高中历史教学。因此，我们不得不年复一年、日复一日地研究高考历史试卷，试图从中探求出高考历史命题规律，寻找到提升学生高考历史成绩的有效应对之策。本人难以免俗，在这方面也做过不少研究。那么，近几年高考历史文科综合 I 卷中的历史试题呈现出什么命题规律？我们在日常历史教学与复习中应注意哪些问题？拙文或许对大家改善高中历史教学和提升学生高考历史成绩有些启示。

一、考查学生历史学科素养

　　高考历史命题已从"能力立意"转向"学科素养立意"，我们已说了很多。但问题在于高考历史试题是如何考查学生历史学科素养的？我们在日常历史教学中应如何培养学生的历史学科素养？这方面，我们似乎关注得不够，或缺少针对性，只停留在"高大上"。现以 2015 年高考全国文科综合 I 卷历史试题第 32 题为例，略做分析：

　　图 6 为古罗马正义女神像。它体现了罗马法的诸多原则，如高擎的秤体现的是裁量公平，手握利剑体现的是法律的强制力。据此，

图6

---

① 本文发表于《中学政史地·高中文综》2015 年第 11 期。因刊物的主体阅读对象之故，更名为《近年高考新课标全国文综卷 I 历史试题的学习启示》，并有所删改。

双眼蒙布所体现的原则是，法官审案应（C）

    A. 主要依据道德良知

    B. 侧重听取证人证言

    C. 不受表象迷惑洞察事实真相

    D. 排除一切干扰遵从民众意愿

今年高考结束后，不少历史教师在分析评价这道试题时说：本题与所学历史教材无关，学生不学历史，只要语文水平好，也能得出正确答案。因为"主要依据道德良知"判案，无须双眼蒙布；要确保"裁量公平"，靠"侧重听取证人证言"显然是不够的；双眼蒙布就能"排除一切干扰遵从民众意愿"？眼睛的直接作用，无非是观察事物的表面现象，常言道"眼见未必为实"，可谓一语中的。答案只能是 C 项。

实事求是地说，上述分析不无道理。不过，这里我们应注意两点：第一，这一分析，已经包含了良好的综合素养，特别是较好的语文、逻辑与法学素养。别忘了，我们常说的"文史不分家""政史不分家""史地不分家"。或许，这正是命题者所要追求的结果。第二，本题与现行高中历史教材关系密切，对引导中学历史教学具有相当价值。如人教版《历史①必修》第 28 页明确指出："罗马法保护私有财产，提倡法律面前公民人人平等。"岳麓版《历史必修（Ⅰ）》也明确表达："因为有了成文法就得按律判决与量刑，贵族不能像过去那样随意解释习惯法。"只是，我们在日常历史教学中，多注意向学生传授这些历史结论，而没有养成用具体历史事实引导学生自然获得这些结论。换言之，我们在执教"罗马法"时，既没有引导学生追问："罗马法是如何保障法律面前公民人人平等的？"也没有用具体案例或法律条文、审判案件程序引导学生认知罗马法"提倡法律面前公民人人平等"。实际上，因种种因素影响，现行历史教材这类结论性语言很多，但这些结论是怎样来的，我们在历史教学中确实关注不够，学生在学习这些历史结论时，也多不求甚解，囫囵吞枣。

因此，我们在日常历史教学过程中，特别是在高三历史复习过程中，应极力避免向学生灌输历史教科书中的已有结论，应大力加强史料教学，切实落实论从史出的教学原则，借以提高学生的历史学科素养。学生通过日常历史课教师的教化和自我修炼积累而形成的历史知识、能力、意识以及情感价值观是一个有机整体，其所表现出来的，就是能够从历史和历史学的角度发现问题、思考问题及解决问题的富有个性的心理品质。这才是真正培养或提高学生的历史学科素养。

二、历史主干知识重复考查

高考历史命题着重考查历史主干知识，这是一个老生常谈的问题。但关注命题者重复创新考查历史主干知识的教师并不多。不少历史教师认为，某一历史主干知识在近几年内一般是不会重复考查的。但综合分析近几年全国文科综合Ⅰ卷历史试题，实际情况可能恰恰相反。以古代希腊罗马文明为例，希腊罗马文明史在现行《普通高中历史课程标准（实验)》中所占比重较少，"历史（Ⅰ)"有3个知识点，"历史（Ⅱ)"没有一个知识点，"历史（Ⅲ)"只有1个知识点。若以现行高中历史教材而论，一般分3~4课时编写。然而，近几年全国文科综合Ⅰ卷则年年考查，根本不惧重复。如2010年考查了亚里士多德在《政治学》中提出的"数量平等和比值平等"问题，2011年考查了"苏格拉底之死"与捍卫思想自由原则问题，2012年考查了法律具有形式主义特征问题，2013年考查了古代雅典民主体制存在的问题（局限性)，2014年考查了雅典法律与公民个人自由之间的关系，2015年则考查了罗马法"法律面前人人平等"的问题。若说有什么变化，只是在不断创设新情境考查希腊民主政治、罗马法与希腊人文主义思想而已。又如，全国文科综合Ⅰ卷历史试题，2013年至2015年连续三年考查了中国古代"宋明理学"问题。因此，我们在日常历史教学过程中，一定要舍得花时间、花精力，多引导学生深入理解现行历史教材中的主干知识，并形成相关学科素养，以不变应万变。

三、多角度考查学生的历史认识能力

历史是过去存在和发生过的客观事物，就其本身而言，它具有客观性，并不以今人的意志为转移。但历史的魅力在于它丰富的内涵和它所体现的人文精神，在于时人和后人对它的不同解读，具有立足于现实、了解过去、面向未来的特点。然而，因种种因素制约，中学历史教科书对历史的解读是相对单一的，而高考则要求学生具有批判精神，提出不同看法。如《2015年全国新课标高考历史考试大纲》在考查能力方面，就明确要求学生能"对有效信息进行完整、准确、合理的解读""运用批判、借鉴、引用的方式评论历

史观点""独立地对历史问题和历史观点提出不同看法"。也正因为如此，近几年来全国文科综合Ⅰ卷的历史试题所呈现出的历史认识，与现行历史教材所呈现出的历史认识存在相当大的差异。这里，我们不妨仍以希腊罗马文明史考查试题为例，略做简要分析说明。

例1：（2012·全国课标卷·34）古罗马法学家盖尤斯记述过一个案例：有人砍伐了邻居家的葡萄树，被告上法庭，原告虽提供了确凿证据，却输掉了官司。原因是原告在法庭辩论中把"葡萄树"说成了"葡萄"，而《十二铜表法》只规定了非法砍伐他人"树木"应处以罚金。该案例说明当时在罗马（B）

A. 不重视私有财产的保护　　B. 法律具有形式主义特征

C. 审判程序缺乏公正性　　D. 审判结果取决于对法律的解释

依据题干所提供的材料，我们可知，本案是依据《十二铜表法》的相关规定所做出的判决，且致使原告的正当利益没有得到法律的保护，说明法律具有形式主义特征。这一历史认识或结论，与现行高中历史教科书对《十二铜表法》的评价存在明显反差。如人教版《历史①必修》认为："罗马制定了《十二铜表法》……从此，审判、量刑皆有法可依，贵族对法律的随意解释受到限制，平民利益得到保护。"岳麓版《历史（Ⅰ）》也明确指出："《十二铜表法》……明确维护私有财产权。"但本案判决结果则恰恰相反。

例2：（2013·全国新课标卷Ⅰ文综·26）有学者说，在古代雅典，"政治领袖和演说家根本就是同义语"。这一现象是雅典（A）

A. 政治体制的产物　　B. 社会矛盾缓和的反映

C. 频繁改革的结果　　D. 思想文化繁荣的体现

本题材料强调"政治领袖和演说家根本就是同义语"，其旨在说明古代雅典在"民主政治"实施过程中，公民要想成为政治领袖必须具备出色的演说能力，这样才能获得公民大会大多数公民的认可。它并不像岳麓版《历史（Ⅰ）》伯利克里所宣称："无论任何人以何种方式显露头角，优于他人担任一些荣耀的公职，那不是因为他属于特殊的阶级，而是由于他个人的才能（注意：演说才能不等于才能）。"也不像人教版《历史①必修》中所说："当时，所有成年男性公民可以担任几乎一切官职。"我们必须清楚，演说家不等于政治家，会演说的，不一定会治国理政。这就间接揭示了雅典民主政治体制的局限性。

上述两例告诉我们：在日常历史教学，特别是在高三历史复习中，教师一定要注意引用新材料，创设新情境，培养学生"运用批判、借鉴、引用的方式评论历史观点""独立地对历史问题和历史观点提出不同看法"的能力。

四、将选修有机渗入必修考查之中

关于历史必修与选修内容在高考文科综合历史试卷中所占的比例，现行高考大纲并没有明确具体规定。如《2015 年全国新课标高考历史考试大纲》只规定"考试范围包括《普通高中历史课程标准（实验）》的必修内容和选修内容"。当今，不少历史教师之所认定高考全国文科综合 I 卷 100 分中，必修内容占 85%，选修内容占 15%，其主要依据有二：一是"高考文科综合考试说明"。如"历史学科选修模块：'历史上的重大改革''近代社会的民主思想与实践''20 世纪的战争与和平''中外历史人物评说'。每个模块设一道非选择题，分值为 15 分。考生选择其中一题作答，多做者只批阅第一题"。二是当今《普通高等学校招生全国统一考试文科综合能力测试》第 II 卷将历史试题分为"必考题和选考题两部分"，其中第 45 ~ 48 题分别考查了"历史上重大改革回眸""近代社会的民主思想与实践""20 世纪的战争与和平""中外历史人物评说"四个选修模块的内容，所占分值为 15 分。然而，实际情况并非如此。

例 1：（2014·全国新课标卷 I 文综·29）1898 年，梁启超等联合百余举人上书，请废八股取士之制。参加会试的近万名举人，"闻启超等此举，嫉之如不共戴天之仇，遍播谣言，几被殴击"。这一事件的发生表明（B）

A. 废八股断送读书人政治前途　　B. 改制缺乏广泛的社会基础

C. 知识分子在政治上极为保守　　D. 新旧学之间矛盾不可调和

审读本题材料，由"10000∶100"的比例，我们不难得出"改制缺乏广泛的社会基础"的结论。但本题实际考查了《历史上重大改革回眸》中的内容。如岳麓版《历史上重大改革回眸·选修》明确指出："废除八股取士，无疑断送了许多读书人读书仕进的机会，他们掀起了一片反对声浪，有些人甚至气急败坏地要派人行刺康有为。"人教版《历史选修 1·历史上重大改革回眸》"戊戌政变"的"历史纵横"说："例如废除八股文，使大批读书人通过八股文考取功名、升官发财的梦想破灭，他们自然群起而反对。"这些，都直接表明了维新变法"改制缺乏广泛的社会基础"。

例2：（2015·全国新课标卷Ⅰ文综·40，节选）

材料一 在历史中，儒学一直在发展与创新。唐代韩愈以周公、孔子的继承者自居，排斥佛、道，鄙薄汉代以来的儒学，认为周公、孔子之道在孟子之后已经断绝。他在《原道》中说："吾所谓道也，非向（先前）所谓老与佛之道也。尧以是传之舜，舜以是传之禹，禹以是传之汤，汤以是传之文、武、周公，文、武、周公传之孔子。孔子传之孟轲。轲之死，不得其传焉。"他的这一主张被宋代儒者接受并发扬。当代学者认为韩愈开了宋代"新儒学"的先河。

——摘编自卞孝萱等《韩愈评传》

材料二 19世纪末，康有为撰写《新学伪经考》《孔子改制考》二书，认为汉代以来儒者奉为经典的《周礼》《左传》等书，是汉代学者为王莽篡汉而伪造的，影响恶劣，导致"中国之民，遂二千年被（遭受）暴主夷狄之酷政"。他主张回归孔子所编写的《诗经》《礼记》等原典，理解真正的儒学精神。在他看来，孔子是一位伟大的改革家，《春秋》便是孔子为"改制"而创作的。他甚至用西学来解释《春秋》，认为《春秋·公羊传》中的"三世"说为："始于据乱（世），立君主；中至升平（世），为立宪，君民共主，终至太平（世），为民主。"

——摘编自张海鹏等编《中国近代史》

（2）根据材料一、二并结合所学知识，指出韩愈、康有为关于儒学认识的共通之处。

本题为材料解析题，试题虽向考生提供了较为丰富的材料，为考生解答本题奠定了基础，但考生若能"结合所学知识"，借助《历史上重大改革回眸》有关康有为的《新学伪经考》和《孔子改制考》的述评，能更快速精确分析出"韩愈、康有为关于儒学认识的共通之处"。即"回归原典、回归孔孟，否定后人的附会、杜撰之说，主张探寻儒学的精神实质，借助儒学为现实服务"。因为，人教版《历史选修Ⅰ·历史上重大改革回眸》"维新运动的兴起"一课【历史纵横】就明确指出："《新学伪经考》在维护孔子的名义下，把历代封建统治者认为神圣不可侵犯的古文经斥为伪经，主张应予抛弃，这就动摇了守旧势力恪守祖训、反对变法的理论基础，为变法制造舆论。《孔子改制考》称儒家尊奉的诗、书、易、礼、乐、春秋等'六经'均为孔子假托古圣先王的言行所作，将孔子塑造成托古改制的'素王'，为变法活动制造历史根据。"岳麓版《历史上重大改革回眸·选修》第 15 课"戊戌变法"也明确指出:"在《新学伪经考》中,康有为将儒家经典斥为伪经,在知识分子中引起了极大震动。有人甚至惊呼:《新学伪经考》使'五经去其四,而《论语》尤在疑信之间,学者几无可读之书'。在《孔子改制考》中,康有为把孔子说成是'托古改制'者。他借孔子的改革来论证当时改革的合理性,预言人类社会必经'据乱世''升平世''太平世'三个阶段,只有实行维新变法,中国才能由'据乱世'进入'升平世'。"

因此,我们在日常高三历史复习过程中,应有意识地将历史选修与历史必修教材的内容有机融合成一个整体,引导学生融会贯通,无须再分模块复习。

例说高考历史试题对历史学习的启示①

运用新材料，创设新情境，是当今高考历史试题的一个重大特点。加之近两年全国高考文科综合新课标试卷历史试题难度甚大，从而大大打击了高中文科师生对历史教科书的关注，甚至不少师生认为，现行高中历史教科书与高考历史试题几乎没有什么关系。于是，一些高三文科师生舍本逐末，在日常历史教与学中，置现行高中历史教科书于不顾，大量引入其他历史材料进行教与学，其效果也不理想。现行高中历史教科书与高考历史试题真的没有关系吗？历史教师应如何引导学生学好历史？近几年的全国高考文科综合新课标试卷的历史试题，或许能给我们不少有益的启示。

例1：（2013年全国课标卷25）自汉至唐，儒学被奉为"周（公）孔之道"，宋代以后儒学多被称作"孔孟之道"，促成这一变化的是：

A. 宗法血缘制度逐渐瓦解　　　B. 仁政理念深入人心

C. 程朱理学成为统治思想　　　D. 陆王心学日益兴起

本题正确答案为C。若仅依据本题所提供的材料，学生是无法正确理解什么是"周（公）孔之道"和"孔孟之道"的，也就无法获得本题的正确答案。怎么办？可以说，广大中学师生在日常历史教与学过程中基本上没有，也很难想到从这一角度解读历史上儒家思想的演变。如此，学生不能正确回答这一问题似乎也就成为必然。实际上，无论当今高考历史试题有多难，但基本上没有超出两个基本原则，即所命制的历史试题的答案，要么来源于所提供的材料，要么来源于教材，或材料与教材的结合。既然我们依据本题所提供的材料无法获得正确答案，那就必须调动自己所学的历史知识

---

① 本文发表于《中学历史政史地·高中文综》2014年第10期。

（主要是指历史教科书的内容）来正确理解汉唐儒学与宋代儒学在内容上的差异。具体而言，就是我们所学的历史教科书是如何叙述汉唐与宋代的儒家学说内容的。现以人教版高中《历史③必修》相关内容为例做一简要分析。

第一，《历史③必修》第2课"从汉武帝时起，儒家经典成为国家规定的教科书……正式规定《诗》《书》《礼》《易》《春秋》为'五经'"。其中，《书》即《尚书》，亦称《书经》，是中国第一部古典散文集和最早的历史文献，它以记言为主。《汉书·艺文志》说，《尚书》原有100篇，孔子编纂并为之作序。书中曾记录了周公（旦）不少言论，如《金縢》《无逸》等。《礼》即《周礼》。《周礼》是儒家经典，相传为周公（旦）所作，但是实际上是西汉末王莽时期大儒刘向和其子刘歆的伪作。《易》即《周易》，亦称《易经》。相传是伏羲氏、舜帝、周文王、周公及孔夫子五位圣人合作的结果。（参见《辞海》）正因为如此，故自汉至唐，儒学被奉为"周（公）孔之道"。

第二，《历史③必修》第3课"朱熹编著的《四书章句集注》，成为后世科举考试依据的教科书"。"四书"即《论语》《孟子》《大学》和《中庸》。其中，《论语》是我国先秦时期一部语录体散文集，主要记载孔子及其弟子的言行，是由孔子弟子及再传弟子记录编纂而成。《孟子》为战国中期孟子及其弟子万章、公孙丑等著。一说是孟子弟子、再传弟子的记录，另一说为孟子自著。《大学》原为《礼记》第四十二篇。宋朝程颢、程颐兄弟把它从《礼记》中抽出，编次章句。至于《大学》的作者，程颢、程颐认为是"孔氏之遗言也"。《中庸》是儒家经典的《四书》之一。原是《礼记》第三十一篇，内文约在战国末期至西汉之间，写成作者是谁尚无定论，一说是孔伋所作（子思著《中庸》），另一说是秦代或汉代的学者所作。宋朝的儒学家对中庸非常推崇而将其从《礼记》中抽出独立成书。如是，故宋代以后儒学多被称作"孔孟之道"。

或许有人质疑：你是以人教版为例进行分析的，如果我们所在的省市没有使用人教版历史教科书该怎么办？实际上，这一质疑并不是问题。虽然现行高中历史教科书存在四种版本，各个版本所叙述的内容也存在较大差别，但不论其差别有多大，都必须依据《普通高中历史课程标准（实验）》的要求叙述儒家思想的形成与发展演变历程，《四书》《五经》也就成为其不可回避的内容。如人民版《历史必修第三册》就明确指出："孔子死后，其言论被编纂成《论语》一书。孔子的学说影响很大，他开创的学派被称为儒家学派。儒学以《诗》《书》《礼》《乐》《易》《春秋》为基本文献，这六部书也被称作'六经'，其中的《乐》后来亡佚了，就成了'五经'。"［注：2005 年 12 月第 2 版］又"二程表彰《大学》《中庸》，将其与《论语》《孟子》并列。朱熹进一步将它们集为《四书》，并为之注解。从此，《四书》地位高于《五经》，成为理学的主要经典"。［注：2005 年 12 月第 2 版］也就是说，学生不论所学的是哪一版本的高中历史教科书，只要其真正知晓《四书》和《五经》的含义，解答本题就不再是困难之事。

本题给我们的教与学启示是：①高考历史试题并没有离开现行历史教材，历史教材仍然是高三历史教与学的重要载体。②高考历史命题源于教材，但高于教材。高三历史的教与学，必须深入发掘和理解教材中所隐含的历史知识，而不是简单记忆历史教科书中的相关知识。

例 2：（2014 年全国课标卷 26）人性是先秦以来一直讨论的问题。基于对人性的新认识，宋明理学家主张"存天理，灭人欲"，他们认为人性：

A. 本质是善　　　　　　　　B. 本质为恶

C. 非善非恶　　　　　　　　D. 本善习远

本题正确答案为 D。有不少历史老师在解析这一答案时说："本题答案其实相当简单，因为《三字经》曾明确告诉我们'人之初，性本善；性相近，习相远'。"这种解读看似无比正确，实际上是似是而非。原因何在？因为，本题解答是有时间与语境限制的，即"基于对人性的新认识，宋明理学家主张'存天理，灭人欲'，他们认为人性"。其中，时间限定为"宋明"时期，语境限制为"理学家主张'存天理，灭人欲'"所体现出来的人性。如果我们用《三字经》来解读，至少会存在三个问题：第一，当今学生普遍学过《三字经》吗？回答是否定的。命题者命制这样的高考历史试题，这不是有意为难高中学生吗？他们要把高中历史教学引向何方？第二，《三字经》作为传统启蒙读物，即使读过的学生，他们还记得吗？就算学生曾无意识背诵过，或有一定的印象，但他们知道《三字经》的内容就是理学家的思想主张吗？第三，《三字经》是何时问世的？如果是宋朝之前问世的，我们能说《三字经》中的"人之初，性本善；性相近，习相远"是宋明理学家对人性的新认识吗？回答自然是否定的。

当然，也有不少历史老师认为："本题设计太难，学生仅凭借现行历史教科书内容根本无法得出正确答案。"这种判断无疑也是错误的。实际上，解答本题的关键有二：第一，先秦以来儒家对"人性"善恶的认识；第二，宋明理学家是如何看待"人性"的。

关于先秦以来儒家对"人性"善恶的认识，人教版《历史③必修》第1课曾有明确叙述："在伦理观上，孟子主张'性本善'，认为人的天性是善良的，恻隐、羞恶、恭敬、是非之心，人皆有之，所以要实行仁政来回复和扩充人的善性。"但教科书同时叙述战国时期另一个儒家代表人物说："荀子提出'人之性恶'，认为人生来本性是恶的，强调用礼乐来规范人的行为，使人向善。"也就是说，人教版第1课告诉我们：战国时期的儒家关于人性的认识存在两种截然相反的观点，即"人性恶"与"人性善"。学生据此，自然无法得出正确答案。这实际上告诉我们，现行高中历史教科书是否介绍先秦儒家诸子对"人性"的阐释，并不影响学生解答本题。

那么，宋明理学家是如何看待"人性"的？人教版《历史③必修》第3课对此是有相关叙述的："朱熹是理学集大成者。他特别强调，理之源在于天理，而天理就是作为道德规范的三纲五常，它是人性的最高境界；并指出人性本来与天理一致，具有仁、义、礼、智等美德，但被后天的欲望所蒙蔽，所以强调'存天理，灭人欲'。"也就是说，"存天理"就是保住人的先天善的本性；"灭人欲"，就是通过人后天的"习"来实现。也就是理学家们所提出的"格物致知"。故人教版历史教科书紧接着叙述："朱熹更认为，'物'，指天理、人伦、圣言、世故。'格物致知'的目的在于明道德之善，而不是求科学之真。"在人性"本善习远"这个问题上，宋明理学的另一派"陆王心学"讲得更加明确。如人教版课本叙述说："他（王阳明）认为良知是存在于人心中的天理，是人所固有的善性，但良知往往被私欲所侵蚀，所以要努力加强道德修养，去掉人欲，恢复良知的本性。"除人教版高中《历史③必修》之外，其他版本的高中历史教科书也有类似叙述。如岳麓版高中《历史必修［Ⅲ］文明发展历程》就明确指出："在理学家看来，'理'是世界的本原，是天下万物都要遵循的普遍原则。'理'体现在社会上是儒家道德伦理，体现在人身上就是人性，由此将个人、社会及宇宙联系起来，构建起理学的世界观。""个人修养要以敬畏天理为准则，才能达到圣贤之道。当人的私欲与准则发生冲突时，就要'存天理，灭人欲'。理学家对妇女'饿死事极小，失节事极大'的极端强调由此而发。"［岳麓版2013年7

月第 3 版中的小字即楷体字内容］也就是说，学生是可以根据自己所学历史教科书中的相关内容正确解答本题的。

本题给我们的教与学启示是：①执教或学习思想史，不能以孤立识记教科书上某些思想家的思想主张为满足，而应关注历史上不同思想流派的主要观点、内涵及其演变。②在执教或学习思想史的过程中，一定要注意正确区分不同思想流派在同一问题上存在的认识差异，分析其演变原因与影响。

在全国高考文科综合新课标Ⅰ卷历史试题中，不仅选择题与现行历史教科书的关系密切，就是材料解析题也是如此。如近几年全国高考文科综合新课标Ⅰ卷中的第 41 题，是高考历史试题中每年变化最快的一道试题，也被普遍认为是难度最大、与现行历史教科书基本无关的一道试题。为了进一步印证全国高考文科综合新课标Ⅰ卷历史试题与教科书之间的关系，下面就以《2014 年普通高等学校招生全国统一考试新课标全国Ⅰ卷文科综合·历史部分》第 41 题为例做一简要分析。

41.（12 分）阅读材料，完成下列要求。

材料　下面是 1960 年我国中学历史教科书中"抗日战争"内容的目录摘编。

第二十章　全国抗日战争的开始

第二十一章　两条战线、两个战场

1. 抗日战争中的两条路线

2. 国民党军队的大溃退

3. 平型关大捷

4. 敌后抗日根据地的建立和迅速发展

第二十二章　毛主席《论持久战》的发展和中国共产党的六届六中全会

第二十三章　国民党反共高潮的被击退和《新民主主义论》的发表

第二十四章　日本帝国主义在沦陷区的殖民统治

第二十五章　解放区的巩固和发展

第二十六章　国民党的黑暗统治和民主运动的开展

第二十七章　抗日战争的最后胜利

1. 中国共产党第七次全国代表大会

2. 解放区军民大反攻和日寇的无条件投降

3. 抗日战争胜利的伟大历史意义

根据材料并结合所学知识，对该目录提出一条修改建议，并说明修改理由。（所提修改建议及理由需观点正确，符合历史事实。）

据湖南省高考阅卷抽样分析，本题全省文科考生人均得分不到 3 分，可见难度之大。高三学生应试如此结果，确实令人大跌眼镜。经过抽检学生试卷发现，学生本题失分主要原因有三：

第一，考生面对试题茫然，答题区一片空白，或胡乱书写与试题要求毫不相干的几行字。

第二，考生审题错误。不少考生对题中"根据材料并结合所学知识，对该目录提出一条修改建议"的解题要求理解错误，误以为本题所提供的"目录摘编"存在文字上的表述错误，从而想方设法寻找"目录摘编"中的表述错误，并进行修改，结果导致整个解答错误而得 0 分。

第三，考生不能运用所学知识，特别是现行历史教材中有关抗日战争史所叙述的内容来发现"目录摘编"中存在的问题，并提出合理的修改建议说明理由，故得分甚少。这里，既存在历史学科能力不足的问题，也存在所学历史知识不扎实和没有构建起历史知识系统的问题。本题所提供的"1960 年我国中学历史教科书中'抗日战争'内容的目录摘编"，看似内容甚多，显得有些庞杂，其实就是三条线索：一是日本全面侵华；二是国民党在抗日战争中的大溃败与黑暗统治；三是中共率领广大军民英勇抗战，最终赢得了抗日战争的胜利。它与现行高中历史必修 1 中有关"抗日战争"史叙述的最大不同点，就是没有客观叙述国民党军队在正面战场上英勇抗击日寇侵略的事实，也没有提及中国远征军入缅抗击日军的事实，而只是片面叙述国民党军队大溃退和在国统区的黑暗统治。如果学生有一定的历史学科能力素养，又有扎实系统的历史知识，只要将试题所提供的"1960 年我国中学历史教科书中'抗日战争'内容的目录摘编"与现行高中教科书中的"抗日战争"内容相比，很容易发现其存在的问题，并运用现行教科书中有关国民党军队抗日的内容，如淞沪、太原、徐州、武汉四大会战，中国远征军入缅作战等，说明其修改理由。

本题给我们的教与学启示是：①历史非选择题（主要为材料解析题），因提供了大量新的历史情境材料，有时看上去似乎与现行历史教科书中的知识关系不大，其实不然。特别是近两年全国高考文科综合新课标 I 卷历史非选择题部分，所有非选择试题都有"结合所学知识"回答问题的要求。因此，我们一定要注意运用历史教科书中的知识理解新情境材料，分析新情境问题，撰写新情境问题的答案。②在执教或学习历史教科书的过程中，一定要加强对历史教科书知识的理解、发掘、运用与知识体系的构建，并逐步提升自己的历史学科能力与相应的情感态度价值观。如是，就可以游刃有余，以不变应万变。

02

复习有方

识记历史知识不仅是学好历史的基础，也是获取考试高分的基础；阅读、感悟和思索历史，并从中获得启迪，更能彰显历史教育的价值。

就历史学习而言，如果"死去活来"是获取较好学习成绩的费力良方，那么在理解中识记，在运用中融通，则是获得优异成绩的法宝。

只有害怕自己学不好历史的人，没有提不高自己历史学习成绩的学生。

学习历史的过程，就是与先辈灵魂对话的过程，虔诚感悟他们的成败得失，我们会受益无穷。

研究历史，就是为了将自己学习历史的感悟告诉他人，与他人一起分享自己学习历史所获得的喜怒哀乐和启迪。

历史复习方法漫谈①

任何人要获得知识，不仅需要学习，而且需要复习。复习是战胜遗忘，增强记忆，牢固地掌握已学知识的基本手段。它有助于沟通已有知识和新知识的内在联系，从而加深对所学知识的理解，获得新认识。所以，孔子说："学而时习之，不亦乐乎""温故而知新"。在学习历史过程中，怎样获得良好的效益，下列复习原则和方法是行之有效的。

一、历史复习原则

1. 及时复习和经常复习相结合原则

防止遗忘，牢固掌握已经学过的历史知识是复习的主要目的之一。心理学家告诉我们，记忆是过去经历过的事物在人脑中的反映。人的记忆活动包括识记、保持、再认和回忆四个基本过程。遗忘具有先快后慢的规律。初读只是识记过程，它使所学知识在大脑皮层中形成了暂时联系痕迹。如果只是满足于读过了、看懂了，而不再复习，时间的潮水就会冲掉脑海中的浅薄记忆，使其不留踪影。只有依靠及时复习和经常复习，才能完成记忆的其他三个过程。故有人把复习比喻为雕刻刀，每复习一次，就在人的记忆的石碑上雕刻一次。深深雕刻在记忆石碑上的东西，是岁月蚀不掉、冲不走的。由于中学历史知识十分浩繁庞杂，如果不能及时地、经常地复习巩固，新建立的联系就会逐渐消失——遗忘。及时复习，就是要求我们在学完新课后不久（最好是当天），就要对刚学过的内容及时地有意地在脑中引起回忆，形成自

---

① 本文发表于周凡雅主编《课程导学与思维训练研究成果集锦》，重庆：西南师范大学出版社，1998.7. 第75—78页。

己的思路。经过"过电影",把每一章、每一节的重要时间、地点、人物、事件、概念等历史要素联系起来,然后再对照课本、笔记检查是否正确或遗漏。这样,就能较好地巩固已学历史知识。经常复习,就是对所学历史知识间隔一定时间后就复习一次。因为,要使自己学习的历史知识真正全部巩固下来,绝不是一两次复习就能奏效的。只有经常复习,才能达到目的。当然,也不要认为复习次数越多越好。一般说来,刚学过的要多复习,以后次数可以逐渐减少,间隔时间逐渐加长。具体的间隔时间和复习次数要由不同的内容和个人学习特点来决定。

2. 全准细活原则

所谓"全",就是要全面复习和掌握历史知识。要了解中国历史和世界历史的重要历史事件和历史人物。对历史事件发生的时间、地点、原因、过程、结果、作用和影响要全面了解,形成正确的历史概念,厘清历史的发展线索,了解历史发展的规律。对历史人物生活的时代、国家、主要活动、历史作用等要全面了解和掌握。对历史课本从目录到年表,从正文小字到注释,从地图到人物、文物、文献图和表格所涉及的内容都要全面了解和掌握,只有这样,才能在量多面广的历史高考试题面前从容应付。

所谓"准",就是掌握知识要准确无误。这是历史知识的过去性和客观性的特点所决定的。时序颠倒、地点移位、张冠李戴、概念模糊是不允许的。对历史事实发生的时间、地点,有关人物的姓名、称谓,活动,历史文献的名称、主要内容、作用和评价等都要准确地理解和记忆。只有一件件、一项项做到了"准",才能做到"全"。这就要下扎实的功夫,反复复习记忆。怕苦怕累,只求轻松是做不到的;死记呆背,不求理解,也是做不到的。

所谓"细",就是要细心,不要忽视细节、细小的知识点。如注释的内容、古今地名、图的名称和内容、历史事件的差别等。只有做到了"细",才能达到大(重大的历史事件、大范围的历史概念的知识点)和全。

所谓"活",就是知识迁移能力,对所学的知识,能在准确记忆和充分理解的基础上融会贯通,并能运用它灵活地解答历史问题。"活"是深层次的要求,只有在"全、准、细"的基础上,才可能做到"活"。要做到"活",复习时就要注意知识的纵横联系,注意举一反三,逐步提高。

3. 温故知新原则

复习是对旧知识的重温。人们在复习过程中，机械重复旧知识是难免的，也是必要的。但复习过程如只满足于旧知识的简单重复，炒冷饭，其效率是有限的。我们必须树立复习是一种创造性劳动的思想，坚持温故而知新的原则。即在复习时，要对已学知识加以分析，弄清知识的来龙去脉、纵横联系，加深理解，在更高层次中有新认识，在旧知识基础上悟出新意来，做到常学常新。如我们通过对中国古代经济发展的原因、表现和经济制度的系统复习整理和分析，就应该得到这样的新认识：首先，农业是经济发展的基础，从经济发展各部门的内在联系来看，手工业、商业的发展都依赖于农业，只有加快农业的发展，才有现代化工业发展的高速度。其次，经济的发展，一靠政策，二靠科学。历朝经济的发展，尤其汉唐时期，之所以空前繁盛，一靠政策对路，二靠科学技术的进步和应用。好的政策，能给经济的发展增加新的活力；"科学技术是第一生产力"，科技的发展，能给经济的腾飞增添双翼。最后，稳定的政局，是经济发展的保障。历览各朝经济的发展，稳定则兴，动乱则衰。东汉末年的混战、东晋八王之乱、唐朝安史之乱、藩镇割据等，曾给经济的发展带来灾难性破坏。"白骨露于野，千里无鸡鸣"，就是生动而真实的写照。

二、历史复习方法

历史复习要获得高效率，不仅要遵循上述原则，还要探寻科学的复习方法。有关历史复习方法很多，这里对于常见的章节复习方法如专题复习法、图表结构法、单元复习法不再赘述，而重点介绍"清理线索复习法""中外联想复习法"和"浓缩复习法"。

1. 清理线索复习法

所谓"清理线索复习法"，就是利用历史知识的联系性、规律性的特点，设法发掘各种角度，寻求历史知识之间的联系，整理出知识线索，从而掌握系统的历史知识的复习方法。怎样整理历史线索呢？具体方法主要有五：

第一，阶段线索法。人类历史的发展既有连续性，又有阶段性，而每一历史阶段，都有其发展线索。整理和掌握基本线索，就能从总体上掌握其历史发展的基本轮廓。如中国的民主主义革命可整理出"外国资本主义和中国封建势力相结合把中国沦为半殖民地半封建社会"的线索和"中国人民反抗外来侵略和本国封建统治"的线索。前一线索主要由两次鸦片战争、中国边疆地区新危机、中法战争、甲午中日战争、八国联军侵华战争和战争期间以及战争以后签订的一系列不平等条约构成；后一线索则由农民阶级斗争（三元里人民抗英、太平天国、义和团运动）、资产阶级维新派的斗争（戊戌变法）和资产阶级革命派的斗争（辛亥革命）构成。掌握这两条线索，就掌握了中国旧民主主义革命的基本轮廓。

第二，事件线索法。历史是由各个具体历史事件组合而成，而每一历史事件又有其发生、发展、结果这一过程。将历史上重大事件或按重大历史事件发展过程中的小事件发生的顺序，或按历史事件发展的空间顺序，或按历史事件发展的时间顺序整理线索，提炼出中心点，然后略加说明，就成为叙事完整、重点突出、要点齐全的答案了。如太平天国运动可按小事件顺次整理为金田起义、永安建制、进军武汉、定都天京、颁布纲领、北伐西征、天京事变、安庆激战、天京陷落。

第三，人物线索法。历史是人创造的，人物是历史的主体，特别是一些重要人物对历史发展有着巨大影响。把他们的重要活动从教材的各章、节（课）中归纳出来，串联成线，不仅有助于全面了解历史概况，而且能对一些重要历史人物的活动获得比较全面的了解，从而对他们做出全面、正确的评述。具体做法上，我们或以某一历史人物活动为中心，整理某一时期的历史事件；或以某些历史人物的活动为中心，整理某一国家、朝代、地区的历史；或以某些历史人物的言论、活动整理某一专题历史知识。如以陈独秀的活动为主线，能带出新文化运动到"八七"会议间的历史事件；以卢维杜尔、伊达尔哥、圣马丁、玻利瓦尔、苏克雷的活动为主线，就可整理出拉丁美洲独立运动的历史；以约翰·亚当斯、阿丹姆斯、门罗、西奥多·罗斯福的言论为主线，归纳整理出美国扩张政策的历史。

第四，地点线索法。历史上有许多重大事件发生在同一地点。因此，或将某一地点在某一时期发生事件为主线，整理某一国家或某一朝代这一时期的历史；或将某一地点在不同历史时期发生的历史事件归纳在一起；或将某些地区历史上发生的事件归纳整理以强化空间概念，掌握比较系统的历史知识。如法国 1789 年至 1871 年间的历史，便可以将发生在巴黎城的革命事件归纳、整理出：1789 年第一次武装起义、1792 年第二次武装起义、1793 年第三次武装起义、1830 年"七月革命"、1848 年"二月革命"和"六月起义"、1867 年铜业工人罢工、1870 年"九四革命"、1871 年"三·一八"武装起义和巴黎公社等。这样，我们就能基本上掌握这一时期法国历史。

第五，时间线索法。历史上很多历史事件发生的时间往往有一定的"规律"可循。复习时，我们或将一些事件发生年代的规律进行归纳整理，或将某一世纪某一年代中外历史发生的重大事件归纳整理，从而掌握系列历史知识。如以等差 2 年整理中国民主革命史的事件，便有：1911 年辛亥革命，1913 年二次革命，1915 年护国运动，1917 年护法运动，1919 年五四运动，1921 年中国共产党成立，1923 年中共三大，1925 年五卅运动，1927 年"四·一二"反革命政变、"七·一五"反革命政变、南昌起义、八七会议、秋收起义等。

2. 中外联想复习法

中学历史分为《中国历史》和《世界历史》两大块。所谓"中外联想复习法"，就是我们复习《中国历史》时，要有机地联想《世界历史》中的有关内容；在复习《世界历史》时，也要有机地联想《中国历史》中的有关内容。具体联想方法主要有五种：

一是从时间概念上进行"中外联想"。如复习中国历史上公元前 476 年春秋结束，奴隶制度在中国崩溃，就可联想公元 476 年西罗马帝国灭亡，奴隶制度在西欧崩溃。

二是从空间上进行"中外联想"。如复习 7 至 8 世纪阿拉伯人通过对外扩张，建立地跨亚非欧大帝国时，就可以联想这一时期中国也建立了一个疆域辽阔的唐帝国，以及唐朝与大食之间的友好往来。

三是从主要历史人物进行"中外联想"。如复习中国辛亥革命领导人孙中山事迹时，就可联想同时代的土耳其资产阶级领导人凯末尔和印度国大党领导人甘地的事迹。

四是从重大历史事件上进行"中外联想"，如复习日本的明治维新，就可以联想中国的洋务运动和戊戌变法；复习中国元朝的民族分化政策，把全国人民划为四等，可以联想古代印度的种姓制度和法国封建社会的等级制度。

五是从科学技术文化方面进行"中外联想"，如复习中国的"夏历"，可联想古代埃及的"太阳历"和古代两河流域的历法知识。复习古代希腊的科学家毕达哥拉斯提出的"毕达哥拉斯定理"时，可联想中国西周初年商高提出的"勾股定理"的一个特例"勾三股四弦五"。

3. 浓缩复习法

所谓"浓缩复习法",就是我们在复习历史时,在对有关历史知识真正理解的基础上,抓住主要头绪,紧扣关键性的字眼,把较繁杂的记忆材料加以概括和压缩来进行记忆,以快速准确掌握历史知识的一种方法。怎样浓缩历史知识呢? 具体方法主要有:

一是内容浓缩法。就是根据材料主干,将其内容的精华和核心进行高度压缩或分解,用最简单、最本质、最概括的文字表达出来。如我们可以把甘地制定的不合作运动纲领浓缩为 6 个字,即官、法、教、钱、义、货。所谓"官"上不合作,就是印度人辞去英国人委任的官职,不参加英国人主管的印度政府;"法"上不合作,就是印度人有纠纷自己解决,不到英国人设立的法院打官司;"教"上不合作,就是印度人不接受英国的教育,把子女转入印度人办的学校学习;"钱"上不合作,就是印度人不把钱存入英国人办的银行;"义"上不合作,就是不承担"当兵、纳税"的义务(不当兵、不纳税);"货"上不合作,就是抵制英货。

二是数字浓缩法。就是在理解的基础上经过高度归纳,将历史知识概括成数字来记忆。如隋朝大运河的有关内容,可浓缩为:一条大动脉,二百万人开凿,三点(涿郡、余杭、洛阳),四段(永济渠、通济渠、邗沟、江南河),五河(海河、黄河、淮河、长江、钱塘江),六省(河北、山东、河南、安徽、江苏、浙江)。中国旧民主主义革命史可浓缩为:一次变法(戊戌变法),二个阶级产生(资产阶级和无产阶级),三次革命高潮(太平天国运动、义和团运动、辛亥革命),四个重要的不平等条约(《南京条约》《马关条约》《辛丑条约》《二十一条》),五次侵华战争(鸦片战争、第二次鸦片战争、中法战争、中日战争、八国联军侵华战争)。

高三文科综合复习方法漫谈①

一、制订切实可行的复习计划

对于高考而言，一个有效、简明、可实现的复习计划是非常非常重要的。

从宏观上说，一般，可将高三复习划分为两个阶段。

第一阶段（高三第一学期＋寒假）：第一年 7 月—第二年 2 月份的总复习是第一阶段第一遍总复习，应以基础知识为本，重点放在课本上，注意整理知识网络、弄清概念，多看一些解题方法的书，明晰自己的思路。

具体做法是：第一，紧跟老师步伐，绝不超前，把每一章节、每一段的知识点全部弄懂，并开始养成重视"解题效率"的习惯。第二，上课一定要注意听讲，不能以"我已经懂了"为借口干其他的事情。因为这期间老师所讲授的内容都是重点、难点和高考经常考察的知识、方法、技巧，而且这些内容又是老师们教学经验的精华，如果上课走神、不听，实在是一笔不小的损失。高考的根本重点在于课本上的基础知识，无论多少题，它都是从课本内的各个知识点串联而成的，万变不离其宗，这是所有文科综合教师的共识。第三，注意勤翻书，多做题，巩固了重点、难点之后，再把其他方面的知识、方法、技巧全面扫一遍也是非常必要的。做练习题，要坚持循序渐进，由简到繁，一步步熟练做题技巧，就有可能达到"一望而知"的"最高境界"，大大增强你的实力。第四，初步在头脑中确立"解题效率"概念，高考虽说全面考察学生的知识、能力，但一个残酷的现实便是：学生要在有

---

① 本文发表于《中学政史地·高中历史版》2004 年第 10 期。

限的时间内完成相当数量的题。因此，一定要以百分之百的精力解题，以最快速度决定解题方法，以最快速度演算直至得出结果，同时一定要保证结果的正确性。在阶段性的小测验中更是如此，在保证得分的前提下，注重试卷的完成时间，在剩余的时间里检查结果的正确性，研究一题是否可以多解。

第一轮复习，貌似将旧知识重学一遍，其实它是第二轮复习乃至高考的根本基础。故而此阶段复习千万不能以"我都懂了""离高考还远着呢"的借口来偷懒，相反，还应该常常以"我还有什么知识点没有复习到""今天的收获是什么"等问题来使自己反省。"君子博学而日参省乎己，则知明而行无过矣。"荀子的《劝学》之言，未必人人都能做到。像这样每日总结收获，其收效往往比每天只制订繁杂的书面计划要大得多。

第二阶段（高三第二学期）：3—6月份，在第一阶段基础上，注意扩大思路，多做综合习题，以及多看侧重思维方法的参考书，可以加大题量，因为"题海"还是有一定优点的。这段时间的复习，要做的试卷特别多，不少同学觉得特别烦人，做试卷时似乎总是硬着头皮做下去，因此，效率不是很好。正确的态度是：把每一张试卷看成是完成高考试卷能力的检测，试卷一发下来即以最高效率解题，若提前十分钟完卷，在拥有一种成功的喜悦的同时还有一种自责：如果这是高考，十分钟的检查时间是不多的。何况如果高考中出现意外情况，如出现偏题、怪题、怎么办？通过这种方法，每一套试卷解答之后，或有成功的喜悦，或有自我的检讨，或兼而有之；成功的喜悦可以增强自信，以"我能行"的心态从容地迎接下一张试卷。不同的学生应该有不同层次的自我要求，但总的精神是一样的，"不求最好，只求更好"，自己应当确定一个实际的目标，并通过努力可以逐渐将目标拔高。高考是一个选拔性的考试，对考生的综合能力要求很高，这就需要考生不能仅仅停留在知识表面，而要做到深掘其内在的原理、规律，并举一反三，适当做一些较难的题目，以达到拓展思路的作用。这里所说的难题，绝对不是那些刁钻古怪的偏题，而是综合运用各方面的知识和基本技巧的题目，当然这一轮复习目的的实现，应当是建立在第一轮详细、扎实的复习基础之上的。另外，对于一些基础原本较差的同学来说，要具体情况具体分析，可以将此轮复习的时间缩短，甚至取消。因为没有好的知识基础，盲目地去攻难题，只能是浪费时间，事倍功半。在做题过程中，若有不懂的，要及时记下来，去问老师。而且，自己做错的题或自认为比较好的题，也要记在专门的本子上。这样坚持下去，便不会觉得试卷讨厌，反而可以看到自己的进步，坚定自信心。5—6月份，将高中知识系统地复习、巩固，多看课本，以前的试卷很有参考价值，要经常翻阅，或者翻阅记录错误、好题的本子，温故而知新。在最后冲刺时刻，要特别注意调节心理状态，放松放松再放松。谁的包袱轻，谁的信心足，谁就能考得出水平。

从微观上说，就是制订周计划和天计划。即每周、每天的复习计划，当然是变化的，但一个基本的作息时间应该有。例如，我的一位学生，其节假日是这样安排的：6：00起床，6：30—7：30复习英语，7：40—9：40复习数学，9：50—11：50机动安排；中午午休；下午2：00—4：00复习历史，4：10—6：10复习政治或地理；晚上2小时复习语文；其余时间机动。每一门课的复习，不同阶段以不同内容为主，多看课本或多做习题，要掌握好。

总之，在总体计划的基础上，注意小块的时间安排，既要抓紧时间，又要有张有弛，这样才能以一个较好、较正常的心态去参加高考，高考才能取胜！

二、正确把握文科综合的复习方向

文科考生在复习备考时，千万不要埋在题海里面，也不要不分主次进行知识扫荡。时间对每一位同学来说都是很宝贵的。因此，文科考生在进入高三文科综合复习迎考时，首先一定要明确文科综合命题的主导思想和当年的基本的考试方向。复习方向反了，再多的精力，都可能付之东流。

文科综合命题的主导思想是"中心问题"，即以问题为中心，像考卷上出现的"据图判断""据此回答""据此完成下列要求"等，都是"中心问题"。一般说来，高考的"中心问题"包括以下五个范畴：

1. 学科概念类型的"中心问题"。重点考察学生的理解能力，所涉及的概念绝大部分在课内，所以考生应该对课本的基本概念有足够的重视。

2. 重要结论类型的"中心问题"。考生应该特别重视的是任何结论都是人做出来的，是对相关客观内容的主观认定，是理性认识，不是就事论事。

3. 材料图形类型的"中心问题"。由于材料、引语、图表、数据等基本上来自课外，是平常少见的和前所未见的，试题源于课程标准，又不拘泥于课程标准。

4. 重大事件类型的"中心问题"。由于重大历史事件是学科的重点，它们或多或少地存在多方面的关联，有利于命题人进行综合命题考查。

5. 重要规律类型的"中心问题"。这样的"中心问题"需要考生认知、发现和阐述人类社会和自然的变化过程及其客观规律，特别是代表进步方向的规律，这也非常符合社会科学的特点。例如历史上的重大社会改革规律、经济发展规律、民主与法制建设规律等。

现代意识和热点问题相当于文科综合复习的导向和考试的方向。应该说，这一导向和考试方向每年是有一定的变化的。

就历史学科而言，综合试题以"七综合"为主，所谓"七综合"即历史时空中综合，历史专题中综合，历史知识的主体性、重点性、特征性和规律性"四性"内容中综合，各种关系中综合，引入材料中综合，鉴古知今中综合，理性认识中综合。且综合具有这些特点：一是系列性选择题以时间跨度大为特点，以纵跨为多；二是考查专题史的非选择题入题容易答好难，因为情境是崭新的，以应用为主题目标，突出综合能力；三是孤立、静止、琐碎的历史知识无法成为综合的对象；四是历史的因果关系和国际关系是单科综合的重中之重；五是媒体上涉及有创意的社会科学素材肯定会被引入试题；六是通过鉴古识今诱发未来意识；七是大型非选择题越来越重视理性化的阐释和应用。

三、坚持勤学好问

谈到学习，首先强调的是吃苦精神。世界上没有不经过千辛万苦就得来的辉煌胜利，"天将降大任于是人也，必先苦其心志，劳其筋骨，饿其体肤，空乏其身，行拂乱其所为，所以动心忍性，曾益其所不能"。

人们常把体力劳动认为是一种辛苦，其实脑力劳动亦然。"台上一分钟，台下十年功。"学习是一个长期的过程，也是一项艰苦的劳动。成绩更是日积月累的结果。要深刻地理解知识，熟练地掌握技能，取得好的学习成果，必须付出相当的时间、精力和体力，也就是说，我们首先要勤奋、刻苦。为了拿到好的分数，没日没夜地苦读，在桌前一坐就是两三个小时，有时坐久了站起来，头昏眼花，天旋地转，你能说不苦？正确认识这个问题，对于学习而言，是最重要的前提条件。大家都知道，高考除了考知识之外，更多是考熟练，熟能生巧，但为了这个"熟"字，我们需付出更多的汗水。一套套模拟题不停地做，有时同一种类型的题，为了掌握要做好几遍。题海战术，一向是被众多教育家所排斥的，但你若想真正成为一个高考高手，就应该明白，题是不能少做的，而且是不可不做的。黄种人是考试的天才，世界上公认最难的考试"GRE"都有人满分！靠的是什么？靠的是我们祖辈传下来的坚忍不拔、吃苦耐劳的天性。

要想成功，先学会吃苦。爱迪生说过："什么是天才？天才就是一分灵感加九十九分汗水。"谁不祈盼成功？但却不是每个人都能成功。奥秘在于，并不是每个人都能吃苦。

失败的原因五花八门，成功却无一不是勤奋的结晶。我并不否认"天才"的存在，但只凭几分小聪明哗众取宠的人，只不过是一块未雕琢的玉，质虽好却难登大雅之堂；我也并不否认，不同的人存在智力上的先天差别，但勤奋可以弥补天生的不足，笨鸟先飞，未必成不了领头鸟。"勤奋"是永恒的学习秘诀。

勤学和好问是不可分的。勤学的结果，必然会产生诸多疑问，如果没有疑问，那必然就是没有勤学，没有投入。师者，传道、授业、解惑缺一不可。解惑是教师的天职，学生没有问题，往往会令老师感到无所适从。因此，不妨"开口就问"，最可怕的是"鸦雀无声"。

作为学生，一定要争取多发现问题，并向老师提问。老师在课堂上讲的往往都是最基本的东西，也是教科书上的东西，是知识的最基层，而稍微深层次的知识，需要你在向老师提问的过程中获得，老师也往往通过一个学生所提出的问题来判断这个学生学得灵活不灵活，思考得深入不深入，同时也能判断他的学习态度与聪明程度。千万不要放弃提问的机会，要养成多想多问的习惯，不要怕麻烦老师，不要担心太古怪的问题会惹老师生气，不要顾虑提问太多会使老师心烦。不会的，老师就是老师，老师从不会认为帮学生解答问题是件麻烦的事。相反，老师最爱喜欢提问的学生，因为只有学会了，才可能提出像样的问题。当你与老师争辩时，当你仔细聆听老师的解答时，你获取了一个提高自己知识水平的最好机会。

"好问"与"好答"是密切相关的两个方面。在高三阶段，很多学校都会出现相互竞争所导致的"同学关系紧张"这一现象，其集中表现就是"逢问不答"，即使知道答案，也不愿意告诉对方。这是完全要不得的。记住："认真解答别人提出的问题，是最好的复习方式之一。"

作为学生，你还要争取多帮同学解答问题，多与同学讨论问题以及多向同学请教问题。进入高三后，由于时间紧，如果有人经常找你问问题，你恐怕就会不耐烦，认为他耽误你的时间。其实别人找你问问题也是对你有好处的。一来可以检验你对这部分知识掌握的情况，如果你能非常完整地给他讲明白了，说明你这部分知识掌握得很好。如果你回答不出来或说不清楚，则说明你对这个知识点的掌握还有欠缺，由此就发现了你复习中存在的漏洞，以便使你在今后的复习中将漏洞补上。二来，如果你以后有问题去问他，那他一定会热心地为你解答。每个人都有比较擅长的科目，同学们在一起无所拘束，怎么想的就怎么说，然后大家一起研究，一起来分享解决难题后的快乐，取长补短，每个人都受益匪浅。真可谓博采众长，集天下珍宝于一体。

四、提高复习效率

很多学生看上去很用功，可成绩总是不理想。原因之一，就是学习效率太低。同样的时间内，只能掌握别人学到的知识的一半，这样怎么能学好？学习要讲究效率，提高效率的途径大致有以下几点：

1. 搞清自己的生理规律和有关外因，合理安排学习时间、地点和内容

对于不同的学生来说，其生理规律和所在环境外因是不相同的。一般来说，早晨适合记忆、背诵，下午适合理解疑难问题，晚上适合巩固知识和进行联想式复习。每天要保证 8 小时睡眠，切忌打疲劳战争。充足的睡眠、饱满的精神是提高效率的基本要求。在学习环境方面，我认为家中太吵，还是教室与阅览室的条件较好。

2. 学习时要全神贯注

精神高度集中是提高学习效率的前提条件，学习的时候就应该全神贯注、心无杂念，不要一边看书，一边想着球赛的战况，想着午饭吃什么，想着笔尖是不是歪的。时间飞逝而过，发会儿愣、看会儿书是很容易骗过自己的，可当下课后翻翻书、看看本子，反而纳闷了：怎么看了半天一无所获呢？所以要把精力集中在本上、书上、笔上，全身心地投入进去，要"尽快地进入角色"。

不要在学习时干其他事或想其他事。一心不能二用的道理谁都明白，可还是有许多同学在边学习边听音乐。或许你会说听音乐是放松神经的好办法，那么你尽可以在专心学习一小时后全身放松地听一刻钟音乐，这样比戴着耳机做功课的效果好多了。

玩的时候痛快地玩，学的时候认真地学。一天到晚伏案苦读，不是良策。学习到一定程度就得休息、补充能量。学习之余，一定要注意休息。但学习时，一定要全身心地投入，手脑并用。学习的时候要有陶渊明的"虽处闹市，而无车马喧嚣"的境界，只有自己的手和脑与课本交流。

3. 提高上课的效率

记住，老师上课的细节千万不要漏掉，许多考试都是在这些细节上难倒你的，而这些细节往往是老师兴致所致，上课处于极好状态时，将大脑中的那些知识点下意识地说出来，且常常不书写在黑板上的。捕捉这些细节，往往会提高你上课的注意力及效率和知识面。利用好了课堂上 45 分钟，下课后无须用过多时间就能熟练掌握，事半功倍，做题复习效率也极高；反之只能事倍功半，花去大量时间，还容易丢三落四，知识掌握不完全，不熟练，对做题和今后复习带来隐患。当然，我不是说整个听课和学习时间神经都要绷得紧紧的，而是要紧跟老师的思路，抓住知识要点。不管是听课还是自习，都要一心一意。对于注意力极易分散的人，学习效率的提高就比较困难了。而且必须注意知识的前后承接，一旦前面掌握不好，容易造成恶性循环，所以学习效率高是建立在扎实的基础之上的。另外，有人在听课过程中喜欢记忆现成的结论，这样固然提高速度，但记得越多也越易混淆。识记重在课本中的基础知识和基本结论，对教师或参考书上自行补充的结论，重在理解和掌握他们推导结论的方法。

4. 坚持体育锻炼

身体是"学习"的本钱。没有一个好的身体，再大的能耐也无法发挥。要提高学习效率，要切记"张弛结合"，别忘了体育运动。再繁忙的学习，也不可忽视放松锻炼。高三时也许抽不出整天的时间来锻炼，那就抓紧零碎的时间。比如，跑步上学或回家；课间跳绳、踢毽子；体育课上打乒乓……这样，既锻炼了体魄，不至于因为感冒、发烧等小病耽误学习，同时放松了神经，起到一定的调节作用。有的同学为了学习而忽视锻炼，身体越来越弱，学习越来越感到力不从心。这样怎么能提高学习效率呢？

5. 学习要主动

只有积极主动地学习，才能感受到其中的乐趣，才能对学习越发有兴趣。有了兴趣，效率就会在不知不觉中得到提高。有的同学基础不好，学习过程中老是有不懂的问题，又羞于向人请教，结果是郁郁寡欢，心不在焉，从何谈起提高学习效率。这时，唯一的方法是向人请教，不懂的地方一定要弄懂，一点一滴地积累，才能进步。如此，才能逐步地提高效率。

6. 正确认识记忆与遗忘规律，也是提高学习效率的一个重要途径

文科综合科目，特别是历史科，记忆量相当大。有些同学经常喊"记不住"，其中一个重要原因，是不懂得记忆的规律与方法。从心理学的角度来说，识记（记忆）分无意识记和有意识记。对于系统的知识，特别是系统的科学知识，绝不是单凭"无意识记"就能掌握的。在事前有明确的目的，并在进行中做出积极的努力，才是"有意识记"。也就是说，集中注意地、自觉地和积极思考着阅读两遍课文，比漫不经心地读十遍课文还记得多。识记不能一劳永逸，巩固识记的基本条件是复习。需要懂得遗忘的规律是先快后慢。在识记之后，遗忘一开始是很快的，后来速度就放慢了。经验表明，熟记一种材料之后，在前五天忘的量比后五天必定要大。根据这一规律，我们完全可以与遗忘做斗争。即复习次数应先多后少，这样，事半功倍。好比面对一个堤坝，我们应该在它发生渗漏时，及时加固，而不要等它崩塌之后再来重建。要预防遗忘，只要粗略地复习就够了，但要恢复已经遗忘的记忆，就需要花很多的工夫。复习不在速度，而在质量。细细地、深深地钻研一遍，这样的复习可谓稳扎稳打，步步为营；浅浅地、匆匆地浏览过去，这样即使复习三次，也只是沿原路重复了三遍。"温故而知新。"前面的没有懂，后面的知识用到前面的结论，就又不懂了。因此要日常温习，及时弄懂不懂的问题。

7. 注意调整和保持愉悦的心境

学习效率的重要因素是人的情绪。我想，每个人都曾经有过这样的体会，如果某一天，自己的精神饱满而且情绪高涨，在学习时就会感到很轻松，学得也很快。因此，保持自我情绪的良好是十分重要的。我们在日常生活中，应当有较为开朗的心境，不要过多地去想那些不顺心的事，而且我们要以一种热情向上的乐观的生活态度去对待周围的人和事，无论对别人还是对自己都是很有好处的。这样，我们就能在自己的周围营造一个十分轻松的氛围，学习起来也就感到格外有精神。

8. 注意学习资料的整理

学习过程中，把各科课本、作业和资料有规律地放在一起。待用时，一看便知在哪儿。而有的学生查阅某本书时，东找西翻，不见踪影。时间就在忙碌而焦急的寻找中逝去。我认为，没有条理的学生不会学得很好。

高三历史复习备考方法纵横①

高三历史复习备考方法的优劣，直接影响着高三历史复习成败。因此，研究高三历史复习备考方法，就成为高三历史教师无法绕过的话题。本人不揣浅陋，大胆谈论高三历史复习方法，实在是为了抛砖引玉，求教于方家。

一、夯实历史知识基础

综合考试中历史学科对知识点的考查相对比较集中，如2002年全国文科综合卷第23—27题，连续考查了工业革命和科技革命与人类历史发展、社会进步的关系，如果对这一块知识不熟悉，就很容易连续失分，所以在第一轮复习中要注意合理安排好基础知识的学习、巩固周期，以提高知识的掌握程度。

1. 要精读课文，逐字、逐句、逐段地反复阅读，多动脑筋，弄清每一个知识点

合上书，每一个知识点要历历在目。如中国现代史"统一战线的发展"一目就要弄清四个知识点：一是1949年多党合作民主协商政治制度的初步建立；二是1956年"长期共存，互相监督"的方针；三是1982年"长期共存、互相监督、肝胆相照、荣辱与共"的十六字方针；四是爱国统一战线的方针。而四个知识点又密切联系，它实际反映了中国共产党领导下的同各民主党派实行多党合作的民主协商政治制度的形成、发展、完善和成熟的

①　本文是2007年暑期撰写于株洲市第四中学，是我长期从事高三历史复习教学的基本方法的总结。文中内容曾在省、市不同高三复习研讨会上交流，也有部分内容曾摘要发表。

过程。

2. 要把握每一个知识点的全部内涵

如"当今世界形势的巨变"就包含以下五个要点：①东欧剧变；②苏联解体，冷战和美苏争霸局面结束；③世界处在新旧格局交替的过渡时期；④原来掩盖的许多矛盾激化；⑤世界多极化的发展趋势在加强。

3. 要能准确再认、再现每一个知识点

平时看书要精细，知识掌握要准确。回答问题时要能够排除一切干扰，写出的答案要符合要求，有些字、词要与教材完全吻合，不能多一字，也不能少一字，更不能写错别字。如蔡廷锴、廖仲恺，"察哈尔民众抗日同盟军""中华共和国人民革命政府"等。

4. 准确理解历史概念

对历史概念的掌握，在一定程度上反映了我们的理论水准和对历史现象理解的程度。对历史概念的考查是当今高考常涉及的内容。如何准确理解历史概念呢？具体说来，应注意以下四点：

（1）能准确把握历史概念的内涵和外延。只有弄清历史概念的内涵和外延，才能做出恰如其分的定义。如关于鸦片战争前夕，清政府实行的闭关政策的含义，不少学生往往理解为清政府禁绝中国对外贸易。实际上，我们完全可以依据教材这样的描述："在中国对外贸易里，英国居于首位。……中国处于出超地位。……为扭转对华贸易逆差，英国无耻地向中国走私鸦片。"从而界定清政府对外"闭关锁国政策"的内涵与外延，定义为"严格限制对外交往"。

（2）能指出历史概念的本质特征或主要特征。如义和团运动中，清政府对义和团的策略由"剿灭"改为"招抚"。"招抚"这一概念的本质特征就是控制和利用义和团。

（3）能从对比中区别历史概念的异同。如中国国民党在不同的历史阶段其性质是不同的，在第一次国共合作之前，它是一个由孙中山领导的资产阶级革命政党；第一次国共合作实现后（国民党一大），它是一个由工人阶级、农民阶级、小资产阶级和民族资产阶级组成的革命联盟；大革命失败后，国民党则演变为大地主、大资产阶级的政党。

（4）能运用历史概念分析历史现象，解决新问题。如运用"分封制"的概念，来分析周朝分封、秦不分封而实行郡县制、汉初分封等历史现象的原因和结果。运用"半殖民地半封建社会"的概念来分析中国民族资产阶级的两面性等。

5. 建立知识网络

知识网络是指知识内在的点、线、面的关系。历史是由"点、线、面"所构成的一个有机整体，历史学科的特性之一，就是历史知识的整体性、系统性。如果仅掌握零碎的知识，孤立地记忆几个分散的知识点，不可能把历史学好，也适应不了高考的要求。现代考试要求学生必须抓住知识范围之内各知识点之间的联系，把大量分散的、相对孤立的历史事实、历史概念和历史结论纳入完整的学科体系之中，形成科学的知识网络。

如鸦片战争的背景我们可以按下列方法建立知识网络：（1）战前形势，包括国内、国际（主要是英国）；（2）中国的禁烟运动。此部分内容教材讲得较多，又未明确指出要点，我们可以根据教材从英中两国政治、经济、军事、外交、思想五个方面进行归纳概括，国内形势可概括为：①政治：独立自主国家、封建社会晚期、政治腐败、财政困难、阶级矛盾尖锐；②经济：自然经济占统治地位、科技落后；③军事：装备陈旧、军纪败坏、军队战斗力弱；④对外：闭关政策；⑤思想意识：闭目塞听、虚骄自大。总的是国势衰落、综合国力弱。国际形势：①欧美资本主义国家崛起，加紧侵略扩张开拓殖民地。②英国。政治：资本主义制度早已确立；经济：完成工业革命、资本主义经济迅速发展、科技领先；军事：船坚炮利、军队战斗力强；对外：侵略扩张、矛头指向中国，迫切要打开中国大门，把中国变成其商品市场、原料产地。总的，英国是当时世界上的头号强国，综合国力强。鸦片战争前夕的国内外形势与中英之间强弱对比说明：①战争的必然性，②战争的原因，③中国战败并不是偶然的。这就为后面分析中国失败的原因埋下了伏笔。

如《中国近代现代史》两册教材中有这样六个知识点：①1841 年英军武力占领香港岛；②1842 年《南京条约》割占香港岛；③1860 年《北京条约》割占九龙司地方一区；④1898 年英国强租新界；⑤1941 年太平洋战争爆发后，日军占领香港（日本战败后仍归英）；⑥20 世纪 80 年代《联合声明》的签署，1997 年中国恢复对香港行使主权。这种孤立的知识点识记起来很困难，也不便于运用。如果我们以"香港"为主线将这六个知识点串起来，就发现它们之间存在着密切的内在联系，完整反映了"香港问题的形成与解决"过程。在此基础上，我们再思考每一个关于香港问题的"知识点"形成的原因和影响，就可以形成一个关于香港问题的完整的知识面。这样，有关香港问题的知识网络就形成了。

这样读书既分清了纲目层次、知识点，使知识系统化、条理化、要点化、网络化，纲举目张，有利于牢固掌握知识，又提高了分析归纳、概括能力和文字表达能力。同时从知识结构表上可以看出，表述纲目的知识要点、内容、词句基本上都是书上的关键词、核心语。记住了这些词语，有关问题的基础知识就基本掌握了。

6. 发掘知识内容之间的隐性联系

历史教材中，对历史现象联系的叙述，显而易见，有较明显答案的，被称为"显性联系"。含而不露，有待发掘的称之为"隐性联系"。扩而广之，就是所谓的显性知识和隐性知识。在教材中，隐性问题是对显性问题的深化、概括、比较、系统化，显性问题只有通过隐性问题才能提高其自身的价值。如何发掘历史教材中的隐性知识，我以为应注意以下几点：

（1）揭示内涵法：即通过对文字本身的分析，揭示其内在含义的方法。如《中国古代史》"明清时期的文化"一节中指出："随着封建经济高峰的到来，古典科技进入总结阶段，明朝后期涌现出一批科学巨著。"它一方面反映我国的传统科技在明朝时仍然处于世界领先地位，但另一方面"总结"二字意味着传统科技发展的终结。"总结"等字眼表明一个辉煌时代即将结束，缺乏开创意义，仅仅是对传统文化的总结，这实际上是我国传统科技的一次回光返照，无意中提示了我国传统科技发展的命运。

（2）分析归纳法：即通过对散见在各章节的有效信息按要求进行分析、归纳和概括，从而揭示历史隐性知识的方法。如《中国古代史》教材第六章大标题明确指出：明清时期，我国"封建社会由盛而衰"。但从表面上看，教材没有明确系统地指出其如何"衰落"，其众多的"繁荣昌盛"的叙述反而给人一种"强盛"的感觉。如果我们认真分析，便会发现，教材实际上已从政治、经济、思想文化领域等各个方面提示了其"衰落"。从政治上看，明清君主专制空前加强，设置厂卫特务机构，大兴文字狱等，用这些违背人道的反动措施来维持其统治，证明封建制度已经腐朽没落；从经济上看，出现资本主义萌芽。明清的资本主义萌芽虽然还未发展到危及封建统治的地步，但新的生产方式的出现，正是封建制度衰落的根本表现，这证明封建上层建筑已不适应生产力的发展；从思想文化看，明清时期出现了《红楼梦》《聊斋志异》《儒林外史》等反封建小说，产生了黄宗羲、顾炎武、王夫之等具有民主色彩的进步思想家；从赋税制度看，一条鞭法和摊丁入亩的实行，表明农民对封建地主人身依附关系的减弱；从对外关系看，明中叶后，西方侵略者不断侵扰中国，中国政府实行消极的闭关政策，这不仅反映了封建制度的衰落，而且加速了它灭亡的进程。

（3）材料求证法：历史教材中往往对一些历史事件、历史观点或历史人物的性质、作用、影响等没有做出正面回答，但提供的材料隐含着编者的倾向，我们可借助这些材料做出分析和判断求证。

如淝水之战，谁是正义一方？教材没有明确回答，但实际上是将东晋作为战争的正义方。其依据是：首先，教材在介绍战争背景时指出，4世纪下半期，前秦虽统一了黄河流域，但内迁各族并没有改变落后的生产方式和生活习俗，且时间不长，符坚统治的北方，还没有完全封建化。其次，前秦是靠军事征服凑合起来的，很不得人心，带有严重的民族压迫性质。最后，江南正处于高度发展的封建社会，拥有较为安定的社会环境和进步的经济文化。因此，维护东晋的安全，成为包括北方各族人民在内的共同心愿。

二、培养能力，逐步优化历史思维

1. 迁移联系各种史实培养学生思维的活跃性

历史史实有个重要特点就是时效性，将已学过的史实运用到相同情境或知识学习过程中，揭示同类事物的内在的本质联系，这就具有同性作用；反之，将已学知识运用到不同的环境或学习过程中，已有知识和新知识的相互影响、相互补充，无疑也会形成这类事物的更高层次和能力，即异性作用，这两种迁移、联系方式的运用，能增强学生的理解分析能力，使思维呈现跳跃性，有利于对相关知识的掌握，沟通新旧知识的联系。当然这个过程中，教师的疏导和暗示、适时引导也是很重要的。例如中国民族资本主义产生，可以引导学生思考当时的国际条件，国内形势，洋务运动的客观促进和产生的历史影响、意义和作用，还可以联系明清时期资本主义萌芽，弄清其区别和联系，分析它与欧风美雨的关系。再如当西方资产阶级革命完成时而东方却远未发展成熟问题，这本身就隐含着比较分析的含义，这里引导学生注意时间为19世纪六七十年代，西方国家涉及欧美地区，它们的革命或改革完成后的影响，同期中国社会为什么没有"成熟"？即使成熟是否会完成这一使命，有共性是否存在个性，等等。通过这种方式的不断运用，学生就会自觉地进行新旧知识的迁移，从而使思维能力得到提高。

另外，知识的迁移和联系使用不当，有时会造成片面和失误，因为学生在不断地掌握知识，他们常常会对一些理性问题、综合性问题产生或左或右的偏位性理解。例如日本全面侵华战争为什么会爆发，学生有的认为是日本要攻占平津夺取中国领土，有的认为日本要独霸中国、称霸世界，众说纷纭。这里通过引导学生迁移已学过的有关知识，20世纪30年代大危机，美国《九国公约》，日本的军国主义传统、亚洲战争策源地形成，大国的纵容等内容，可以融入政治、经济发展不平衡理论，纠偏归正，使不易把握的问题通过迁移联系，得到正确解决。

当然，迁移和联系，也适合于内容相近或相似的其他学科，这类学科涉及语文，如阅读材料，读懂变化性的命题语言和部分课文涉及的历史知识，以及诗、词、歌、联等。涉及数学归纳法、统计和比例等，涉及政治、哲学的常识和辩证法内容，还涉及地理、外语（词汇、欧化语言及句释）等方面的有关知识。这种有效迁移、联系和渗透对于培养学习兴趣，加深对知识理解方面的作用是不可低估的。

2. 设计转换各种题目，培养学生全方位的变通能力

当今高考命题的范围、覆盖和比例，早已不再是面面俱到、四平八稳了，而是不避重点和难点，也考虑热点和时事性，充分体现了学科的教育功能，同时逐渐地将触角延伸到当代的中国和世界。这就要求我们在历史教学过程中对历史发展进程和重要的历史事件或现象、联系性强的典型性史实，进行多角度多层面的研究和指导，教学中根据需要和可能性，将一个史实变换设计成多种题型，并就每一题型的侧重点、思路和方法及失误迷惑的原因予以简析，让学生从分析讲解中得到启示，提高思维能力，达到触类旁通、以一当十的功效，以提高对题目的变通能力。例如清军入关具有历史的必然性问题，就多选题来看有：A. 八旗制建立，向封建制转变为入关奠定了基础。B. 明政权被推翻，农民政权不稳固有利于清军入关。C. 农民政权不可能取得对全国的长久统治。D. 山海关失利，吴三桂降清是可以克服的偶然现象。通过分析理解，不难发现正确答案是 ABC。这里要考虑的关键是必然性与偶然性，农民的阶级、时代局限性和内因外因的有关理论。还可以进一

步转换，将它设计为问答题即"有人认为清军入关是可以克服的偶然现象，试联系史实予以简要说明"。那么，从解答步骤上讲，要先判断正误，再以有关史实分析说明论述，然后评价上述认识的误因，这当然就要上升到理论的高度，是更进一层的能力性要求。由此还可以补充有关史实如《圆圆曲》、清史稿和今天史界的一些观点，设计成材料解析题。通过辨异求同，渗透理论，运用史实对此做出合乎历史发展规律的正确认识。这样便拓宽了学生的思路，活化了知识的多样性，增强了教学效果。

此外，对于热点和时事感强的有关内容，除了搜集整理好一些备用材料外，从世界战略、国际政治和经济发展状况和中外环境形势方面进行设计转换，也能起到一些积极的作用。

3. 突破走出定向思维模式，培养学生辩证思维能力

长期以来，我们对某些历史事件或现象的认识，由于受某些因素的影响，或者偏重于一些个别性结论，以及将一些伟大人物的结论条条看成是一成不变的真理，往往不是完全依照辩证唯物主义、历史唯物主义的有关原理来看问题，而是带有一些盲目性、教条化的色彩。这反映在教学中，不仅是学生，有时教师也存在一种习惯性的思维定式，认识历史人物、事件及现象时带有较大的片面性。相反，当今的高考趋向表明，只有依照历史发展的大环境，将历史现象置于其中，着眼于生产力因素的作用和影响来实事求是地、辩证地认识事物才能得到正确的认识和方法。在这方面，刘宗绪教授在《中史参》1996 年第 3 期上做了较为深刻的说明，他认为治史"要时时运用辩证法，切莫搞片面性"。他举例认为，"历史的治乱、分合变化多端，都不应作极端的评价。治未必都好，乱也未必都坏。战国时代，诸侯分立，乱则乱矣，但是出现了诸子立说，百家争鸣的学术繁荣现象。即使是资本主义时期的经济危机，也并非都是资本主义走向灭亡的证明。它有破坏性，但是也对经济发展有重大的调节作用"。他还认为"历史上的任何事物和现象，……还是追根溯源，考察一下时间、地点、条件为好"。"评价历史，不允许人为地强加于史。这里的追根溯源，就是说要按照历史的本来面貌去评价，而不应将不属于它的东西强加于它，而后又以此为标准进行评价。"

不仅如此，定向思维的突破还表现在对历史事物的初始认识和发展认识的理解上，如世界近代史的开端起始问题，早期资产阶级革命在私有财产问题上的立场、态度。又反映在社会历史发展的内在规律还是人的主观意识的

评价标准上，如商品经济和自然经济之间的内在联系，英国圈地运动的评价，对殖民掠夺活动的认识。

这种突破从内容把握角度上看，可以由今到古，由外而中，由整体至局部，从宏观到微观。从教材的处理角度上看，可以详处变略、略处变详，大字变小、小字变大。从辨异求同，发掘挖深角度上看，可以同中求异、异中求同，正的反看、反的正看。当然，这种辩证思维能力必须结合当时的形势，以历史发展规律和生产力变化，以及基本的历史理论为指导，以具体史实和内容为依据，进行分析理解。否则，就会出现错误，造成失误，起不到应有的作用。

4. 相互联系，对比中外历史培养学生形成"大历史"能力

这里所说的"大历史"，不是指学科间的渗透、迁移和贯通，而是指中国和世界历史之间的有机构成，其实，人类社会的历史本来就是丰富多彩、纵横交织的。那么中国历史的发展变化与世界历史的变化发展是紧密联系、互不可分的，人们只是受习惯性认识和教材本身的编排体例的影响，才不自觉地将二者分离。而高考命题克服了这一局限，不断引入中外联系方面的试题，有效地考查了中外知识的一体化结构以及学生对宏观历史阶段特点和某一特殊切入点的理解分析、比较概括能力。

例如，1990 年上海试题第 3 题，关于毛泽东论爱国主义的看法，在中国、德、日就有本质不同；1995 年上海试题关于 17 世纪末 18 世纪初中俄文化发展的特点表现问题。1994 年全国统考中的中国维新变法思想、法国启蒙思想关于社会变革作用的比较及其深层原因，1995 年统考中指南针在东西方的用途比较及其意义，1995 年高考中的中埃西三国反法西斯局部战争的特点意义及其与全局（"二战"）的关系。

通过分析试题，揣摩其特点和命题的角度，以及课堂复习教学中的引导，在对比联系中提高学生的全局观念、整体印象以及"大历史"的一种理性认识，使思维能力逐渐提高。

5. 发掘、提炼历史要素，培养学生适应各类题目的解答能力

发掘、提炼历史要素，包括两个方面的内容。其一，是指各类题型尤其是多选题、材料解析题和问答题的测试功能方面的训练；其二则是指学生在试题的鉴别、审定和答题的技术性要求方面的能力。两者不是孤立的。可以说，前者着重于有效信息的提取和准确运用这些信息解答难度较大的一些题

目；后者则侧重于审题和分析题意，它们互相依赖又互相制约。后者是前者的基础，前者是后者的结果。说到底没有正确的审题，就不可能有准确的答题，二者结合成为一种很重要的解答能力。

这里，就审题方面来说，每种题型都必然会有相应的历史要素，诸如时空地域主体设问以及各种范畴的层次要求，即是什么、为什么、还有什么，还有各种能力评定的要求（概括、归纳、分析现象、联系对比、说明理解等），在训练时首先要引导学生对此认识明确，特别是这类要素随着高考命题水平的提高，测试功能增强，往往隐藏较深，不易发现，这就需要教师通过提问、启发和补充，进行发掘、提炼。磨刀不误砍柴工。尽管这会花费不少时间，操作起来显然有些琐碎，但是通过这种反复训练和强化要求，学生就会适应各种不同题型的特点，掌握解答这些显性或隐性要素的试题技巧，同时这也是准确解答试题的基础。

其次就答题方面而言，鉴于历史材料已向各种题型延伸的特点，我们必须寻求积极的对策。这里仅以材料解析题为例，就从材料中获取和处理有效信息做简要说明。获取有效信息，首先要明确提问和材料的关系属于外延式（答案在材料外）还是内涵式问题（与前述相反）；其次在读懂材料的基础上，根据题目设问的要求，进行提取对解题有用的信息，并且注意不能照搬照抄原文，要论从史出，并且具有一定的高度；解析的层次性、能力性也要逐步提高，这在无界定性设问中尤为明显。另外要注意每一设问后的分数值，它也能帮助学生明确解答该题的信息量的多少。在处理获取的有效信息时，必须注意多种方法的使用。冯一下先生认为，操作时经常使用的方法有挂靠法、提要法、钩玄法、发微法和正反法。通过这些方法的交替使用，在答案的表述上必须注意语言的逻辑性，切忌杂乱，论点要明确，所列的要点必须清晰，即便是纯理论性的认识，也要注意还原成历史感强的学科性语言。

6. 既能充分利用本学科知识，又善于联系其他学科与中学历史学科相关的知识内容

美国国务院1995年《人权报告》中有一段话："（中国）1993年修正了宪法，正式批准小'民主'党派的存在。"这段话反映了《人权报告》的基本思想是什么？《人权报告》的观点，你是否同意？请结合中美两国政党政治的历史和现状写一篇250字左右的短文，阐明你的看法。此题的政治性特

强，解题既需要扎实的历史基本功，又需要有政治课"政党政治"的理论。

下列根据地哪些是抗日战争时期位于长江之北的？①鄂豫皖根据地②湘鄂赣根据地③湘鄂西根据地④苏北根据地⑤淮北根据地⑥淮南根据地 A.①②③④⑤⑥ B.①④⑤⑥ C.①③④⑥ D.②④⑤⑥此题既考查历史知识，又涉及地理知识，知道"湘"在江南，即可排除 A、C、D，剩下 B 便是正确答案了。

"南朝四百八十寺，多少楼台烟雨中"，这反映了南朝出现的什么社会现象？出现这种现象的原因是什么？这不仅有一个历史知识的把握问题，还有一个语文理解问题。有很多历史题引用了大量古文、诗文。因此，解答此类试题，各学科知识的迁移能力显得非常重要。

当前，历史高考对思维能力的要求已日渐深化和提高，这是考试改革发展的必然要求，而历史教学在发展学生学科能力方面具有许多优越的环境和条件，通过上述各种能力的培养，有利于更好地发挥学生的主动性、创造性，增强学生学习的自信心和自觉性，调动学生学习历史提高成绩的潜在能力，从而更进一步地揭示出历史事物内在的本质属性和发展规律，取得较好的复习效果。

7. 培养学生比较分析历史人物、事件的能力

这是一种对历史现象从各角度、各种联系上通过辨别分析，找出它们的相同点和不同点，然后寻求其规律的能力。在历史测试的四种题型中，几乎每一种题型都涉及比较能力，尤其是选择题、材料题和问答题。因此，学会科学的比较方法，掌握一定的比较技能，显得十分必要。

（1）把性质相同而特点不同的历史事件进行比较。如新民主主义时期出现的两次国共合作，近代史上的两次工业革命等。

（2）把性质相同而在不同历史阶段又紧密联系的历史事件加以综合比较，找出它的发展线索。如对中国近代史上几个重要的不平等条约进行综合比较，既可以鉴别它们之间的不同特点，又可以认识近代中国半殖民地半封建社会逐步加深的过程。

（3）把同类历史事件在不同历史阶段的特点进行比较。如世界近代史上的工人运动和国际共运，19 世纪 70 年代前后就具有不同的特点。19 世纪上半期，即工场手工业时期以及工业革命刚刚兴起的一段时期内，资产阶级一般以剥削绝对剩余价值为主，采用各种残暴手段如加重劳动强度、延长劳动

时间、压低工资、雇用童工女工等来缩短必要劳动时间，延长剩余劳动时间，工人生活困苦，反抗情绪激烈，工人运动因此带有自发性、政治斗争、暴力斗争的特点。巴黎公社之后到1905年俄国革命之前这一时期，因工业革命迅速向欧洲大陆扩展，特别是1870年后又因新能源、新机器、新产品及电讯设备方面的一系列新发明运用于工业，这使资产阶级开始逐渐转向剥削相对剩余价值为主，更重视用发展科学技术、改进机器装备等手段来延长剩余劳动时间。在资产阶级所获利润增加的同时，工人状况明显改善、阶级矛盾缓和下来，各国工人基本上又有选举、集会、结社等民主权利，这一时期工人运动以经济斗争、合法斗争为主，并加强了组织性。

（4）把性质相似或相同，而所起的历史作用不同的历史事件和历史人物进行比较。如我国历史上农民起义的作用，从政治上看主要有三类，一是"推翻"（如秦末农民战争），二是"瓦解"（如东汉末年起义），三是"打击"（如王小波、李顺起义）。应仔细比较，领会其意。

（5）把某些表现相同而性质不同的历史事件进行比较，认清其不同实质。如唐代手工作坊和明代手工工场，清政府向列强大借外债同今天我国向资本主义国家贷款等问题。

8. 培养学生运用历史唯物主义观点和方法分析历史问题的能力

学会运用辩证唯物主义和历史唯物主义的基本观点和方法，结合学科知识来评价历史事件和历史人物。要掌握好评价的尺度、评价的角度和评价的信度。辩证唯物主义基本观点主要有：原因和结果、共性和个性、形式和内容、现象和本质、主要矛盾和次要矛盾等。历史唯物主义基本观点主要有：生产力和生产关系，经济基础和上层建筑，继承和发展，阶级和阶级斗争，人民群众以及个人在历史上的作用，政党及其领袖的地位和作用，历史规律的统一性和多样性、曲折性和前进性等。解题中必须灵活运用正确的观点深入分析历史现象。

（1）立场正确。要站在人民的立场、爱国的立场、社会进步的立场、国际主义的立场和改革探索的立场上看问题。

（2）标准明确。要把评价对象放在当时的历史条件下，看它是否促进了生产力的发展和人类社会的进步。

（3）观点鲜明。评价历史人物要坚持"时势造英雄"和"人民群众是创造世界历史的动力"这两个基本观点。任何伟人都是时代的产物。历史人物的活动都是紧紧依靠人民群众而不能脱离人民群众。杰出人物只有代表人民群众利益和愿望才能有所作为。违背了人民的愿望就要被时代所抛弃。如秦始皇,之所以给他重要的历史地位,主要是因为他完成统一大业,建立统一的多民族的中央集权的封建国家,既顺应了时代潮流,客观上又反映了人民群众的愿望和利益。

(4)方法得当,客观公正。要全面地具体地分析和评价,要实事求是,一分为二;要联系地看,发展地看,重点地看。防止简单化、片面性和绝对化。要掌握评价的信度,对历史人物、事件的功过、是非、高低、褒贬,要恰如其分,公正准确。既不要苛求,也不要溢美。要注意主观动机和客观效果、局部和全局、现象和本质的关系。

9. 培养学生归纳历史知识的能力

历史知识浩瀚庞杂,如何根据指定的要求将其有条理、简明扼要地表述出来,是一个十分棘手的问题,必须过抽象概括关。

(1)选取概括法。即正确选用课本中的知识要点,或现成的带实质性的史事、论断、关键词语,乃至章、节、目的标题,去掉其中属于次要的或解释说明性的文字,最后提炼概括成三言两语。如印度历史上四次民族解放运动的特点,亚洲觉醒时期可以这样概括:1905—1908 年,印度民族运动高涨,代表印度资产阶级和地主阶级利益的国大党提出自治的主张,其左翼在这次群众性的争取自治的反英运动中起了积极作用。印度民族资产阶级在斗争中登上政治舞台。

(2)提炼式概括法。即脱开课本原文,依据题意把相关的事实和内容自行浓缩,把长句缩成短句,或把几句缩成一句,或形成一个新的见解,然后用自己的语言精练准确地表述出来。如 19 世纪下半期德国历史发展的特点:①结束分裂状态,实现民族统一,为资本主义发展扫除了障碍,同时保留了某些封建残余;②资本主义经济迅猛发展,后来居上;③出现集中程度较高的垄断组织;④推行海外殖民扩张政策,成为最富于侵略性的国家和世界战争策源地之一;⑤无产阶级争取自身解放的斗争进入一个新阶段。

(3)时间为纲概括法。即以时间为序来组织答案。如 1991 年高考"消长"题,可按其"消长"划分为五个阶段,按时间勾画答题提纲:①19 世纪初中期,英国占优势;②19 世纪末 20 世纪初,列强共同瓜分;③"一战"及"一战"后,日本欲独占中国,美国与其争夺,再次形成共同支配局面;

④20 世纪三四十年代，日本再欲独占中国，失败；⑤ "二战"后，美国成为主要侵华势力，失败。

（4）逻辑关系概括法。如中国古代各时期文化发展的原因，可从以下各方面概括：①政治上统一的局面；②经济的重大发展；③民族融合各民族之间的经济文化交流；④对外经济文化交流的发展等。

以上各种方法有时要交叉运用。因此只有融会贯通，方可运用自如。

10. 培养学生处理信息的能力

由于材料题的扩展和分值的急剧增长，材料处理的能力当引起高度重视。

（1）能结合史料所产生的历史背景或史料所涉及的重大事件的社会历史条件，全面准确地把握史料的内容和主旨。能对材料进行去伪存真、去粗取精、由表及里的整理，最大限度地获取有效信息、发掘信息、归纳信息。如1995 年高考试卷第 39 题 "继昌隆缫丝厂"题，它是一道典型的要求归纳整理、最大限度获取有效信息的试题，它要求像语文课分析文章一样，一句一句地抠，不漏掉每一个信息。平时要练就一手硬功。

（2）能对信息进行辨析。如下题：《新唐书·百官志》载"两京诸市署：令一人，从六品上；丞二人，正八品上。掌财货交易，度器物，辨其真伪轻重……凡市，日中击鼓三百以会众，日入前击钲三百而散"。这说明：A. 唐抑制城市商业发展 B. 唐代商品经济繁荣 C. 唐重视城市商业的发展 D. 唐有限制地发展商业。解此题的关键，一是抓住材料关键性信息，二是能对客观信息进行准确辨析。

（3）能充分利用有效信息，并结合所学知识，创造性地运用历史理论，进行有个性特点的思考，比较彻底地解决问题。如1995 年高考试卷第 38 题第③问 "材料四中鲁迅揭露了当时中国社会的什么问题？"第④问 "指南针在近代西欧和中国的不同用途说明了什么？"以及"陈启源"题的第②问 "综合你所列出的情况，可以得出什么重要结论"等，都要求利用材料信息，运用历史理论来解决问题。这种形式代表了当今材料题的命题水平，也昭示今后材料题的方向。

三、讲课起点要高，知识传授力争到位

1. 超越教材认识，力争观点到位

这一点，突出地表现在世界近代现代史教学中。历史教学的一个显著特点就是观点统率材料，史论结合。而现行世界近现代史教材，已是多年来未变的老面孔，观念滞后现象严重，与当前高考命题者的认识存在较大差距。高考命题人曾多次表明，绝不会在学术观点上迁就陈旧的甚至错误的东西。相反，他们往往利用考试来促进中学教改。如1993年"三股进步的历史潮流""1994年革命与1848年革命的主要不同之处"等高考试题，就已突出地显现了这一点。这种状况既然不是我们中学老师所能扭转，我们只能面对现实，千方百计地搜集大学教材，尤其是命题人的论著加以研究，力争在观点上、认识上与高考命题人尽量接近，使知识的传授和能力的培养从一开始就在高起点上进行。如资本主义制度的历史进步性问题，对帝国主义腐朽性的再认识问题，对门罗主义、苏德互不侵犯条约的重新评价问题以及垄断组织的进步性等问题，史学界已有全新论断，命题人论著中也有明确表述。因此，在这些观点上，我们就应尽量与命题人保持一致，否则就有可能在高考中吃亏。

2. 重视知识梳理，形成科学的知识结构体系

历史知识结构，是指历史知识之间的相互联系。历史教学内容如此之多，异常散乱，要想加以准确记忆和深入理解，就必须使学生掌握科学的知识结构，弄清知识之间的内在联系。在设计板书时，最好能用大小括号将有关内容按从属或并列关系联结起来，把一个个孤立的知识点纳入历史发展的整体中来，给学生以清晰深刻的印象，形成完整的知识结构体系。使散见于教材中的琐碎知识有机地联成一个整体，这对于深入理解和准确记忆无疑是有益的。

3. 补充重要知识，深入挖掘内在联系，做到分析到位

教材的表述，由于受篇幅限制，往往是简单的。知识之间的联系往往需要我们教师去挖掘和分析，有时也不得不补充一些相关的材料，以使讲授更清楚一些。如在讲帝国主义国家德国时，我就向学生介绍了德国统一后，俾斯麦长期控制首相大权。他的对外政策是典型的"大陆政策"，即把同欧洲大陆各国处理好关系，防止法国复仇作为重点，而不主张在世界范围内扩张，以免造成新的矛盾。但向帝国主义阶段过渡时，他的这种保守的对外政策已不能再满足垄断资产阶级的要求，尤其是1888年，新皇帝威廉二世继位，他积极向世界扩张，与俾斯麦政见不合，俾斯麦终于在1890年递交辞呈。从此，德国开始向世界扩张，"要求日光下的地盘"。要求重新瓜分世

界，从而与殖民地最多的英国产生尖锐的矛盾，并最终导致以英德矛盾的双方为核心的两大军事侵略集团的产生。这样分析，就使学生对知识的内在联系有了更深刻的认识。

再如讲工业革命的后果时，我不但根据教材归纳出工业革命的三大后果，即它使生产力迅猛发展，东方从属于西方和两大对立阶级产生，而且还继续分析道：随着生产力的迅猛发展，工业资产阶级力量增强，他们要改变工场手工业时期或前资本主义时期的生产关系和上层建筑，于是引发了19世纪中期资产阶级改革或革命的潮流；由于英法等国加紧掠夺殖民地，引起了殖民地半殖民地人民的强烈反抗，从而引发了民族解放运动的潮流；由于社会日益分裂为两大对立的阶级，而他们从产生那天起就不断斗争，从而出现了工人运动和社会主义运动的潮流。

4. 史实、史论、史法相结合

史实、史论、史法知识是高中历史知识结构中的三个有机的组成部分。学生对这三个方面知识的认知和掌握程度，反映出学生的历史知识水平。

史实知识包括对客观历史的具体、生动、直观的描述和对客观历史的内在联系与原因、特点、作用、影响的概括等。

史论知识包括辩证唯物主义和历史唯物主义的史学概念、范畴和观点、原理、原则等。

史法知识是学习和掌握历史的具体方法。它包括了如何正确地掌握历史概念、判断、推理的知识和归纳、概括、分析、比较史实知识的思考方式。

史实知识在全部知识体系中占有十分突出的地位，是最基础的部分。所谓"史为论据""论以史出"，既说明了史实知识的重要性，又说明了史实知识与史论知识的辩证关系。如果说史实知识是历史知识体系血肉，那么，马克思主义的史学理论知识就是历史知识体系的灵魂。使学生在把握史实知识的基础上，学会运用史学理论去观察和分析历史问题，是历史教学的主要任务之一。基本的史论知识学生在政治课上大都学习过了，如何更好地把学生在政治课上所学的知识渗透到历史学科中，使两者有机地结合起来，并使之转化为学科能力要求，是历史教学中必须解决的重要课题。教师在讲授新课的过程中、在复习的过程中，自觉地运用史论知识，引导学生理解史实知识，解决历史问题，是唯一有效的途径。史法知识是学生学习历史的工具，是历史知识体系的心脏和血脉。学生只有掌握并能灵活运用史法知识，他所掌握的历史知识才是有完整体系的、有机的知识系统。所谓"授之以鱼，不如授之以渔"，说的就是史法知识的重要性。史实知识、史论知识、史法知识在历史教学过程中是相互联系、相互渗透的，这就要求我们在教学过程中三者同时兼顾，充分发挥教师的主导作用和学生的主体作用。

5. 练习讲求实效，习题训练到位

（1）由浅入深，狠抓基础，注意能力

从知识的掌握来说，必须从基本的知识练起。如果操之过急，一开始便做大题难题，势必造成一些同学的畏惧和厌学心理。因此，训练应夯实基础，多做中小型的基础题，且贯穿于教学的全过程。扎扎实实地搞好量的积累，为质的飞跃铺平道路。实际上高考题中也常常出现由基础题组合而成的试题。为此，我们可以在训练中小基础题的基础上把几个相关的基础题进行合理组合。由于对这些基础题学生比较熟悉，在此基础上答较难一些的大题自然比较顺手，进而增强学生学习历史的信心。

（2）练习形式多样化

除作业练习和课堂问题之外，还应注重训练学生的动手能力和解题思路。在专题训练或平时训练中，把一些重点专题归类任务分配给学生，让学生自己动手整理。这种做法，既完成了繁杂的专题复习任务，又节省了时间取得了较好的复习效果。至于每日一题活动，即每天给学生布置一道较好的题，由学生轮流抄于黑板上，以训练学生答题思路。第二天答案上墙，根据反馈情况进行适当点评。因这些题多由教师精心选出，覆盖了教材各重点章节，质量较高，因此很受学生欢迎。

（3）精心命制各阶段考试题

考试是更高级的练习。一般在题型方面与高考保持一致。但根据教学与复习的阶段，在命题内容方面应有所侧重。高二阶段侧重在夯实基础，适当进行能力训练。在高三的三个循环中，每一循环的试题都要明确体现该循环的特点，进行扎扎实实的训练。第一循环单元复习题，在能力培养的基础上照顾到单元的边边角角，并体现出该单元历史事件的阶段特征；第二循环专题复习题尽可能纵横联系，左顾右盼，以开阔学生视野，能力要求自然应大大加强。至于第三循环综合复习题，侧重在进行考前模拟，利用典型的类型题进行解题和应试能力强化训练。

6. 重视试卷讲评，力争讲评到位

讲评是考试环节的重要组成部分，尤其是高三阶段的试卷讲评，具有非常重要特殊的意义。每次考试后由试卷反映出的学生复习中的得与失、成绩与不足，要通过总结讲评来解决。只有通过及时的讲评、全面的总结、科学的分析才能及时发现学生知识的缺陷，夯实、巩固其基础知识，以期提高审题和解题能力与技巧，从而提高复习的质量。因此，在讲评中，教师应尽量做到以下几点：

（1）有的放矢，重点突出

讲评试卷绝不可不分主次地对答案，必须重点突出，有针对性，才能真正起到讲评作用。这就需要老师在讲评前进行认真批阅并做精心的准备，逐题统计失分情况。对比率相对较低的题不予讲评，只有部分同学出错的可于课下个别进行，或适当点评。只有错误率较高的题才集中精力重点讲评。这样一方面节省了时间，更重要的是出错率高，说明该题学生没有掌握好，学生也特别迫切地要求弄明白这样的地方，因此最值得我们花大力气去解决。

比如，1848 年法国革命的任务是：A. 解决工人阶级的经济要求 B. 解决工业资产阶级的政治要求 C. 解决工人阶级的政治要求 D. 解决国家体制的变革问题 此题在考试中学生的答案较分散，正确答案应为 B，而多数同学选择的是 A 或 C。可见，这一难点问题学生掌握得普遍较差。因此，我们在讲评时把这道题作为一个重点，进行深入讲解。首先回忆工业革命的后果之一，生产力迅猛发展，新兴工业资产阶级壮大，力求改变旧的生产关系和上层建筑，从而在 1848 年发生革命。并重申 1848 年欧洲革命的性质，再把法国革命置于 1848 年革命的大背景中去理解。这样，教学中的一个难点通过试卷讲评而最终解决。

（2）分析不足，查找原因

答卷失分的主要原因大致有以下几个方面：一是知识欠缺（如答不出或答错）；二是能力欠缺（如分析不透、表述不清）；三是审题失误（如未看清题意和答题要求）；四是技术性失分（如笔误等）。讲评时应结合有代表性的试题及学生的典型答案，进行深入分析，使出错学生在较深层次上弄清自己失误的原因，明确自己的主要缺陷和今后的努力方向，从而更有针对性地进行复习。

（3）传授方法，培养解题能力

解题方法的指导和训练是非常有必要的。但专门安排方法指导课，则往往缺少针对性且效果也未必很明显。而在讲评试卷时，由于能结合具体试题及学生答题情况进行有针对性的指导，比如结合审题失误讲审题方法，结合答题弊病强调答题要求等，效果自然会更好一些。如能补充典型试题进行学以致用的即兴训练，学生的积极性会更高。

上好一次试卷讲评课所费的时间，往往会超过一次考试的时间，由于必须进行精心的准备，才能讲有内容、评有针对性，教师的工作量明显增加了。但从效果上看，我觉得这样的讲评收效最大，因而多付出一些也是值得的。

总之，讲、练、评是教学过程中相互依存、缺一不可的三大环节。如能切实抓好讲、练、评这三大环节，正确地处理好这三者的关系，文科班历史教学与复习就一定能取得令人满意的成果。

复习中国古代文化史应注意的四个问题①

复习中国古代文化史，应重点掌握中国古代文化发展的原因、成就及其影响。具体来说，复习中国古代文化史应注意下列四个问题。

一、从总体上掌握中国古代文化史知识结构体系

我国古代文化灿烂辉煌，在许多领域都有突出成就。从大的方面来看，主要包括科学技术、思想与宗教、文学与艺术、教育、史学以及体育等。每一个方面又包含一些小的类别，如科技方面就包含了天文、历法、地学、数学、农学、建筑、医学等，最突出的就是四大发明；文学方面，则包含诗、词、散文、戏剧和小说等；艺术方面则包括音乐、绘画、石窟艺术等。就每项科技成就而言，我们要注意时间、发明人或作者、基本内容、意义或影响。

复习中国古代文化史，在内容上不能局限于"文化史章节"，如秦始皇焚书坑儒、汉武帝独尊儒术、隋唐科举制、明清八股取士和大兴文字狱，也可算是文化史内容。全面掌握文化史知识结构，一方面可保证任何角度命题不漏答；别一方面可看出文化史演变规律，从中获得启示。

二、复习中国古代文化史两种归类方法

复习中国古代文化史，在知识整理归类方面可按两种方法进行，且各有意义。一是按时期综合归纳，了解不同类别在同一时期的成就，了解同一时期政治、经济、民族关系、对外关系的情况与文化繁荣和衰落的关系；二是

---

① 本文发表于《中学政史地》1997 年第 2 期。

把某一方面的文化成就按类别前后串联，形成文化史的小专题，了解同类文化成就在不同历史时期的水准，分析这一成就演变原因，把握其发展规律。

三、掌握中国古代文化发展的共同原因

中国古代文化史发展有其共同性原因，就封建社会而言，其共性原因主要有五：

1. 国家统一，政权巩固，社会安定，疆域辽阔，为文化繁荣发达创造了必要的前提条件。

2. 经济繁荣为文化的繁荣创造了物质前提。

3. 民族交往，对外交往频繁，促进了文化的繁荣发达。

4. 文化发展的继承性，前朝的文化的繁荣为后朝文化发展打下了基础。

5. 广大劳动人民的辛勤创造。劳动人民不仅是物质资料的直接创造者，也是科技文化成果的直接创造者。

掌握了中国古代文化成就发展的共同原因后，再探讨各个历史时期文化发展的特殊性，就能全面系统掌握中国古代文化史发展的原因了。

四、要用历史唯物主义观点辩证地认识中国古代文化成就

1. 要正确认识中国古代各王朝文化繁荣与其当代和前代的关系。一方面要认识到，一定的文化，首先是在一定的实践基础上对当时社会生活的反映。也就是说，我们要注意各个王朝自身的政治、经济、民族关系和对外关系等因素对文化的影响，强调本朝各种因素和科技文化人士自身努力的决定作用。另一方面，我们要注意文化的继承性，任何历史时期的文化成就都是在继承前代文化的基础上发展的，不继承前代遗产而白手起家的文化体系是没有的，凡是前代流传下来的科技文化成就、经验和智慧，有利于后人实践斗争需要的知识，都会被后人吸收过来，作为形成自主文化的素材和原料。这是认识和实践的关系，也是文化发展的规律。文化的继承性，在我国古代的四大发明、历法、圆周率、书法、诗歌、绘画和思想等方面表现十分突出。

2. 要正确认识社会政治、经济与科技文化发展的关系。一方面我们要认识到"一定的文化是一定社会的政治和经济在观念形态上的反映"，要强调经济基础决定上层建筑，经济的发展既是科技文化发展的物质基础，又向科

技文化发展提出要求。如中国的四大发明、地动仪、圆周率、诗歌、绘画、唐代传奇小说和教育等方面的成就都可以说明这一点。社会存在决定社会意识，作为意识形态的文学艺术，只能是社会存在（首先是社会经济基础，然后是政治）、社会生活的反映，如隋唐时期，国家统一、前朝强盛、经济发达、民族关系得到发展，安史之乱使唐走向衰落。这在诗歌中的反映是：李白的诗充满爱国热情；杜甫、白居易的诗都表达了人民的痛苦，揭露了统治阶级的罪恶。另一方面，我们也要注意科技文化成果一经产生，又会能动地影响社会存在（上层建筑反作用于经济基础）。如我国古代的儒、法、道三派思想对中国社会发展就产生过重大深远的影响。

3. 要正确认识中国古代的中外文化交流。一方面，我们要强调中国古代先进文化对外国的影响。我国的文明曾对亚洲乃至世界做出了重要贡献，不仅涉及面广，涉及地域广阔，而且影响深远。正如英国著名科技史家李约瑟在《中国科学技术史》中写道："在公元三到十三世纪之间，中国曾保持着西方所望尘莫及的科学技术水平。那时，中国的发明和发现远远超过同时代的欧洲，这一点可以毫不费力地加以证明。"另一方面，我们也要注意到，外来文化对中国的政治、经济和社会生活方面也产生过重大影响，如佛教和与佛教相关的文化对中国的影响就十分深刻，教材中有不少史料可以说明这一点。

4. 要正确评价历史上思想家、文学家及其作品的社会地位和影响。对其评价，一方面要注意精华与糟粕。我们应该用马克思主义世界观去批判、审查一切文化遗产，判定它在当时的历史作用和科学地位。绝对否定，那就会陷入虚无主义的泥坑。但绝对肯定，又会走向复古主义。另一方面要强调历史地评价，既要放在当时的历史条件下看其影响，又要看其对以后的历史发展带来的影响。如韩非子的专制主义中央集权理论，在当时的历史条件下是一种进步的理论，不仅为统一的多民族的中央集权的封建国家秦朝的建立提供了理论基础，为开创大统一局面起到积极作用，而且对中国封建社会长期维持统一局面也起了积极作用。当然，我们应看到强化皇权在中国历史上带来的消极影响。

5. 要辩证地看待宗教的影响。宗教是统治人们的那些自然力量和社会力量在人们头脑中的颠倒的反映。一方面，我们要看到，在阶级社会里，宗教的主导作用是消极，它要求人们顺从、忍耐，从精神上麻痹人民。历史上统治阶级往往把宗教作为维护反动统治和对外进行侵略的工具。同时，宗教的发展，僧民道徒的增加，大兴庙观，也破坏了社会生产。另一方面，我们也要看到历史上劳动人民有时也利用宗教来联合自己的力量，进行反对统治阶级和抵抗外来侵略势力的斗争。如古代史上的黄巾起义、近代史上的太平天国运动和义和团运动。另外，伴随宗教发展的一些文学艺术和思想，也给我们留下了一笔文化财富。

怎样理解资本主义政治经济发展不平衡规律^①

在日常历史听课中，我经常发现一些教师在引导学生理解资本主义国家政治、经济发展的不平衡规律时，最爱运用《19世纪末主要资本主义国家的经济地位变化表》，以英、法、美、德、意、日、俄等主要资本主义国家的经济在世界的排名变化来解读"资本主义政治经济发展不平衡规律"，说明它们之间的矛盾与斗争，进而指出这是帝国主义掀起重新瓜分世界战争的根源。表面上看，这似乎没有问题。其实，仅就"资本主义政治经济发展不平衡规律"而言，这种理解是相当片面的。

"资本主义政治经济发展不平衡规律"的内涵，从整体上看，应包括资本主义政治发展不平衡和经济发展不平衡两个方面。从局部来看，政治发展不平衡应包括主要资本主义国家确立资产阶级统治的时间不一、方式不同，占有殖民地多寡不同；经济发展不平衡应包括资本主义经济技术水平、发展速度和综合实力在世界所占的地位不一样。

从政治方面看：第一，主要资本主义国家，如英、法、美、德、意、日、俄等国，确立资产阶级统治的时间不一样，相隔二三百年之久。英国在17世纪中期就确立了资产阶级统治，法国和美国是到18世纪下半叶才确立资产阶级统治，德、意、日、俄则到19世纪60、70年代才确立资产阶级统治。第二，主要资本主义国家确立资产阶级统治的方式也不一样。如英国是暴力加宫廷政变，法国是暴力革命，美国是独立战争，德、意是王朝统一战争，俄国是1861年改革，日本则是武装倒幕和还政天皇式的明治维新。第三，英、法、美、德、意、日、俄等主要资本主义国家所占有的殖民地或半

---

① 本文曾发表于1997年《考试报》。

殖民地一直众寡悬殊，且随着它们的综合实力变化而矛盾丛生，并最终引发重新瓜分世界的战争。

从经济方面看：第一，主要资本主义国家经济发展水平与速度不一样。以19世纪70年代开始的第二次工业革命为例，美、德工业化水平与经济发展速度最快，超过英法而后来居上；英法则相对缓慢；俄、日两国的经济也有一定程度的发展。第二，主要资本主义的综合实力在短时间内，可能与它们的经济技术水平和经济发展速度不一致。例如，19世纪后期，英法两国的经济发展速度虽然相对缓慢，但这并不是说它们没有发展。就英国来说，19世纪晚期是它发展最好的时期之一。在国际上它仍处于中心地位，举足轻重，19世纪最后20年，它的机器工业增长一倍，表明它仍在以自己的机器装备着各国工业，"世界工场"的地位并未完全消失。英国的造船业及其技术，在世界上仍是首屈一指，海上优势也仍然掌握在英国人手中。

正由于政治经济发展的不平衡，19世纪末形成了两类不同的资本主义国家。第一类是政治民主制度较健全的国家，如英、法、美。国家实行政党政治、公民自由的体制，以较健全的议会制度作为宪法的保证。第二类是专制主义传统较严重的国家，如俄、日、德。国家多以专制主义手段压制各种矛盾与不满，强制社会公民服从掌权者的利益，以此来维护政治局势稳定。这是帝国主义政治发展不平衡的重要表现之一。形成这种不平衡性的原因在于：①经济方面：英法美三国走上资本主义发展道路的时间较长，资本主义经济发展较为充分，有实行民主政治的雄厚经济基础；俄德日三国走上资本主义道路的时间较短且发展不充分，缺少民主政治的经济基础。②政治方面：英法美三国进入资本主义阶段时，都是通过资产阶级革命道路，推翻了原来的封建或殖民政权，革命任务完成得比较彻底；俄德日三国是通过原来的统治者实行自上而下的改革走上了资本主义道路，政权并未易手，保留了大量封建残余。③思想方面：英法美三国人民受到了革命的洗礼，造成了观念上的根本性变化，公民参与意识较强；俄德日三国人民不曾受到革命的洗礼，公民参与意识较弱。

历史规律复习法[1]

任何事物都有其规律，历史知识也不例外。历史规律复习法，就是在学习历史知识过程中，对繁多而复杂的历史知识进行归纳、分析、综合，找出其共性，即规律。

例如：高三学生在复习《中国古代史》（选修）第一章"我国境内远古居民"时，均不得要领，效果不佳。如果我们运用历史规律复习法，对课文中的"北京人""山顶洞人""半坡氏族""河姆渡氏族"和"大汶口文化中晚期"的内容加以归纳、分析、综合，就不难发现这样的规律：从旧石器（打制石器）发展到新石器（磨制石器）；从茹毛饮血到使用天然火再到人工取火；从单纯采集狩猎经济发展到原始农业、畜牧业和原始手工业；从没有血缘的群体穴居生活发展到有血缘的氏族定居生活；从无私有财产发展到私有财产产生；从无阶级社会向有阶级社会过渡。但从整体上看，它是一个无私有财产、无贫富差别、无阶级、无压迫和剥削，共同劳动、共同享受的社会。这样，我们就从整体上深刻理解和掌握了原始社会发展规律，并在此基础上牢固掌握了"北京人""山顶洞人""半坡氏族""河姆渡氏族""大汶口文化中晚期"等具体知识。

上例是从人类社会发展规律的角度说明如何运用历史规律复习法学习历史知识的。从这一角度出发，我们可以总结我国奴隶社会、封建社会、旧民主主义革命、新民主主义革命、新中国时期的发展规律，从客观上认识掌握中国历史的基本内容。如中国奴隶社会，我们可以总结出这样的规律：它形成于夏，发展于商，强盛于西周，瓦解于春秋；从无阶级社会发展到有阶级

---

[1] 本文发表于《考试报》1999 年 12 月 31 日第 5 版。

社会；从无国家发展到国家的产生与发展；从新石器发展到金石并用、青铜器再发展到铁器出现；从原始文字符号发展到甲骨文、金石文；从土地国有的井田制发展到土地公有制的瓦解。它的共同点是：奴隶主残酷压迫和剥削奴隶；奴隶不断起义、反抗奴隶主的压迫和剥削，促进了社会生产力的发展；奴隶发展了生产和文化，奴隶与奴隶主的矛盾是奴隶社会的主要矛盾。

　　人类社会不但在客观上有其发展演化规律，就其具体的历史事件、历史现象而言，也有其规律可循。如我国古代的农民战争有以下规律：从原因上看，都是由于封建地主阶级在政治上压迫、在经济上剥削农民，造成农民生活贫困，导致阶级矛盾尖锐，引起农民战争爆发；从目的上看，都是为反对封建压迫和剥削，推翻封建王朝的反动统治；从意义上看，都是打击了封建地主阶级的反动统治，动摇（或推翻或瓦解）封建王朝的统治，或多或少地推动了社会生产力的发展。同学们在掌握这些共同规律之后，再掌握各次农民起义的不同特点和具体经过，就容易多了。与此相似的还有资产阶级革命规律、工业（科技）革命规律、民族解放运动规律、统一战线规律等。

　　总之，历史规律复习法是一种科学有效的复习方法。它体现了从个别到一般，再由一般到个别的思维规律。运用这种方法复习历史，常常能起到举一反三、触类旁通的作用，大大提高复习效率，并迸发创造思维的火花。

高三历史复习备考策略①

我连续从事高三历史教学十余年。在长期高三历史教学中，常有不少青年历史教师问我："汪老师，我这么努力执教，为什么所教的班级的学生历史成绩总是不理想？"也有不少他人执教班级的学生问我："汪老师，我怎样复习历史，才能在高考中获得好成绩？"这些问题实际上涉及教师执教和学生学习等诸多因素，不是三言两语就能说清楚的。但这些高三历史教师和学生的历史复习备考策略肯定是存在问题的。因此，本人不揣浅陋，就高三历史复习备考策略谈一谈粗浅的看法，供同仁和同学们复习备考时参考。

一、正确把握历史复习范围与要求，切忌做无用功

文科师生在复习备考时，千万不要陷入盲目之中，不分主次地进行知识扫荡。时间，对广大文科考生来说是很宝贵的。因此，我们历史教师在引领广大文科考生进入高三文科综合历史复习迎考时，一定要明确文科综合命题的主导思想和当年的基本考试方向。复习的方向反了，再多的精力，都可能付之东流。

高考的真正秘密在《文科综合考试大纲》和近几年的高考文科综合试卷上。搞好高三历史复习迎考，最关键的措施是教师深入研究《文科综合考试大纲》和"文科综合卷"特别是卷中的历史学科的命题特点，并以此为依据，引导学生领悟历史教材，在此基础上帮助学生达到"文科综合"考试所要求的"记忆、理解、应用"三个层次的能力要求。

《文科综合考试大纲》不仅仅是广大高三文科教师和学生备考的基本依

---

① 本文发表于《中学生导报·高考历史》2006年第1期。

据，同时也是命题专家们命题的基本依据。依据以往的经验，历年的文科综合考试大纲（或说明），除考查知识点略有变化外，一般来说变化不大。

近年来有人发表文章，指责高考命题超出《文科综合考试大纲》。于是，有些教师和学生，置《文科综合考试大纲》于不顾，对整个高中历史教材的所有章节的内容全面扫荡，这是非常愚蠢的做法。其实，我们一些文章的指责是不正确的。如 2005 年全国高考文科综合测试卷 I 中的第 37 题中涉及的"凯末尔革命"，表面上看是超出了 2005 年《文科综合考试大纲》规定的知识范围。其实不然，因为它是一道材料解析题，它向学生提供了相关材料，设问的答案又来源于材料，这是对学生相关能力的考查，不算超出考试大纲。就是偶然出现超出考试大纲的现象，我们也不能为了几分而加重学生复习负担。历史复习必须按《文科综合考试大纲》所规定的历史知识点进行复习，不要节外生枝。

二、夯实基础知识，构建知识网络体系，不断提高自己的能力

目前，高考命题的指导思想是以能力测试为主导，考查学生对所学课程的基础知识、基本技能的掌握程度和综合运用所学知识分析、解决实际问题的能力。《文科综合考试大纲》明确指出："每一门学科体系的建立和成就都是人类文化的结晶，都有其形成、发展的历史和社会要求。"而"文科综合能力测试并未脱离开高中学生已具有的文科各单学科知识体系，而是以学生所学的各学科知识内容作为载体或背景，或是在提供新情境的条件下，分别用各学科的知识解决问题"。根据这种说明，在教学和复习中必须首先把握好各学科的基础知识。因为，无论是基本技能的掌握，还是分析、解决实际问题能力的培养，都以基础知识为本源。没有基础知识，能力的考查和培养就成为无本之木、无源之水。中学历史教材内容涵盖古今中外，有其独特的知识结构体系。历史复习的首要一步是梳理古今中外历史知识，把中外历史按历史发展的阶段进行梳理，抓住知识点，深化知识面，以点带线，以线连面，形成点、线、面立体式框架知识结构。在夯实基础知识基础上，分析历史发展的基本特征和规律，把握历史发展的基本线索，构建完整的历史网络体系。

三、重组教材中的历史知识，把中外历史知识条块化、专题化

近年来的文科综合卷，学科内综合的历史试题均由 3 组以上主题组合式

选择题和 1 道材料式问答题组成；跨学科综合的历史试题均由 2 道材料式问答题组成。如 2005 年全国高考文科综合测试卷 I，选择题考查了"中国历史上的民族政策""文学作品的时代特点""中美关系"3 个专题；非选择题考查了"民族主义问题"和"万隆会议和求同存异问题"两大专题。总之，无论是主题组合式选择题，还是材料式问答题，都体现了强调历史专题知识的考查特点。

人类社会历史无论是哪一个历史阶段，都从政治、经济、科技文化、民族、外交关系、国际格局等方面表现出来。打破时间空间界限把这些知识归纳分类，集合成一个个专题，厘清头绪，便于分析比较，加深理解。历史专题复习可分为两大类：一类是依据历史知识门类从纵向重组历史教材中的相关历史知识形成一个个专题，每一专题还可分为几个子专题，大专题为干，小专题为枝。如古代经济史是一个大专题，在这一专题下，我们还可分为农业、手工业、商业、对外贸易、经济制度、经济政策等子专题。另一类是联系其他学科或时政热点问题重组教材中的历史知识形成一个个专题。如农业经济专题，可以从农业政策、产业结构、农村税费改革、水利兴修、作物分布、气候特征、国土资源、土壤改良、环境保护、生态农业、西部大开发、农业发展史和经验教训等方面运用政治、地理等学科知识，对教材中的相关历史知识进行全方位透视。专题复习要特别注意揭示专题之间的内在联系，分析各专题之间历史事件的相互影响、相互制约关系，形成纵横相连、脉络清晰的立体之树。

四、史论结合，将历史知识理论化，提升掌握历史知识的层次

《文科综合考试大纲》明确规定要考查学生运用辩证唯物主义和历史唯物主义观点解决相关历史问题的能力。历史学科史实是骨架，史论是血肉。史实的记忆是外功，理论的升华是内功。内功、外功结合就能使历史学科的能力得到提升。史论结合就是从史实中提炼观点，用马克思主义的观点去剖析、驾驭史实。如 2003 年、2004 年全国高考文科综合试卷中关于美国的西进运动和全面评价哥伦布航行到美洲等问题就需要用某一理论去分析某一历史现象、历史史实，得出相应的观点结论。2005 年全国高考文科综合测试卷 I 中的第 37 题"历史上的民族主义"问题，就须要运用辩证唯物主义和历史唯物主义观点去分析，才能得出正确的结论。因此，历史复习中应加强理

论学习，着重培养自己运用马克思辩证唯物主义和历史唯物主义基本原理分析问题、解决问题的能力。

五、注意挖掘历史知识之间的联系及其与各科之间的结合点，增强综合渗透意识

历史学科涉及政治、经济、军事、科技文化、教育等方面，包罗万象，它为综合命题提供了更丰富广阔的立意材料。从近几年的高考文科综合试卷和历史单科试卷来看，它所涉及的知识，以多样性、复杂性和综合性呈现出来。强调运用各科的知识分析问题、解决问题的能力，强调知识之间的内在联系，强调学以致用，理论联系实际。如2005年全国高考文科综合测试卷Ⅰ中的第39题的（4）（5）（6）（7）问，它以"万隆会议"和"求同存异"为切入点设计问题，学生只有综合运用所学的历史知识和政治学科的知识才能解决所提出的问题。因此，我们在平时复习时既要注意实现历史学科内知识的有机综合，又要有意识地把某一历史事件、历史人物向地理学科、政治学科及相关学科知识有机渗透辐射，增强跨学科的综合意识，营造综合氛围，开展以专题为形式的研究性学习，培养发散思维，养成独立思考问题、解决问题的能力。

六、增强对时政、社会热点问题的敏感性，并注意对其进行历史思考

当今社会重大的时政、社会热点问题常常被用作高考命题的背景材料。2004年的几套"文科综合能力测试卷"，试题越来越注重从历史的角度考查现实，注重历史与现实的结合，挖掘以史为鉴的功能。例如体现公民意识的就有北京卷的第37题关于"中西方人权"问题，涉及了《独立宣言》《人权宣言》《世界人权宣言》和中国人民的维护人权的斗争。体现开放意识的有全国新教材卷第40题"全球化"问题，天津卷第40题"欧洲一体化"和"中欧关系"题，北京卷第40题的"中外铁路建设"认识及问题，上海文综卷第40题"珠江三角洲"问题中关于"广州的开放和社会封闭心态评价"等。体现可持续发展意识的有北京卷第41题"三农"问题要求回答"苏联农业的探索及经验教训"，天津卷的第39题"人类演进和人地关系"题要求指出古代不利于生态平衡的生产活动，湖南、四川等省试卷中要求分析历史与现实中"煤、电等能源与经济发展和人民生活问题"等。因此，分析社会热点必须紧扣教材，鼓励学生的思维纵向延伸和横向拓展，转换角度，用学科联系和发展的眼光去观察和分析问题。要科学处理"冷"和"热"的关系，正确区分时政热点与命题热点，社会冷点与命题热点。将一些所谓热点问题冷处理或者通过题目内涵的领悟来实现。对于一些具有长久价值的热点问题，如2005年全国高考文科综合测试卷Ⅰ，考查的"中国历史上的民族政策""中美关系""民族主义问题"和"万隆会议和求同存异问题"；2005年全国高考文科综合测试卷Ⅱ，考查的"水利问题""宪法问题""图书报刊与思想解放问题""民主与法制问题""秦统一与正确对待文化遗产问题"；2005年全国高考文科综合测试卷Ⅲ，考查的"文化借鉴与吸收问题""文化教育的社会作用问题""抗日民族统一战线问题""美国历史上的人权问题""民族关系与社会经济发展问题"等，无不是当今社会相关时政热点的折射。因此历史复习必须增强对时政、社会热点问题的敏感性，从历史角度出发分析现实问题。平时要养成读书、看报、看新闻的好习惯，关注国家大事和世界形势，并用所学知识进行思考和分析。要守住课堂阵地，拓展课外空间，增强对社会现实问题的洞察力，提高考试的应变能力。

高考文科综合历史试题
对"现实热点"问题考查的理性思考①

　　当今高考文科综合命题突出对社会"现实热点"问题的考查,已经是不争的事实。但也有不少人认为,2005年高考文科综合试卷历史试题对"现实热点"问题的考查比例,比2004年的文科综合试卷历史试题对"现实热点"问题的考查比例有较大的减少。其实,这是人们对高考文科综合命题关注社会"现实热点"问题的误解。如果我们仔细审视和研究2005年全国三套文科综合试卷和北京、天津等地方性文科综合试卷,就可以发现2005年的文科综合试卷历史试题对"现实热点"问题的考查比例,比2004年文科综合试卷历史试题对"现实热点"问题的考查比例并没有减少。如果说有变化,那就是2005年文科综合试卷历史试题对"现实热点"问题的考查不如2004年文科综合试卷历史试题对"现实热点"问题的考查那样直白罢了,或者说不如我们有些人事先预计的那种考查方式或内容。说到底,这里涉及什么是"现实热点"问题。历史命题如何考查"现实热点"问题。

一、什么是"现实热点"问题

　　高考文科综合历史学科命题之所以关注"现实热点"问题,这不仅是《高考文科综合考试大纲》做了明确规定,而且是由中学历史学科的课程性质所决定的。《普通高中历史课程标准(实验)》在课程性质中明确规定:"普通高中历史课程,是用历史唯物主义观点阐释人类历史发展进程和规律,

---

① 本文先后发表于《中学生导报·高考历史》2006年第2期和《中学历史教学》2006年第3期。

进一步培养和提高学生的历史意识、文化素质和人文素养，促进学生全面发展的一门基础课程。""通过高中历史课程的学习，能使学生了解人类社会发展的基本脉络，总结历史经验教训，继承优秀的文化遗产，弘扬民族精神；学会用马克思主义科学的历史观分析问题、解决问题；学习从历史的角度了解和思考人与人、人与社会、人与自然的关系，进而关注中华民族以及全人类的历史命运。"在这一基础上，《普通高中历史课程标准（实验）》在"课程的基本理念"中又明确规定："（普通高中历史课程）在内容的选择上，应坚持基础性、时代性，应密切与现实生活和社会发展的联系，关注学生生活，关注学生全面发展。"其"课程目标"之一，就是要学生"学会运用科学的理论和方法认识历史和现实问题，逐步形成科学的世界观和历史观；树立不断完善自我、为祖国社会主义现代化建设做贡献和关注民族与人类命运的人生理想。"

《普通高中历史课程标准（实验）》在这里不仅回答了当今高考文科综合历史学科命题关注"现实热点"问题的原因，而且也明确规定了考查"现实热点"问题的方向。结合《高考文科综合考试大纲》的精神和近几年高考文科综合历史试题有关"现实热点"问题的分析思考，我认为广大文科师生在学习与复习历史过程中，对"现实热点"的关注，应注意以下几点：

第一，明确历史"现实热点"不等于"时政热点"。

现在与高三历史教学相关的"热点"问题通常是追随传播媒体的报道，在媒体大量反映相关问题时，该问题被列为"热点"，随着媒体对于该问题的降温，这个热点也就逐渐淡出教学所关注的范围。关于这一类问题的教学，总是给人一种流于功利、肤浅和牵强附会的感觉。"时政热点"问题和"现实热点"问题既有其一致性，也有其差异性。可以说，所有的"时政热点"问题都是"现实热点"问题；如果反过来说，所有"现实热点"问题都是"时政热点"问题，则难以成立。如 2005 年文科综合全国卷 I 中的"西南民族关系"选择题组，表面上看，这个问题并不是我国全民关注的"时政热点"。但实际上，它与"现实热点"密切相关，隐性考查了我们现在普遍关注的"国家统一和民族团结"这一重大"时政热点"问题。又如第37 题"民族主义"试题，就是一个很重要的现实问题。这个问题可以涵盖当今"中日关系""中美关系""以美国为首的西方大国的对外开放政策""伊拉克问题""朝鲜与伊朗的核问题""联合国改革"等许多的"时政热点"

问题。但是"民族主义"问题本身在中学的高三教学中并没有被大家视为"热点"。

第二，关注有利于学生"从历史的角度了解和思考人与人、人与社会、人与自然的关系，进而关注中华民族以及全人类的历史命运"的"现实热点"问题。

"从历史的角度了解和思考人与人、人与社会、人与自然的关系，进而关注中华民族以及全人类的历史命运。"这是《普通高中历史课程标准（实验）》（下同）的明确规定。2005年以前历年的文科综合《考试说明》也曾做过一些阐述："当今社会人类面临着生存与发展的诸多问题，如能源消耗、资源开发与配置、环境问题、人口剧增等，仅靠某单一学科已无法解决这些问题，必须发挥各学科的综合优势，才能寻求合理解决这些问题的途径。"这些举例，无疑给我们认识、落实《普通高中历史课程标准》的精神和"现实热点"问题的教学提供了启发。

在历年高考文科综合试卷历史试题中，这一主题有明确体现。如2005年文科综合全国卷Ⅰ中第39题是一道跨学科综合题，本题的第一份材料"喀拉喀托火山于1853年8月26日从水深305米的海底猛烈喷发，引发的海啸导致澳大利亚36000多人丧生。这次火山喷发后，火山露出海面，其后又多次喷发"。这实际上是"印度洋海啸"这一"现实热点"问题的另一种表达，体现了关注"人与自然的关系，进而关注中华民族以及全人类的历史命运"的新课程理念。本题的历史部分考查的"求同存异"是万隆会议的内容，事关中国的外交方针；2005年是万隆会议召开50周年，许多国家的领导人聚首万隆，纪念这次重要会议，这无疑是一个"热点"问题，而其现实意义也是不言而喻的。

如果要将这一类主题的"现实热点"再具体一点，我认为是那些能体现国家意志，被老百姓普遍关注的大事和热点；带有战略性、事关人类社会未来的新价值观；既能从现实热点问题取材，又能充分联系历史、地理和相关知识的现实热点。学生能运用教材中比较重要的理论知识去分析，而不是用纯时政的新提法和新理论。如"三农"问题（特别是我国的税制改革，减轻农民负担、提高农民收入等方面的问题），西部大开发、振兴东北老工业基地和中部崛起，青藏铁路，人口与计划生育法，社会保障问题，经济建设成就，建设和谐社会，党的领导和党的建设（特别是"保先教育"），科教兴国战略与可持续发展战略，国家统一和民族团结等。

第三，关注那些多年来一直被关注的持续性热点。

热点取材的时间周期要长些。教育部考试中心张亚南明确指出：一年的热点不是热点，多年的热点才是热点。而现实情况是我们一些文科师生在具体的历史学习与复习过程中，往往只注意当年的时政报道中的热点，且在教学上罗列与"热点"所涉及的领域的同类史实，一旦这方面的问题新闻媒体不再反复报道，我们一些文科师生也就不再关注了。例如，2000年的高三教学中普遍关注的"热点"之一是"中部崛起"，而今年则鲜有人关注这方面问题了。事实上，现实问题的教学的重要特点，就是从所有的历史事实、历史现象中去发掘有助于我们以史为鉴，认识和解决现实中所面临的各种问题的内容。在这里，历史和现实之间的联系是有机的，是有一定的深度和广度的，在一定程度上是带有规律性的，因而也就应该是长期受到关注的，而不是随用随弃。我们不仅要关注一年内与教材知识结合紧密的时政热点，更应关注那些长效的且事关我们的生存环境、国计民生的有重大影响的持续性热点。如西部大开发，"三农"问题，科教兴国战略与可持续发展战略，民主与法制建设，中国的国际地位与对外开放的国策，建设和谐社会，党的领导和党的建设，国家主权、国家统一和民族团结，灾难性事件与人类的生存和发展问题，等等，就是具有这一意义的"现实热点"。文科综合历年高考命题表明，这些现实问题是"常考点"，只是在每年的高考中切入的角度有所变化。对这些"现实热点"要多加关注，要注意这些持续性热点在当年中的具体体现（时事背景）。

第四，要关注影响学生情感态度与价值观的现实热点问题。

"情感态度与价值观"是《普通高中历史课程标准》所规定的课程目标之一。近几年高考文科综合命题，已明显向《普通高中历史课程标准》靠拢（关于高考命题与《普通高中历史课程标准》之间的关系，可参阅《中学政史地·高中历史》2005年第11期拙文《关注历史课程标准，提高历史学习效益》）。如2005年文科综合全国卷Ⅰ中的"海啸与求同存异"题，体现了《普通高中历史课程标准》情感态度与价值观目标中的"以人为本、善待生命、关注人类命运的人文主义精神"；2005年文科综合全国卷Ⅱ选择题中的"宪法是国家的根本大法，是立国之本"题组，非选择题中的"美国的公民权与选择权"题；2005年文科综合全国卷Ⅲ中的"黑人人权地位变化"题，都较好地体现了《普通高中历史课程标准》情感态度与价值观目标中的"认识人类社会发展的统一性和多样性，理解和尊重世界各地区、各国、各民族的文化传统，汲取人类创造的优秀文明成果，进一步形成开放的世界意识"。

高考历史命题关注影响学生情感态度与价值观的"现实热点"问题，在专门的历史考试试卷中也得到了反映。如2004年上海卷第28题，以2004年4月15日美国副总统切尼在复旦大学的演讲为背景，以复旦大学校方赠送的礼物为具体素材（主要信息是孔子的画像以及有关的议论）。这些议论分别涉及中国古代教育思想、弘扬中华文化和中国古代人权思想。我们要根据甲、乙、丙三种议论的角度，各有侧重点地对三种说法做出概要的解释。从情感态度与价值观的角度看，这实际上是考查学生对中华文化的认识问题，有利于激发学生对我国传统文化的自豪感。它回应了《普通高中历史课程标准》在情感态度与价值观目标中明确提出的"通过历史学习，进一步了解中国国情，热爱和继承中华民族的优秀文化传统，激发对祖国历史与文化的自豪感，逐步形成对国家、民族的历史使命感和社会责任感，培养爱国主义情感，树立为祖国现代化建设、人类和平与进步事业做贡献的人生理想"。正因为如此，中国古代科技文化史就成为这几年高考文科综合命题的"热点"，2006年仍然是高考文科综合命题的"热点"。

二、历史复习备考中如何融合热点

明确高考文科综合历史命题与"现实热点"问题的关系，只是历史复习备考中的一环。如何将相关"现实热点"问题融合在历史复习备考中，具有更重要的意义。从考查内容的角度来说，历史试题考查"现实热点"问题，只能是一种折射，而不会直接解答"现实热点"问题。或者说，"现实热点"问题，只是历史命题的一种主题或背景材料而已。因此，历史复习备考，在相关"现实热点"问题的融合上，应注意以下几点：

第一，既要重视与"现实热点"问题相关的历史知识点的归纳与罗列，更要注意对相关历史知识点的理解，明确其现实意义。

"现实热点"问题是广泛的，与"现实热点"相关的历史知识点众多，而同一个知识点又可以从不同的角度去理解。因此，历史复习备考，仅归纳与罗列与"现实热点"问题相关的知识点是不够的。在历史复习备考中，我们对现实问题的思考应该渗透到基础的、日常的历史学习与复习备考中去。

在教材每一章、每一节的教学中主动地、有意识地发现和阐释其现实意义。例如，在复习明清时期的赋税制度时，就可以从赋税制度的改革与人身依附关系，与减轻人民负担的关系，与人口增长的关系，以及由此而引发的人与耕地、自然环境变化的关系等方面分析其现实意义。实际上，这一历史知识点可以涵盖"现实热点"问题中的"'三农'问题""人口与计划生育问题""国家免征农业税与个人收入所得税改革问题""水土流失与环境保护问题"，等等。

第二，注意对现实热点问题进行历史分析，并上升到一个新的高度——理论或规律性知识。

"现实热点"问题只是高考文科综合历史命题的背景与切入点。高考命题在考查与这些"现实热点"相关的历史知识点的时候，往往不是简单重复教材上的知识点，而是或创造新的情境，或将教材中的相关知识点上升到一个新的高度，总结其特点和规律。如民主与法制建设问题，就是我们现在普遍关心的一个"现实热点"问题。2005年文科综合全国卷Ⅱ中的第37题考查了美国选举权的变化，2005年文科综合全国卷Ⅲ中的第37题考查了美国黑人人权地位变化。这两道试题，不仅提供了新的情境——几组材料，而且在设问上注意了知识的深化。如2005年文科综合全国卷Ⅱ中的第37题的第（4）问"根据材料并结合所学知识，简述从美国近二百年选举权的变化中得到的启示"。

正因为如此，我们在历史复习备考中，应分析历史发展特点在"现实热点"问题中的体现。仍以"民主法制"这一"现实热点"问题为例，如我们在归纳整理世界资本主义民主与法制建设的相关知识点的基础上，可以上升为下列特点：首先，从民主与法制建设途径看，各国往往通过制定重要的法律文件来确定和完善政治制度。如1689年英国议会制定的《权利法案》，美国制定的1787年宪法，法国制宪会议发表的《人权宣言》等。其次，从民主与法制建设的内容看，资产阶级民主制度一般包括国家制度和个人权利两个方面。在国家政体方面，主要有君主立宪制和民主共和制两种类型。其中，英国保留君主但限制其权利，首创了君主立宪制度，后来完善了议会制度，形成了内阁制，从而形成了典型的议会制君主立宪制国家。美国1787年确立了三权分立的体制，成为典型的总统共和制国家。在个人权利方面，法国走在历史的前列。1789年，制宪会议制定和颁布的《人权宣言》否定了王权、神权和特权，具有开创意义。1804 年拿破仑颁布《民法典》，明确肯定了资本主义私有制度，最终确立了资本主义社会的立法规范。最后，从民主与法制建设的历史作用看，上述制度和法律避免了少数人的专制独裁，保证了多数人的参政议政，具有先进的民主主义精神，同时也有不可避免的缺点。例如，在选举权上有财产资格的限制，在财产权上承认并保护财产的不平等，美国宪法还有种族歧视的色彩，它们都集中体现了这些制度和法律的资产阶级性质。需要指出的是，这些制度和法律是资产阶级保护自己阶级利益的工具，可资产阶级总是把它们视为超阶级的，适用于全体社会成员的；它们只是西方国家自己的历史选择，可是西方国家企图把自己的制度和价值观念强加给他国，甚至借以干涉他国内政。

第三，全面把握"现实热点"问题，注意将"现实热点"问题的历史复习专题化。

历史复习备考关注"现实热点"问题，应对"现实热点"问题有一个清晰全面的了解，并能运用课本知识进行分析，应将"现实热点"问题专题化。搞好"现实热点"问题的专题复习应注意以下几点：一是要占有适量材料，这是搞好"现实热点"问题专题复习的前提；二是要提出和解决相关问题，实现"知识主导"向"问题主导""能力立意"的转变，这是搞好"现实热点"问题专题复习的关键环节；三是要围绕问题的思考和解决，着眼于知识的运用，实现基本理论知识与具体时政材料的结合，重构新的知识体系，这是搞好"现实热点"问题专题复习的重要环节；四是体现能力立意，突出良好思维品质的培养，这是"现实热点"专题复习的核心任务。

如"党的建设"是一个"现实热点"问题。复习时一要弄清中国共产党的历次大会的主题和内容；二要结合背景分析党代会的决议方针是否解决了当时社会的主要矛盾，从而正确评价它在历史上的地位；三要认识到党的建设促进了党的发展完善，说明党的生命力是强大的；四要掌握思想建设、作风建设、组织建设、政权建设、经济建设、统一战线建设等方面的内容和历史阶段特点。

第四，充分思考和借鉴高考文科综合试卷或历史试卷中比较成功地体现"现实热点"问题的试题。

高考文科综合试卷或历史试卷中，有不少体现历史与"现实热点"问题融合得较好的试题，我们应充分思考和借鉴这些试题的成功之处，可起到举一反三的作用。如前面举例提到的 2005 年全国文科综合卷 Ⅲ 的第 37 题，就是一个很有价值的范例。2004 年的文科综合试卷中也有以下有价值的范例，如全国文科综合试卷 Ⅱ 的第 37 题关于战争问题的探讨。北京自主命题的文科综合试卷第 37 题关于人的生存权、发展权的问题。还有一些选择题组也值得关注。只要特别思考这些试题将历史问题和现实问题对接起来的思路和方法，就可以实现举一反三。

关注高中历史课程标准
提高高三历史复习效益①

2003 年 4 月，中华人民共和国教育部研制的《普通高中历史课程标准（实验）》（以下简称《课标》）正式颁布。《课标》的颁布，即意味着新课程改革将在全国普遍推行。据权威人士透露，到 2007 年《课标》将在全国全面实施。《课标》强烈地反映了当今时代与社会对历史教学的新要求，因而它的颁布必然要影响到一年一度的高考。而利用高考指挥棒推进新一轮历史课程改革，也是当今高考命题的一个特点。实际上，新一轮历史课程改革的精神，已经在近年的高考命题中有所反映。那么，作为高中历史教学的前沿阵地，高三历史教师在教学中应如何把握《课标》与高三历史教学的关系呢？就此，谈一谈自己的一些粗浅看法。

一、从课程目标看高三历史教学

《课标》把课程目标分解成"知识与能力""过程与方法""情感态度与价值观"，不仅提出了具体的知识目标、能力目标和思想情感目标，而且把学习历史的过程方法作为课程目标提出来，注重学习方法的转变。因此，我们在高三历史教学中要注意以下三个问题。

第一，在高三历史教学中既要注重夯实基础，又要注重培养能力。

《课标》指出高中历史教学目标之一，就是在义务教育的基础上进一步认识历史发展进程中的重大问题，包括重要的历史人物、历史事件、历史现象和历史发展的脉络。2004 年、2005 年和 2006 年全国高考文科综合卷，各

---

① 本文发表于《试题与研究》2006 年第 31 期。

卷 12 道历史选择题中，基本上都是考查最基础的历史史实。由此可见，我们在历史教学中，必须要求学生掌握最基本的主体历史知识，把握历史发展的基本脉络。

《课标》还指出：在掌握基本历史知识的过程中，进一步提高阅读和通过多种途径获取历史信息的能力；通过对历史事实的分析、综合、比较、归纳、概括等认知活动，培养历史思维能力。2004 年、2005 年和 2006 年全国文科综合能力测试的所有试卷中，历史学科两个主观试题，全部是材料分析题，都是考查学生通过材料获取历史信息的能力。因而，我们在高三历史教学中，不要满足于学生简单叙述历史事件、历史概念、历史结论的能力，而应培养学生具备运用多种方法，从不同的材料中获取各种有效信息的能力和良好的历史思维能力。

第二，在高三历史教学中要转变学生学习方式。

《课标》指出："学习历史是一个感知历史到不断积累历史知识，进而不断加深对历史和现实的理解讨论；同时也是主动参与学会学习的过程。"同时，它又规定了高中学生学习历史应掌握的基本方法，即历史唯物主义的基本观点和方法；注重探究学习，善于从不同的角度发现问题，积极探索解决问题的方法；养成独立思考的学习习惯，能对所学内容进行较为全面的比较、概括和阐释。

联系近几年高考，特别是上海高考试卷，就十分鲜明地反映了《课标》的精神。近几年上海高考试卷中研究性学习试题的出现，全国卷开放性试题的出台，无一不是考查学生学习方式的转变。因而，我们在高三历史教学中必须转变观念，让学生转变学习方式，由被动学习变为主动学习，倡导学生参与学习，主动学习，在多样化、开放式的学习环境中，充分发挥学生的主体性、积极性与创造性，培养学生探究历史问题的能力和实事求是的科学态度，提高创新精神和实践能力，切忌教师一讲到底的填鸭式教学。

第三，在教学中贯穿素质教育精神，弘扬和培育民族精神。

高中历史课程目标"情感态度和价值观"指出，通过历史学习进一步了解中国国情，热爱和继承中华民族的优秀文化传统，弘扬和培育民族精神，激发对祖国历史与文化的自豪感，逐步形成对国家、民族的历史使命感和社会责任感，培养爱国主义情感，树立为祖国现代化建设、人类和平与进步事业做贡献的人生理想。

这方面往往是我们高三历史教学的误区。很多历史教师认为，高三历史教学只要把知识点讲清楚，把能力点讲透，考生能拿高分就行了。其实，这不符合高中历史教学规律，更不符合国家素质教育方针。高考，是国家为培养德才兼备的高级人才而进行的一种选拔性考试。因此，高考文科综合的历史命题，无疑要追求其德育功能。如 2006 年全国文科综合卷Ⅰ，选择题第一组"政治机构与制度的变化"，体现了民族与法制教育；第二组"社会主义运动史"，则体现了社会主义前途教育和社会发展规律的教育主题；第三组"和平与安全"，则有利于培养学生的"和平发展观""国际观"。第 37 题，有利于培养学生正确的民族主义思想观念。可以说，这类高考试题实例不胜枚举。高中整个阶段的历史教学，教师都应追求让学生在学习高中历史课程中，学会尊重历史，追求真实，吸收人类优秀文明成果，弘扬爱国主义精神，陶冶关爱人类的情操，增强历史意识，吸取历史智慧，开阔视野，了解中国和世界的发展大势，增强历史洞察力和历史使命感。

二、从课程结构看高三历史教学

《课标》改变了过去强调学科本位的状况，重新构建了新的课程结构。《课标》内容分为必修部分和选修部分，其中必修部分分为历史（Ⅰ）、历史（Ⅱ）、历史（Ⅲ）三大块共 25 个专题，分别反映了人类社会政治、经济、思想文化、科学技术等领域发展过程中的重要内容。选修部分又分为"历史上重大改革回眸""近代社会的民主思想与实践""战争与和平""中外历史人物评说""探索历史的奥秘""世界文化遗产荟萃"6 个专题。

尤其须要注意的是，《课标》把文化史提高到与政治史、经济史同等重要的地位；在选修课程的 6 个选修模块中，"探索历史的奥秘"和"世界文化遗产荟萃"两个模块完全属于文化史内容，"近代社会的民主思想与实践"与"中外历史人物评说"模块中文化史内容也占相当比例。《课标》的这种要求在近几年的文科综合全国卷中的直接反映，就是对文化史考查的比例大幅上升。具体参见下表：

年份	2003 年全国文科综合卷		2004 年全国文科综合卷				2005 年全国文科综合卷			2006 年全国文科综合卷	
	旧课程	新课程	I	II	III	IV	I	II	III	I	II
分值	4	4	20	32	4	0	16	20	36	27	36
合计	8 分		56 分				72 分			63 分	
比例	2.5%		14%				24%			31.5%	

《课标》对课程结构的改革，既然已经反映到高考试题的改革上，文科综合试卷命题早已明确体现了《课标》的新的结构模式，如在文科综合试题中，历史选择题就是采用专题式命题的。因此，我们在高三历史教学中，特别是第二轮专题复习中，要注意两个问题：

第一，在高三历史教学中，特别是第二轮复习中，要以小专题式进行复习，确定专题教学体系，切忌采用过去那种大模块（中国古代史、中国近代史、世界近代史）形式进行复习教学。在高三历史教学过程中，教师要根据第一轮复习情况，结合考试大纲和时政热点，编制二三十个专题进行复习教学。教师要引导学生学习这些专题，让学生学会从不同的角度认识历史发展中全局与局部的关系，辩证地认识历史与现实、中国与世界的内在联系，学会从不同视角发现问题、分析问题和解决问题。从而达到培养学生健康的情感和高尚情操，弘扬民族精神的目标。

第二，在高三历史教学中，让学生一定要掌握历史基本主体知识（重大历史事件、历史概念）形成整体把握，要把握其产生、发展、结果、影响，建构历史网络体系。

三、从新课程内容看高三历史教学

《课标》依据时代性和基础性的原则，改革了课程内容，精选了学生终身学习必备的基础内容，增强了课程内容与社会进步、学术发展和学生经验的联系。《历史新课标》内容强烈体现三大特征：内容具有鲜明时代性、影响具有社会性、学术具有前卫性。也就是说历史新课程内容中既体现了时代信息，适应了时代发展的要求，又增强了与社会现实生活、人类社会、学生经验的联系，同时还及时地反映了历史学科研究的新动向和新趋势。

在文化史方面，《课标》对文化史教学提出了更具体、更富有时代性的要求，明确指出："了解中外思想文化发展进程中的重大事件、重要现象及相关人物，进一步从思想文化层面了解人类社会发展的基本特征，是高中历史教学的基本内容之一。"创造性地安排文化史的教学内容，显示出不同于以往任何版本的《高中历史教学大纲》的鲜明特点。这一特点，在近年全国文科综合卷试题中也得到了明显反映。如《课标》强调："人类的思想文化经历了由低级向高级发展的历程，并呈现出多元化的特征。在这一过程中，不同特色的思想文化相互碰撞、相互交融，共同发展。"2005年全国文科综合卷Ⅲ第12—15题以"在中国历史上，可以经常见到各种思想文化之间的相互借鉴和吸收"为主题展开，体现了《课标》强调的内容；2006年全国文科综合卷Ⅱ第23题则直接考查了中国古代儒家思想对启蒙运动的影响。对文学成就，《课标》强调要"了解中国古代不同时期的文学特色"，2005年全国文科综合卷Ⅰ第17—20题，则以"文学作品的风格、形式和内容，反映时代的特点"为主题进行设计；2006年全国文科综合卷Ⅰ，从中外比较的角度考查了《堂吉诃德》和《水浒传》内容的时代特点。对于教育，《课标》要求"了解我国教育发展的史实，理解'国运兴衰，系于教育'的深刻含义"，2005年全国文科综合卷Ⅲ第16—21题则以"文化教育的发展与社会变革及社会进步密切相关"为主题进行设计；而2005年全国文科综合卷Ⅱ"图书报刊在推动思想解放和社会进步方面发挥着重要作用"的叙述则是重视思想文化的具体表现。《课标》要求"概述古代中国的科技成就，认识中国科技发明对世界文明发展的贡献。""了解经典力学的主要内容，认识其在近代自然科学理论发展中的历史地位。""简述进化论的主要观点，概括科学与宗教在人类起源问题上产生分歧的根源。""以蒸汽机的发明和电气技术的应用等为例，说明科学技术进步对社会发展的作用。"2006年全国文科综合卷Ⅱ第38小题从中外比较的角度考查了中国与西方在科技方面的发展变化、根本性差异、西方近代科技迅速发展的原因、清代（鸦片战争前）中国科技发展停滞的原因、从中西方科技发展变化的历史中得到的启示等。

在《课标》逐步在全国推广实施的背景下，在全国文科综合能力测试卷的命题不断加强与《课标》之间的联系下，作为从事高三历史教学的教师，必须给予充分的关注。除上述提到所要注意的问题外，还要注意两点：

首先，高三历史教师必须加强自身的业务修养，不断提高历史学科理论水平，同时又要对历史学科研究前沿的新动向和新趋势有所了解。2004年高考就引用了《全球通史》和《剑桥中国通史》的图片和史料，课本外的汤因比、洛克、凯恩斯等人的观点被引进。如 2004 年全国高考文科综合（Ⅱ套）第 37 题"整体世界题"及时吸纳了史学研究新成果，如史学新理论（一元多线的历史发展观、整体世界史观），直接引用了美国史学家斯塔夫里阿诺斯的史学著作《全球通史》中的三幅图片资料。

其次，在历史教学复习中注意关注社会热点、关注时代脉搏、贴近现实生活，让学生从学习历史的角度去了解和思考人与人、人与社会、人与自然的关系，进而关注中华民族以及全人类的历史命运。2006 年无论是全国的二套文科综合卷，还是北京、天津、重庆等地的地方文科综合卷，或全国其他形式的历史试卷，都重视对"现实热点"问题的考查。全国高考文科综合测试卷Ⅰ，考查了"政治机构与制度的变化""社会主义运动""和平与安全""中华文明"和"对外开放"等主题，实际上反映了当今社会对"制度创新""社会主义前途""战争与和平""国家与社会安全""国家统一与民族团结""改革开放"等现实问题的关注，使试题的时代性、科学性和人文性更加突出。全国文科综合卷Ⅱ，则是从"中国经历了从遭受列强宰割到国家强盛""工业化""社会主义运动在不断探索中前进""中外科技发展变化"和"新中国前后铁路发展变化"几个方面，体现了"中国和平崛起""现代化问题""改革开放""科技创新""西部大开发"等"现实热点"问题。

总之，历史新《课标》的颁布，对中学历史教学必将带来巨大影响，特别是高三历史教学，我们高三教师必须要深刻理会、认真钻研其基本理念，结合考试大纲，钻研教材，探究高考考试规律，在教学中才能把握高考脉搏，立于不败之地。

高考历史第二轮复习指要①

　　"年年岁岁花相似，岁岁年年题不同。"每年高三历史备考如买彩票一般，高考一结束，无论是历史教师，还是参加高考的文科学生，他们不约而同叹息："我们似乎白忙了一场，复习的重点在考卷上似乎一点也没有！""做了成千上万的试题，也不见得有什么效果。"总之，辛苦一年的高三历史复习，没有得到相应的回报。为什么我们的历史教师和学生有如此感受？不能正确理解当年高考历史试题与历史教材和平时历史教学的关系只是其中原因之一，更主要的是我们历史学习与复习迎考定位不准，方法不当，盲目猜题押宝所致。历史复习，特别是第二轮历史复习，仅靠简单重复所学内容，盲目进行历史知识扫荡，疯狂进行历史知识背诵和训练是不够的。在当今高考历史命题趋势下，必须科学进行第二轮历史复习，才能收到良好的历史复习与考试效果。

一、明确高考要求，增强历史复习的有效性

　　每年高考历史试题，并不是几个"命题专家"随心所欲的产物，而是"命题专家"在深入研究《普通高中历史课程标准（实验)》（旧教材区为《高中历史教学大纲》，下同）和《考试说明》的基础上，吸取往年高考历史试题命制的经验教训而命制的。因此，我们在进行历史学习与复习迎考时，必须明确高考的基本要求，正确处理好《普通高中历史课程标准（实

---

① 本文曾以《科学整合历史知识有效提升第二轮复习效益》为题发表于《中学政史地·高中文综》2010 年第 2 期；后又刊载《试题调研·高考热点大串讲·历史》2008 年第 6 辑。

验)》与《考试说明》之间的关系，尽可能减少历史复习，尤其是第二轮历史复习的盲目性，增强历史复习迎考的有效性。

或许有同学会问，历史学科高考的要求有哪些？我们应如何正确处理好《普通高中历史课程标准（实验）》与《考试说明》之间的关系？怎样围绕历史学科的高考要求进行复习迎考？因为，作为一名中学生，我们是没有能力，也没有时间深入研究《普通高中历史课程标准（实验）》和《考试说明》来弄清这些问题。正因为如此，所以我们应注意阅读和领会他人的研究成果，并坚持应用和落实到日常的历史学习与复习中去。

第一，明确高考命题在知识和能力方面的要求。如2010年高考历史学科命题，不论是国家考试中心，还是各省出台的《考试说明》，都明确告诉我们，其命题依据都是教育部2003年颁布的《普通高中历史课程标准（实验)》《普通高等学校招生全国统一考试大纲（文科·课程标准实验·2009年版)》和各省出台的《考试说明》。命题以能力测试为主导，重视"新材料、新情境"的创设与运用，注重考查考生所学历史学科基础知识、基本技能的掌握程度和综合运用所学知识分析、解决实际问题的能力，鼓励考生多角度、创造性地思考和解决问题。为此，《考试说明》将考试测量能力设计为四个方面，并细化为十二级能力要求。因此，我们在高三历史复习过程中，一定要对照《考试说明》的能力要求进行学习和训练。在历史知识考查上，《考试说明》也明确告诉我们，在一标多本的新课程背景下，命题不再拘泥于某一版本教科书。如2009年全国文科综合能力测试卷第12题，考查了日常生活中的"姓氏渊源"。非课改区使用的人教版《中国古代史》教材是没有相关内容的，但在新课改区使用的人教版《历史①必修》第1课"夏、商、西周的政治制度"中就有这样一道探究学习题，要求学生依据课文提供的材料思路，"查查自己姓氏的由来"。因此，对于《考试说明》中所列考试知识纲目，我们在复习时不要再死抠某一版本教科书中的相关文字表述，造成一叶障目，应重在准确理解和把握知识点的内涵和外延及其相关历史概念。

第二，正确处理《考试说明》与《普通高历史课程标准（实验)》之间的关系，注意其隐含的知识。每年高考结束，不时有教师和学生指责高考历史学科试题"超纲（超标)"。说实在的，有些年份高考历史的个别试题确实存在"超纲（超标)"现象，但大多数情况下，是因为中学历史教师和学生在理解《考试说明》时，与历史试题命制者存在差异造成的。以2009年全国文科综合能力测试卷Ⅰ第13题（"四面楚歌"题）为例，有人认为解答本题所需知识已经超出《考试说明》所要考查的历史知识范围，加之人教版《中国古代史》既没有介绍"楚地"范围，也没有明确叙述项羽和刘邦是否为"楚人"，更没有关于"楚歌"在社会上流行的叙述，要学生仅凭"'四面楚歌'典出楚汉战争"一语，得出"楚歌"在社会上流行的主要原因是"统治集团的更替"，是明显的"超纲（超标）"行为。实际上，如果我们以《普通高中历史课程标准（实验）》来审视，本题并没有"超纲（超标）"。因为《普通高中历史课程标准（实验）》明确告诉我们："普通高中历史课程从不同的角度揭示人类历史发展的基本过程，通过重大历史事件、人物、现象展现人类发展过程中丰富的历史文化遗产。""在内容选择上，……关注学生生活，关注学生全面发展。""四面楚歌"题，就较好地体现了这一理念。因为，人教版《中国古代史》通过"刘邦、项羽等人领导的起义军继续进行反秦斗争"、《秦末农民起义形势》图和"项羽自称西楚霸王"，已经暗示刘邦和项羽都是历史上的"楚国人"。我们常说的"楚虽三户，亡秦必楚"，就是指强大的秦朝就是被"弱小"的楚国人灭亡的。我们的考生，由于在平时历史学习过程中忽视了西汉初年以刘邦为首的统治集团曾是"楚国人"这一历史渊源，也就自然无法将"统治集团的更替"与西汉初年"楚歌"在社会上风行一时联系起来。

因此，我们在第二轮历史复习过程中，一是要将《考试说明》规定考查知识点与《普通高中历史课程标准（实验）》结合起来，明确《普通高中历史课程标准（实验）》中的能力目标要求，特别是相关的能力动词，如列举、知道、分析、了解、概述、探讨等。只有将这些能力动词和具体考试内容相结合，才能更好地组织第二轮复习，真正做到有的放矢。二是对《考试说明》所限定的考试内容不能过于迷信。因为《考试说明》明确规定高考命题是以《普通高中历史课程标准（实验）》和《考试大纲》为指导的。如果《考试说明》规定的考试内容，无法说明或达到《普通高中历史课程标准（实验）》的能力要求，则应做适当的延伸。例如《课程标准》要求"列举19世纪以来有代表性的音乐作品，理解这些音乐作品的时代性、多样性和民族性"。而《考试说明》只列出"贝多芬的《英雄交响曲》"，这只能说明音乐的时代性。要说明音乐作品的"多样性""民族性"，还必须结合德彪西、德沃夏克等人的音乐作品，才能达到《课程标准》的能力要求。相反，能够达到《课程标准》行为动词的能力要求，就不必添加、补充考试内容之外的知识点了。

二、整合历史教材，形成科学的历史知识体系

"运用和调动知识"是《考试说明》要求的四项基本能力之一。"调动和运用知识是能力测试的基本内容和决定考试水平的关键。"它"是指将所学知识与试题要求相联系，并根据试题的要求，对学科知识重新组织，进行再现和运用"。要更好地根据试题要求，调动和运用所学知识，组织科学、严整的答案，就必须在第二轮复习中，本着知识的系统性原则，重组知识，建立完整的知识体系，以便于记忆、理解和运用。

第一，新课改区，以横向串联为主，辅以纵向串联。因为，新课程改革区由于课程标准、历史教材编写的专题性局限，导致同一模块中不同单元之间的知识相分离，不同模块之间的必修部分和选修部分之间相互割裂，三本必修教材之间也相互脱节，不利于学生从整体上把握和感知历史，更谈不上有效地调动和运用历史知识了。如要掌握必修Ⅰ关于资本主义民主政治的发展的相关内容，就必须结合必修Ⅱ中资本主义经济的发展和必修Ⅲ资产阶级启蒙思想等内容。民主政治的发展必然是跟经济基础相适应的，必须以思想的解放为先导。由此可见，在新课程教材体系下，我们如果单纯依靠某一本教材，自然无法建立历史整体感知系统。因为，历史的整体感知必须依赖于学生对历史阶段特征的理解与掌握。因此，第二轮历史复习必须重建历史时空顺序，明确历史发展的横向、纵向联系，理解同一时期政治、经济、文化、外交、民族、社会生活等各个社会历史层面的相互联系。其做法有二：一是将同一模块中（同一本教材中）各专题之间的知识整合成专题。例如，对于人教版高中《历史①必修》，可以把"古代中国的政治制度""近代中国的民主革命""现代中国的政治建设与祖国统一""从科学社会主义理论到社会主义制度的建立"四个专题，整合为"中国政治制度的产生和发展"这么一个大专题，在这个大专题中概括了中国从古至今的政治发展过程；也可以把"古代中国的政治制度""古代希腊罗马的政治制度"两个专题，整合为"中西古代政治制度的不同特点的比较"；还可以把"现代中国的对外关系""当今世界政治格局的多极化趋势"两个专题，整合为"战后世界形势

的发展与新中国外交"；等等。二是将不同模块之间的知识整合成专题。例如，我们可以将历史必修Ⅰ"辛亥革命"、必修Ⅱ"中国民族资本主义的发展"和必修Ⅲ"孙中山三民主义"，整合成一个相对完整的"辛亥革命"运动史。我们也可将历史必修Ⅰ马克思主义、巴黎公社、十月革命、中国共产党的革命与建设和必修Ⅱ中国特色的社会主义、苏联社会主义建设及必修Ⅲ马克思主义在中国的传播、毛泽东思想、邓小平理论、"三个代表"等内容，整合成"社会主义运动发展史"。

第二，非课改区应以纵向串联为主，辅以横向串联。因为就旧教材区而言，原有教材知识结构是按时序、国别（或区域）、章节结构编写的，不同于新课程教材按不同主题编写的专题结构体系。正因为如此，我们在第二轮专题复习中应积极吸取新课程模块专题体系的优长，按照整体史、全球史、文明史、现代化范式等历史观，结合当前的时代热点、主题等，打破章节、目录等原有的知识结构，梳理、重组、整合知识。以中国近代"开口通商"为例，《中国近代现代史》上、下册有不少章节涉及这一问题，我们把它放在工业革命和资本主义统治在世界的确立背景里去看待，可以让学生理解这是商品经济与自然经济、工业文明与农业文明、资本主义与封建主义之间冲撞的必然产物，也是世界走向全球化打破各个地区、国家封闭局面的历史缩影。我们还可以把它"合并同类项"，将近代开口通商的对外开放与当前的对外开放从历史背景、内容、方式、影响等方面进行比较、分析，总结异同点。这样，把以往专题复习与通史复习有机结合起来，从新的视野重新审视历史知识以及事物之间的内在联系，可以拓展知识广度、深度，提高综合能力。

第三，适当构建一些具有地方特色的历史专题。近几年来，由于一些省市的高考为自主命题，一些具有地方特色的历史试题也随之出现。如2009年山东卷第10题16世纪的山东经济，第12题日本全面侵华的山东济南，第27题山东文化与儒家思想，第29题义和团在山东及环渤海地区等。又如四川卷2006年具有四川特色的仅有一道选择题，即第23题"川史材料辨析"题，占4分；2007年具有四川特色的选择题就有三道，即第17题"票证"题、第22题"川江号子"题、第23题"变脸"题，占12分；2009年具有四川特色的试题有两道，即第15题"木兰"题，第39题"交通建设"题，占24分。因此，凡自主命题省市的高三学生，在第二轮历史复习中，一定要适当关注与本省市密切相关的历史事件、人物、文化现象等，并以此构建相关小专题进行复习。以浙江为例，在历史人物方面有王阳明、黄宗羲、鲁迅、周恩来、大禹、王羲之、王献之等；在历史事件方面有大禹治水、一大嘉兴南湖、《南京条约》开放宁波、《马关条约》开放杭州，番薯、玉米、马铃薯等外国农作物传入浙江的意义等；在历史文化方面有河姆渡文化、良渚文化、绍兴兰亭、宋城、历史古迹，近代建筑、传统产品、义乌联合国村等。

三、关注"时政热点"和"史学热点"问题

关注时政热点，密切联系社会现实，是当今高考历史命题一个重要特点，这已经是一个老生常谈的问题。问其理由，一是《考试说明》明确规定，高考试卷"在考试内容选择、试题形式设计和答题要求确定上"，要"既体现学科特点，又反映时代特征，关注社会热点，关注社会生产、科技发展，关注人类面临的重大问题"。高考命题的时代性原则，要求我们必须在第二轮复习中，根据社会热点，重新阐释历史和描述历史。以史为鉴，为解决现存问题和未来发展提供经验的借鉴，这是历史教育永恒的主题。二是近几年的高考历史试题，无论是全国卷，还是地方省市卷，都命制了一些与热点密切相关的历史试题，这已经不用举例说明。我们需要关注的问题，就是在高三历史复习中如何有效地关注命题的时政热点。

第一，按《普通高中历史课程标准（实验）》所述，高考历史学科关注的时政热点，应是那些有利于学生"从历史的角度了解和思考人与人、人与社会、人与自然的关系，进而关注中华民族以及全人类的历史命运"的现实热点问题。那种简单追随传播媒体的"热点"报道，寻找历史上相应的"热点知识"的做法是不可取的，因为这些"热点"将会随着媒体对于该问题的降温而逐步淡出人们的关注视线，它总是给人一种流于功利、肤浅和牵强附会的感觉。那么，什么是我们应关注的时政热点？我以为当今社会人类面临着生存与发展的诸多问题，如能源消耗、资源开发与配置、环境问题、人口剧增与老龄化问题、财富增长与财富分配失衡问题、经济全球化与贸易壁垒和经济危机问题、国际关系与大国强权问题、国际社会和谐与民族和恐怖主义问题等，就是值得我们高度注意的"时政热点"。如 2009 年全国文科综合卷 I 第 37 题，就是以中国古代赋税制度、1950—1965 年中国农业税征收情

况为切入点，目的是让考生进一步明确我国取消农业税是"具有划时代意义的重大变革"。它充分体现了现实与历史的联系，突出了历史学科的特点，真正做到了历史学科知识与社会现实的有机结合。

第二，关注历史学科自身发展的"热点"，即历史学研究新成果。这些年来，高考历史学科命题者，比较重视历史学科自身发展问题，将相关历史研究新成果引入高考历史试题之中。如 2009 年全国文科综合卷 I，第 21 题关于美国 1787 年宪法的主要原则是"民主主义""平等主义""自由主义"，还是"共和主义"问题，在史学界是有不同认识的。有人认为这一试题是依据才出版不久，由中国人民大学国际关系学院万绍红的大作《美国宪法中的共和主义》的观点命制的。第 19 题关于"台儿庄战役"是否为诱敌深入问题，史学界也存在很大争议。又如广东卷，近年来还不断引入前沿史学研究方法，尝试考查学生的临场应变能力。如 2009 年它借用了反事实度量法的思想来研究福利国家制度与经济增长的关系。其基本思路是，根据推理提出一种反事实的假设，以此作为出发点来估量经济运行中可能发生的各种变化。

四、适度训练，重在提升整体能力

第一，练习是必须的，但要适度。人们常说，"能力是练出来的，不是读出来的"。历史复习，必须将阅读、识记和训练有机结合起来，通过一定的训练来提升自己的应考能力。那么练多少合适呢？一般来说，除了历史科任教师课堂上组织我们正常练习外，我们应根据自己存在的问题，每个星期选择一套训练试题进行自主训练就可以了。那种不顾自身客观实际，从早到晚盲目做练习的做法是不可取的。

第二，练习重在提升能力，要力防简单重复。练习要高度重视总结历史规律，将知识类化、同化。如历史事件的学习一般都可以从背景（大的历史事件从国际、国内两方面展开）、过程、结果、性质和影响几方面掌握。再如重大历史事件发生的原因都要放入"特定历史条件下来分析"，从内部看，一般从物质、阶级、思想、社会矛盾几方面来分析；而失败的原因，一般要从主观和客观两方面分析。经济发展的原因一般可从几方面考虑：吸取教训、调整政策或变革生产关系（制定符合国情的路线、方针、政策），并根据变化后的情况适时调整经济发展战略；相对有利的国际国内环境（统一、稳定的环境，有利于经济发展的社会氛围等）；生产力水平的提高、科技的进步、创新能力的增强等；实行开放政策，加强交流与合作，开拓国际市场；教育及人才储备等。

第三，练习要注意查漏补缺，提升整体实力。历史知识是能力的载体，知识水平直接关系着能力水平，能力的提高应建立在扎实的知识基础上。练习既可帮助我们发现自己历史知识方面存在的漏洞，也可帮助我们发现自己在解决历史问题能力方面存在的漏洞。我们在练习过程中，一旦发现自己在历史知识或解决历史问题能力方面存在漏洞，就应制定对策，设法弥补。需要看书识记的就看书识记，需要理解的就深入分析理解，需要训练的就有针对性地选择相关试题进行训练，从而有效地提升自己的整体实力。

第二轮历史复习涉及问题很多，由于自身能力和篇幅问题，也就只能写到这里了。真诚希望本文能帮助读者解决第二轮历史复习中所遇到的某些困惑。祝大家心想事成！

高三学生解答小论文试题存在的
问题与应对策略①

——以株洲市 2013 届高三检测"革命与改良"题为例

高考历史小论文题从 2010 年在全国高考历史新课标卷推出后，已成为全国高考历史新课标卷中的常态试题。然而，从中学历史教学实际来看，广大高三学生解答这类历史试题的能力较差，达不到相关能力要求。这既有学生自身能力的缺陷，也有我们历史教师教不到位的问题。为此，仅就高考历史小论文题的特点、学生答题中存在的问题与应对策略谈一些粗浅认识，供大家参考。

一、近三年高考历史小论文题的特点

1. 隐含性

所谓隐含性，是指论题或论（观）点甚至于论证所需要的相关史料也隐含在试题的材料之中。如 2012 年全国高考文科综合新课标卷第 41 题（试题如下），不仅论题"冲击—反应"模式，即"中国社会存在巨大惰性，缺乏突破传统框架的内部动力；从 19 世纪中期开始，西方的冲击促使中国发生剧烈变化"隐含在试题材料中，而且论证本论题所需要的史料（论据）也隐含在试题的图示材料中。

阅读材料，回答问题。

材料　"冲击—反应"曾是国内外史学界解释中国近代历史的模式之一。其主要观点为中国社会存在巨大惰性，缺乏突破传统框架的内部动力；

---

① 本文发表于《中学历史教学参考》2013 年第 4 期。因篇幅限制，发表时有删改。

从 19 世纪中期开始，西方的冲击促使中国发生剧烈变化。有人据此图示中国近代历史变迁（见图）。

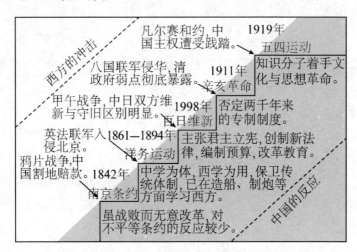

根据材料并结合所学知识，评析"冲击—反应"模式。

（要求：对该模式赞成、反对或另有观点均可，观点明确；运用材料中的史实进行评析，史论结合。）

2. 多题性

所谓多题性，是指试题提供的论题或论（观）点不止一个，一般在两个或两个以上。仍以 2012 年全国高考文科综合新课标卷第 41 题为例，本题所包含的论题或论（观）点有三：赞成"中国社会存在巨大惰性，在西方的冲击下才发生剧烈变化"；反对"中国社会存在巨大惰性，在西方的冲击下才发生剧烈变化"；既不赞成也不反对"中国社会存在巨大惰性，在西方的冲击下才发生剧烈变化"。

3. 综合性

所谓综合性，是指试题提供的论题或论（观）点往往是综合性问题，需要考生运用多方面的历史知识进行论述。也以 2012 年全国高考文科综合新课标卷第 41 题为例，其综合性表现在两个方面：首先，无论是你赞成、反对，或既不赞成也不反对"中国社会存在巨大惰性，在西方的冲击下才发生剧烈变化"这一论题或论（观）点，你都必须从"冲击"和"反应"两个维度综合论证这一论题或论（观）点。其次，无论论证"冲击"或"反应"，你都必须结合运用材料图示中所涉及的西方列强侵华对中国社会的"冲击"和中国社会的"反应"方面的史实，或中国社会还没有在西方列强侵华"冲击"下，就已经有了"反应"。

4. 学术性

所谓学术性，是指试题提供的论题或论（观）点往往是当今史学界存在的有争议的学术性问题。还是以2012年全国高考文科综合新课标卷第41题为例，"冲击—反应"模式，是一种意在描述中国文化近代化发展路径的观点。该理论认为，中国社会、中国文化是一个充满惰性、停止不前的体系，缺乏内部动力以突破传统框架，只有当19世纪以来西方的经济、政治、军事、文化的巨大力量对这个体系发起冲击时，中国社会和中国文化才被迫做出反应，渐次向近代演进。这一观点由费正清等西方汉学家在20世纪50年代正式提出。"冲击—回应"模式是一个以西方人价值观来认识东方的研究模式，它假设西方资本主义社会是一个动态的近代社会，而中国社会则是一个长期处于停滞状态的传统社会，其缺乏自身发展的内在动力，只有经过西方的冲击，中国传统社会才有可能摆脱困境，获得发展。这种以"西方为中心"的"外向型"模式在美国现代中国学界一直占有统治地位，成为一种"学术规范"。直到60年代后期，中国研究领域兴起了一股批判思潮，才有人公开对这一模式提出质疑。费正清部分地纠正了自己对中国历史的观点，承认自己的中国史观并非无懈可击，并在《中国新史》和再版的《美国与中国》中对自己以前的观点进行了修正，承认中国的近代化主要是基于中国自身的内在生命和动力，西方的影响是有限的。

二、学生解答历史小论文题存在的问题与应对策略

因本人近几年没有参加湖南省高考历史阅卷，也就自然无法得知考生是如何解答这类问题的。但在本校、本市高三历史考试阅卷中，我发现考生，甚至相对优秀的学生，存在不少类似的问题，需要我们在以后的历史教与学中加以解决。现以《株洲市2013届高三年级教学质量统一检测（一）》"革命与改良"评析题为例，从如何提取观点、关注试题条件限制和运用材（史）料论证观点三个方面做一简要分析。

试题：阅读材料，回答问题。

材料 从七十年代末起，我多次说，应当对国内国外几次影响很大的革命，包括法国革命、俄国革命、辛亥革命等等重新认识、研究、分析和评

价，应该理性地分析和了解革命方式的弊病，包括它给社会带来的各种破坏。……革命确实有巨大的破坏力量，它可以改变人们的存在方式，但是，以为革命可以解决一切问题，确实是一种幼稚病。……没看到"革命化"与"现代化"之间有非常复杂的关系，特别是其中矛盾和冲突的地方，这一点似乎还没有人仔细谈过，但这却是一个非常需要研究探讨的问题。……自我调整和自我完善并不是消极的，而是一种改良、改革，就是和平进化。……自我调整和自我完善，不是关门主义，而是和世界沟通的调整和完善。它是对各种关系包括政治、经济、文化关系逐步进行改良。它需要一个日积月累的、较为缓慢和长期的过程。

——李泽厚、刘再复《告别革命》

国内某些新潮作家……这些人鼓吹"告别革命论"，否定中国近代革命的历史意义，极力渲染"革命不如改良，改良不如渐进"的观点。在他们眼里，革命等同于破坏，只有改良才能以最小代价获取最大成果。

——王朝柱

结合中国近现代史，评析材料中关于"革命与改良"的观点。

（要求：围绕材料中的某一种观点展开评论，观点明确，史论结合。）

1. 关于从材料中提取观点

阅读材料和试题要求，从中我们不难发现：本题包含"革命优于改良（或不能用改良否定革命的历史意义）"和"改良优于革命（或革命不如改良）"两个核心论题或论（观）点。然而，一些考生从材料中提取的论题或论（观）点与材料中所隐含的论题或论（观）点相去甚远，甚至于风马牛不相及。

例1：我不赞同材料二中的观点"革命不如改良，改良不如渐进"。革命不等同于破坏，就中国近现代史而言，革命在推动社会实质进步方面，展现出了犹胜于改良的作用和意义。

我们从例1可以看出：该考生能正确理解材料，并能从材料中提取正确的论题或论（观）点。但该考生概括能力不强，不能用简要的语言表达出来。这种论题或论（观）点表达方式的缺陷有二：一是书写费时，给阅卷老师带来不便，甚至有误阅的可能。二是不利于自己对论题或论（观）点的论证。

例2：我认为中国近代社会变革需要的是革命。

例3：既要坚持革命，也要进行改良。

例2和例3虽然没有离开"革命"或"改良"这两个关键词，但与本题的命题指向相去甚远。本题是要求考生"评析材料中关于'革命与改良'的观点"，然而，考生因没有正确理解材料，将评析材料中的观点，转换成自己提出不同于材料所包含的观点了。严格地说，这类论题答案已不符合试题要求，阅卷者可以给考生记0分。至少论题或论（观）点部分不能给分。

例4：革命是推动社会发展的强大动力。

例5：我认为，改良是国家在政治制度与经济制度上的自我完善与自我调整，能使国家在和平中得到进步，是种"和平进化"。

例4和例5虽没有完全偏离试题要求，但它们有一个共同特点，那就是单方面肯定革命或改良的历史作用，而不是评析"革命优于改良"或"改良优于革命"。

策略一：明确论题来源于试题所提供的材料，而不是考生本人的观点或对试题所提供材料的认识。从近三年高考历史小论文试题来看，所有论题都来源于试题所提供的材料，都是他人已经存在的观点。考生的任务就是从试题材料中找到或提炼出他人的观点，然后依据材料提供的信息和自己所学知识，对该观点进行论证。考生做这类历史小论文题最忌想当然，依据自己的想法提出某种观点，然后加以论证。前面提到的例2至例5的考生，在提炼论题问题上，都有意无意地犯了想当然的错误。当然，这里也存在提炼或概括能力不足的问题。这就需要相关考生多选这类试题练习才能解决。

策略二：关注试题的本身设问指向。从近年高考试题和考生答题结果，以及前面的答题示例，我们可以看出，考生在提炼论题或论（观）点时之所以偏离试题设计的核心论题，一个重要原因就是有意无意地忽视了试题的本身设问指向。如前面的例2和例3，就是有意无意地忽视了"结合中国近现代史，评析材料中关于'革命与改良'的观点"。因为评析材料中关于"革命与改良"的观点，实际上已明确告诉考生必须从试题材料中提炼出他人关于革命与改良价值的结论性判断，而不是他人关于革命与改良的论述，更不是考生本人对革命与改良的价值判断。

策略三：依据试题的本身设问指向，读懂试题材料，用简洁的语言对材料中论述的问题做出定性判断，即全面正确概述材料中所包含的某种论题或论（观）点。前述例1，虽然没有偏离革命与改良这一核心主题，但论题是通过摘录他人的核心论述来实现的，因而论题或论（观）点显得冗长。例4虽有简洁的定性判断，但因对试题所提供的材料缺乏全面正确的理解和把握，因而定性判断失之偏颇，在一定程度上体现了考生自身的主观认识。

2. 关于正确审判试题的条件限制

高考历史小论文题与其他高考历史试题一样也存在答题的条件限制。

例如：2010年高考全国文科综合新课标卷第40题第（3）问"根据材料并结合所学知识，阐述对恩格斯所说'历史前提'的认识"。（要求：以对"历史前提"的认识为中心；观点明确，史论结合。）其条件限制包括"根据材料并结合所学知识，阐述对恩格斯所说"。其中，"根据材料并结合所学知识"，是阐述"内容"方面的限制。即考生在阐述"历史前提"时，所运用的史实（论据）应包括材料中的史实和自己平时学习历史等所掌握的历史史实。"阐述"是解答本题的方式限制。"恩格斯所说"是对"历史前提"的内涵限制，也就是说，考生所阐述的"历史前提"应是本题材料中恩格斯所说的"历史前提"，而不是其他的"历史前提"。

又如，2011年高考全国文科综合新课标卷第41题："评材料中关于西方崛起的观点（要求：围绕材料中的一种或两种观点展开评论；观点明确，史论结合）"题，其条件限制包括"评材料中"。其中，"评"为解答方式，即对"西方崛起的观点"进行评价，或赞成（肯定），或反对（否定），或既不赞成（肯定）也不反对（否定）。"材料中"是对"西方崛起观点"的来源限制，也就是说考生所评价的"西方崛起的观点"必须是从试题所提供的材料中归纳概括出来，而不是自己的或另外来源于他处的关于"西方崛起的观点"。

就"革命与改良"题而言，其条件限制是"中国近现代史"。其中，"中国"为空间条件限制，即考生在论证"革命与改良"问题时，所引用的史实（论据）应限定发生在中国范围之内的革命与改良方面的史实，否则就不符合试题的答题要求。"近现代史"是时间条件限制，即考生在论证"革命与改良"问题时，所引用的史实（论据）应限定发生在中国近现代史的时间范围之内，也就是发生在1840年到现在的中国革命与改革的史实。然而，综观考生解答本题所运用的史实（论据），不少史实（论据）超过了"中国近现代史"这一时空条件限制。如革命方面的史实（论据）有17世纪的英国资产阶级革命、18世纪的法国大革命、20世纪初的俄国十月革命，改良方面的史实（论据）有1861年俄国农奴制改革、1868年日本明治维新、20

世纪 30 年代美国罗斯福新政。

应如何审清高考历史小论文题中的相关条件限制呢？我以为，其具体应对策略有三：

策略一：关注试题中的时空表达词，确定论述问题的时空范围，搜罗的论据材料切忌超越相关时空限制。一般而言，试题中的空间词最易把握，因为它多以地名的方式出现，如中国、世界、欧洲、美洲、亚洲、非洲、美国、法国、苏联、俄罗斯、日本、德国、北京、南京、广州、伦敦、巴黎等。当然，有时也以方位词出现，如东方、西方、东部、西部、南方、北方、西太平洋、东太平洋、中国北方、美国西部等。而试题中的时间表达则相对复杂一些，它可以是某某世纪、某某年代、某年某月某天，也可以是远古、古代、中世纪、近代、现代、当代，还可以是原始社会、奴隶社会、封建社会、半殖民地半封建社会、社会主义社会等，还可以是法国大革命时期、美国独立战争时期、英国资产阶级革命时期、工业革命时期、第二次工业革命时期、大革命时期、土地革命时期、抗日战争时期、第一次世界大战时期、第二次世界大战时期、冷战时期等，也可以是某某朝代、某某帝王、某某帝王或纪年（如贞观年间、道光年间）、斯大林时代、罗斯福时代等。这里还需要强调一点，在有些时态词中，也包含了空间意义，如法国大革命、唐朝、贞观年间、斯大林时代等。

策略二：关注试题中的论据来源限制词，依据论据来源词搜罗相关史实论证相关问题。也就是说，当试题只要求考生运用试题所提供的材料论述相关问题时，考生就不能超越这一要求用试题材料外的史实来论证相关问题；当试题要求考生结合所学知识论述相关问题时，考生就必须联系和搜集所学历史知识来论证相关问题，否则就难以完成论证任务。当然，如果试题没有论据来源词限制，如 2011 年高考全国文科综合新课标卷第 41 题："评材料中关于西方崛起的观点（要求：围绕材料中的一种或两种观点展开评论；观点明确，史论结合）"，在这种情况下，考生可根据论证的需要随意选取不同出处的材料。

策略三：关注试题中的答题方式限制时，按照其要求解答，切忌我行我素。从全国文科综合卷看，因这类试题从推出到 2012 年仅有三道试题，其答题方式词只有"阐述""评""评析"三个关键词可供我们研究与参考。所谓"阐述"，其基本含义为"论述""阐明陈述"；"评"，作为动词，其意"评论"或"评议"；"评析"，是指分析、评论。分析是把一件事情、一种现象、一个概念分成较简单的组成部分，找出这些部分的本质的属性和彼此之间的关系。若从词义的角度来说，上述三个答题词的要求是存在差异的，"阐述"是要求考生通过运用（陈述）相关材料（史实等），对相关问题（论题、论点、观点）进行阐释说明，证明其确实存在或正确等。"评""评析"，是要求考生运用相关材料（史实等），对相关论题或论（观）点进行评价、评议、评论，考生可以赞成或肯定它，也可以反对或驳斥它，也可赞成或否定其某一部分，还可以既不肯定也不否定等。当然，历史小论文题的答题方式限制词自然不止这三个，如探讨、讨论、评价、评议、小议、浅析等，也可以作为历史小论文题的答题方式词而用于命题之中。这是我们在平时训练中所需要多加注意的。

3. 关于运用史实论证观点

从高考阅卷反馈出来的信息，特别是从学生解答"革命与改良"题来看，学生运用史实论证观点所存在的问题主要有三：

第一，只简要罗列史实，不会围绕论题或论（观）点，进行分析论证其得失正误。如有考生在论述"改革是一种变好方式"时，做了如下论述："19 世纪末的戊戌变法是一次资产阶级改良运动；20 世纪初的新文化运动，它提出了对旧思想、旧文化的改良；新中国成立后进行的"一五"计划、三大改造，是对我国旧经济体制的改良；十一届三中全会之后，我国在农村、城市分别以家庭联产承包责任制及工业体制的改革，进行社会主义的改良。所以，改良是一种既温和，又容易接受的好的方式。"

第二，论证视角单一，不能多角度正反两个方面论证试题所提供的论题或论（观）点。如有考生在论证"革命优于改良"或"改良优于革命"这些观点时，要么只举革命的例子，说革命优于改良；要么只举改良的例子，说改良优于革命。他们没有注意试题所提供的材料，不论是主张改良反对革命者，还是主张革命反对改良者，都在一定程度上承认了革命或改良存在"积极的一面"，并没有对革命或改良进行彻底否定。在主张改良者看来，革命存在重大缺陷，远不如改良有价值；在主张革命者看来，主张改良者不能将改良绝对化，不能以改良来否定中国近代的革命历史意义。因此，我们无论选择"革命优于改良"观，还是选择"改良优于革命"观，都应关照革命或改良的积极意义，或革命与改良的局限性或消极意义，从正反两个方面论证自己观点的正确性。另外，有些考生在论证某一论题或论（观）点时，只举一两例就是再举例论证，从而使自己的论证显得单薄，这在采点与采意相结合的评分时代，是不可能获得高分的。

第三，运用超越时空范围的史实论证自己的观点，做无用功。关于这一点，前面已经做了说明，这里不再重复赘述。

如何提升我们运用史实论证观点的能力？我认为，我们在日常历史学习与考试过程中也应注意三点：

策略一：我们应始终围绕论题或论（观）点选择相关史实进行分析说明（论证）。如我们若选择"革命优于改良"类论题或论（观）点，不论举中国近现代史上哪一革命事例，都要简要分析或指出其进步意义；不论举中国近现代史上哪一改良事例，都应重点分析或指出其局限，从而体现"革命优于改良"，充分支持自己的观点。反之亦然。

策略二：我们所举例证不能单一，而应从正反两个方面多举几例进行论证。以"革命与改良"题为例，其涉及的革命与改良事例众多。革命方面有太平天国运动、义和团运动、辛亥革命、二次革命、护国运动、护法运动、五四运动、国民大革命、土地革命、抗日战争、解放战争等；改良方面主要有洋务运动、戊戌变法、清末新政、预备立宪、国民经济建设运动、土地改革、三大改造、改革开放等。至于我们在具体解答某一历史小论文题时举几例合适，我认为，最好的办法是看试题的分数。一般而言，一道历史小论文题，除去选择论题和归纳结论各占 2 分外，应以每例占 2 分为佳。换言之，就本题而言，我们论述本题，举例论证应以不少于 4 例为佳。若时间与能力允许，最好举 5 例予以论证，以确保某一例证不当时有回旋的余地。

策略三：关注试题的条件限制，坚持不选时空、内容、材（史）料限制之外的史例进行论证；坚决不选与论题或论（观）点不相关联或无直接关系的史例进行论证。以"革命与改良"题为例，我们应坚持不选中国古代史上的革命与改良、中国之外的世界历史上的革命与改良，因它们都超越了试题的时空限制。我们也坚持不选中国近现代史上的两次鸦片战争、中法战争、甲午中日战争、八国联军侵华、日本侵华、中国民族资本主义产生和发展等史实进行论证。虽然这些史实在试题的时空限制条件之内，甚至是中国近现代史上众多"革命与改良"的重要原因，但它们与试题"革命与改良"的观点没有直接关联，不能直接论证"革命优于改良"或"改良优于革命"，因此我们也不能选择它们做直接例证来论证相关观点。

如何取得历史学习的优异成绩①

凡学生，没有人不希望自己的学习成绩优异！

凡文科学生，总希望自己的文科综合成绩优异！

然而，现实中有不少高三文科学生的文科综合成绩不理想，尤其是历史成绩，总感觉停滞不前，难以获取高分。甚至不少高三文科学生视历史为提高文科综合成绩的拦路虎。历史真的很难学吗？我们如何学习，才能赢得历史学习的优异成绩？

一、勤学好问是成功的秘诀

学习需要一种良好的心态，这就是积极刻苦，勤学好问。很多人都认为，玩得多而又学得好的人，才是聪明的、好样的。我有一位学生，由于虚荣心的作用，曾一度相信"刻苦"是与"书呆子""笨""死记硬背"等联系在一起的。于是学习不用功，还特别怕别人夸他刻苦，每次都是急急地争辩说："我哪有学习，我一直在忙着……"结果在那段时间里，他的学习成绩很不稳定。后来，我找他谈心，将他的学习状态与他的好朋友和学习竞争对手进行比较，从而使他明白了"没有时间的保证，就不可能有成绩上的突出收获"。从此，他努力改掉过去那种虚荣的做法，踏踏实实地学会弄懂知识的每一点、每一滴，而不是为了显示聪明而故意不学，甚至不懂装懂、不求甚解地应付作业。这样，他的学业成绩很快稳定下来，并且不断提高。失败的原因五花八门，成功却无一不是勤奋的结晶。我并不否认真有所谓的"天才"，但只凭几分小聪明哗众取宠的人，只不过是一块未雕琢的玉，质虽

———————————

① 本文发表于《中学政史地·高中文综》2007 年第 3 期。

好却难登大雅之堂；我也并不否认，不同的人存在智力上的先天差别，但勤奋可以弥补天生的不足，笨鸟先飞，未必成不了领头鸟。"勤奋"是永恒的学习秘诀。

勤学与好问是不可分的。勤学的结果，必然会产生诸多疑问，如果没有疑问，那必然就是没有勤学，没有投入。作为学生，一定要争取多发现问题，并向老师提问。老师在课堂上讲的往往都是最基本的东西，也是教科书上的东西，是知识的最基层，而稍微深层次的知识，需要你在向老师提问的过程中获得，老师也往往通过一个学生所提出的问题来判断这个学生学得灵活不灵活，思考得深入不深入，同时也能判断他的学习态度与聪明程度。千万不要放弃提问的机会，要养成多想多问的习惯，不要怕麻烦老师，不要怕太古怪的问题会惹老师生气，不要顾虑提问太多会使老师心烦。不会的，老师就是老师，老师从不会认为帮学生解答问题是件麻烦的事。相反，老师最爱喜欢提问的学生，因为只有学会了，才可能提出像样的问题。当你与老师争辩时，当你仔细聆听老师的解答时，你获取了一个提高自己知识水平的最好机会。

二、基础知识是高分的源泉

历史教科书乃历史教学之本，是历史基础知识的载体。历史教科书不仅是历史教师的"教"本，也是学生学习历史的"学"本，同时还是命题人命制试题的主要依据，历史高考60%以上是考查基础知识，即使是能力题，也多是以教材的基础知识为依托的。基础知识和基本技能技巧，是教学大纲也是历年考试大纲的主要要求。如何落实历史基础知识？

一是要"死"去"活"来。历史学科，有很多需要背诵的东西，人物、事件、年代、一些历史史料的要点等。有些材料，只能"死"记。记忆有一个"报酬递减规律"，即随着记忆次数的增加，复习所记住的材料的效率在下降。因此，历史知识的记忆需要不断强化才能记准记牢。历史课是一门机械记忆量比较大的学科。但是在考试时，却要把记住的材料灵活运用，这就不仅要记得牢、记得死，还要理解，理解得活。这就是"死"去"活"来。

二是注意厘清知识脉络。学习知识，学会厘清脉络是很有必要的。如中国近代史到底怎样向西方学习的呢？此题繁杂，很易顾此失彼。可以从"器""制""道"三个阶段（李泽厚语）厘清脉络。"器"就是"师夷长技以制夷"，包括新思想的萌发（理想阶段）和洋务运动（实施阶段）。"制"就是学习西方制度，分为维新派主张学习西方的君主立宪，资产阶级革命派主张学习西方的民主共和。"道"就是学习西方的政治思想，包括严复介绍进化论观点，资产阶级革命思想家宣传、介绍的西方社会政治学说，新文化运动由宣传民主科学到传播马克思主义。

三是要注意融会贯通。也就是要善于寻找到知识之间的联系，如因果联系、时间联系、空间联系、人物联系、事件联系等，从局部联想整体，从整体中把握局部，使自己的历史知识系统化、序列化，进而从整体上把握历史的根本特点和整体结构。

四是要求同存异。通过求同而认识历史发展的普遍规律，通过求异而认识历史发展的必然规律，从而提高自己历史学习和历史分析的能力，可起到事半功倍的效果。

五是注意查漏补缺。也就是在复习过程中，注意检查思考自己对基础知识掌握的程度，寻找差错，弥补遗漏，从而更全面更深入地把握历史基础知识。

三、学科能力是拔尖的法宝

高考命题的指导思想是以能力测试为主导，考查所学相关课程的基础知识、基本技能的掌握程度和综合运用所学知识分析、解决实际问题的能力。坚实的基础知识仅是获得高考优异成绩的源泉，离开了良好的学科能力，仍然难以取得优异成绩，犹如"茶壶煮饺子，倒不出来"。如何科学提高自己的历史学科能力？

一是学习历史时要注意史论结合，提升自己的历史理论水平。史实是骨架，史论是血肉。史论结合就是从史实中提炼观点，以马克思主义的观点去剖析驾驭史实。近年高考试卷中有许多试题要求以某一理论去分析某一历史现象，或从某一历史现象、历史事实得出观点结论。故在复习中应加强理论修养，培养运用历史唯物主义、辩证唯物主义观察、分析、解决问题的能力。

二是科学练习，提高自己解决历史问题的能力。人们常说，能力是练出来的，而不是讲出来的。一个人的能力提高，教师科学指导是很重要的，但更重要的是学生根据自己的特点，自觉地有针对性地训练自己的能力。提高历史学科的能力途径虽然很多，但主要应注意三点：首先，积极主动地接受老师科学指导，尽量在能力训练方面少走弯路。因为，历史教师对本学科需要哪些能力，这些能力的内涵是什么，怎样获得这些能力等心中有数。其次，要科学选择相关的历史问题，不断训练提高自己的历史学科能力。教师的科学指导只是为我们提高历史学科能力提供一个"捷径"，要将教师指导的历史学科能力转变成自己解决历史问题的实际能力，必须通过相关的训练才能实现，否则就是纸上谈兵。最后在练习中要不断感悟、反思和总结，从而达到举一反三和触类旁通的作用，形成自己的能力特色。

三是观察社会，关注热点，提高自己运用所学历史知识认识现实社会的能力。运用所学知识解决问题的能力，是高考测试目标之一。当今世界的重大时政、社会热点问题每每用来作为历史试卷明天的背景材料。近年高考试卷，多涉及能源问题、水资源问题、西部大开发、执政党建设、台湾问题等社会生活中的重大热点问题；教育问题、科技革命、中美中日关系、反腐倡廉、东北老工业基地振兴、经济全球化等重大社会问题。故在课堂学习的基础上，要注意拓展课外空间，增强对社会现实问题的观察力，提高考试的应变能力。

四、良好的参考资料是出众的良师

高三历史复习，资料泛滥，舍本逐末固然不可。但在强调考查能力的今天，手中没有一本良好的历史参考资料也不是好事。从教材到教材，往往不利于提高我们的能力，不利于拓展我们的视野。好的参考资料，能够弥补教材的不足。因此，选择一本好的参考资料，科学利用参考资料，是迅速提高我们历史学习成绩的良师。如何科学选择和利用历史参考资料？

一是要注意不同的学习阶段选择不同侧重点的参考书。一般而言，第一轮复习以选择一本偏重讲解的参考资料为佳。这样不仅能巩固自己的基础知识，也可以让自己对高三的一些经典传统习题有一个大致的了解，对一些固定的解题套路有一些初步的认识；还可以有效地避免盲目做题所浪费的大量时间及不良后果，尽快地进入高三的学习状态中来。第二轮复习应以选择知识整合全面，重点突出，选题新颖，有一定难度的参考资料为上。因为这时候，你已经具备了较好的知识和能力基础，在仔细研究完前面讲解内容的前提下，认真地完成后面的练习，你的进步将会是令人惊讶的！临考前两个月的参考资料则应选择试题科学新颖，富有典型性的试卷为主。因为它能贴合高考命题趋势，帮助你提高解题的速度和正确率，避免重复与烦恼。

二是参考资料的利用，应以构建知识系统，吸取精华，训练和提高自己的能力为主，切忌死记参考资料中拓展中内容和试题答案。好教师编的好参考书，凝聚了这些教师几十年的教学精华，不偏不杂，自成一家，如果能系统地读一遍，对知识的深化理解和思路的开阔是受益无穷的。

五、规范考试是获得高分的利器

高考成绩的高低最终是通过考试决定的。人人都希望自己所做的题是完全正确的，能够获得满分。然而，现实情况是不少学生虽然对所考的历史试题都会做，就是不能得到满分，甚至于成绩很不理想。造成考试失分的原因固然很多，有基础知识方面的，有学科能力方面的，有考试心理方面的，有考试技能方面的，等等。进入考场，基础知识与学科能力已是不变因素，在同一知识与能力水平下，如何确保自己获得理想的考试成绩？

一是养成良好的应考心理素质。良好的考试心理素质是获得高考优异成绩的重要前提条件。我们对于每一场考试都要做好心理上的准备，要有一个恰当的期望值，保持良好的竞争心态，树立敢打必胜的信心，在战略上藐视考试，在战术上重视考试。考试要保持沉着冷静，讲究策略，要保持思路清晰，防止忙中出错，考试过程中要按程序做，应考环节要规范，拿到试卷后要填好卷头，浏览全卷，做到心中有数，切忌拿到试卷后匆忙作答或一下子把注意力集中在某一两个题目上，忽略整体安排。

二是养成良好的规范答题习惯。习惯的力量是巨大的，良好规范的答题习惯是防止失分的重要保证。平时练习和考试，要有意识地培养自己良好的规范的答题习惯。如一问一答；答案要段落化、要点化；书写字迹要工整清楚；语句表达要清晰，关键信息绝不能省略（不要因为自己理解了就可以不写）。

三是遇上"陈题"要格外小心。我们在考试过程中，有时会意外发现有我们曾经做过的"陈题"。实际上，每一道试题都有自己要考查的知识点和相关的能力要求。同一知识点，由于考查的角度不同，解题的思路、所需知识和能力也不一样，表达的方式也不相同，答案也自然不同。"陈题"，也就是以前做过或考过的试题，如果"陈题"完全没有发生变化，其解题思路、所运用的知识和能力自然也是一样的，答案当然也不会有变化。但现实考试中，这类运气题是十分少见的。我们常见的"陈题"，往往是似是而非的试题。也就是初看似乎一样，但仔细一看，这些试题的命题角度已经发生了变化。这就要求我们解决问题的思路、方式和所运用的知识与能力，也应做相应的变化和调整；否则，沿用惯性思维相当于自杀。在这方面，不少学生应有深刻教训。

历史复习冲刺阶段备考策略①

当日历进入公历 5 月，十年寒窗的莘莘学子，或心情焦虑，或坐卧不安，或盲目跟风，或自暴自弃，或听天由命，或怀疑自己的实力，或不知如何学习为佳，或因放手一搏而昼夜奋战，或不为所动而沉着应对……于是，高考中既有日常成绩优异者名落孙山，也有日常成绩优异者沦为平庸，还有不为他人看好而新涌现出来的黑马。如何避免自己名落孙山？如何防止自己沦为平庸？如何使自己成为黑马？如何超常发挥自己的才能？就历史考前复习而言，我们应至少注意下列问题。

一、确定恰当目标比无限梦想重要

没有目标的人生，就像一叶无人驾驶的小舟，漫无目标地随风飘荡。学习也是如此，必须首先确定自己的目标，然后设法达到自己确定的目标。目标会使你胸怀远大的抱负，目标会在你失败时赋予你再去尝试的勇气，目标会使理想中的自己与现实中的自己相统一。正如空气对于生命一样，目标对于成功也有绝对的必要。明确的目标是成功的基础，所以树立一个目标很重要。对于一名学生来说，确立明确的学习目标是重中之重。学习目标既是学习的出发点也是学习的归宿。不过，同学们在确定自己的历史学习目标时，不能太低，但也不能太高。如果所设历史学习目标太低，会使我们没有成就感，不利于催发自己努力和促进学业成绩的进步。但历史学习目标也不能设立过高，因为一旦没有在历次冲刺性考试中实现，就会挫伤自己的历史学习信心和学习积极性。一般而言，基础好的同学以超越 80 分为宜；基础一般的

---

① 本文发表于《中学政史地·高中文综》2013 年 5—6 期合刊。

学生，以达到 70 分左右为宜；基础比较差的学生，能达到 60 分以上就相当不错了。当今高考历史试题难度很大，近几年难度系数都在 0.5 以下，能达到 60 分以上，已经是中上成绩。如果其他科目不错，甚至有一定的优势，考上二本应该没有什么问题。因此，在最后 20 多天里，对基础较好、自信较足的同学而言，所定位的具体复习目标应该是回归课本，查漏补缺，进一步提升、完善自己的知识体系；一直以来基础相对不太好的同学呢，目标就该是把复习范围变窄，把知识结构简化，更突出主干，保证自己会的少扣分，不必奢望查出和堵住所有的漏洞。

二、关注常考考点比盲目撒网重要

所谓高考常考考点，就是那些在历年高考命题中经常考查的历史知识点。

以教育部考试中心命制的海南和全国文科综合能力测试新课标卷为例，仅 2007—2011 年经常考查且试题分值超过 30 分的知识单元依次有必修 I 第 5 单元近代中国反侵略、求民主的潮流，必修 II 第 4 单元中国特色社会主义建设的道路，必修 II 第 1 单元古代中国经济的基本结构与特点，必修 I 第 1 单元古代中国的政治制度，必修 II 第 2 单元资本主义世界市场的形成和发展，必修 I 第 3 单元近代西方资本主义政治制度的确立与发展，必修 II 第 6 单元世界资本主义经济政策的调整，必修 III 第 3 单元西方人文精神的起源及其发展，必修 III 第 1 单元中国传统文化主流思想的演变，必修 I 第 2 单元古代希腊罗马的政治制度。这就是说，在短短有限的时间内，认真复习、理解和掌握上述单元的历史知识，必然会大大提高你的高考历史成绩。

三、回归阅读教材比盲目做题重要

考前一个月，是高三学生最难熬的一段时间。平时学习成绩好的学生，希望通过大量做题来提高自己的解题能力，以确保自己在未来的高考中获得更好成绩；学习成绩一般的学生，希望通过大量做题，以保持自己解题感觉和提高自己应对不同题型的能力，争取在未来的高考中有超常的发挥；学习成绩较差的学生，因心中没谱而大量做题，希望能在未来的高考中碰到做过的原题或类似试题，从而一鸣惊人。

实话实说，临考前适当做一些历史试题，特别是做一些类型比较新颖的试题，确实能保持做题的感觉和速度，提高考场的应变能力。但这并不等于多多益善。其实，盲目做题的消极作用也是很明显的。这主要表现在两个方面：一是费时、效率低。如有些试题反复考查自己熟知的历史知识点，有些试题则因繁难偏旧，使做题者白费精力，有些试题又因标新立异将做题者引向误区。二是难以迅速弥补自己在历史知识方面的缺陷。做题虽能查漏补缺，但速度慢，涉及面有限，远不如依据教材系统梳理历史知识来得有效。

或许有人会说，当今高考历史试题绝大部分是新材料、新情境试题，似乎与所学历史教材基础知识无关。这实乃一种错误认识，是当今历史学习之大敌，同学们切不可相信这种错误言论。仅以2012年全国文科综合能力测试新课程卷为例，虽然历史选择题与非选择题都为新材料、新情境试题，但解答这些试题时，无不或多或少地涉及历史教材中的相关知识。如第40题就明确要求：（1）根据材料并结合所学知识，指出城市道路交通信号灯诞生的历史背景。（2）根据材料并结合所学知识，简述影响20世纪交通信号灯重大改进的主要科技成果。（3）根据城市交通信号灯的发展历程，说明技术进步在哪些方面改善了城市生活。第41题小论文题，也明确要求"根据材料并结合所学知识，评析'冲击—反应'模式"。再如选择题第32题：

1958年，美国一份评估中国"二五"计划的文件认为，中国虽然面临着农业生产投入不足与人口快速增长的压力，但由于中苏关系良好而可以获得苏联援助，同时减少粮食出口，中国可以解决农业问题，工业也将保持高速发展。这一文件的判断：

A. 对中美关系的急剧变化估计不足

B. 低估了苏联对华经济援助的作用

C. 符合中苏两国关系的基本走向

D. 与中国工农业发展状况不符

从试题提供的新材料我们可以看出：本题实际是考查学生对1958年这个特殊的时间点的中国经济的认识。解题的关键在于把握好1958年前后中国经济的基本走向，所以学生在读懂题目之时又要调用所学的知识。材料中文件反映了美国对中国"二五"计划发展的判断。文件认为在此期间有苏联的帮助，中国可以解决农业问题，工业也将高速发展。这一判断被中国历史的发展证明是错误的，不符合中国发展状况。因为，1958年，中国在社会主义经济建设上犯了"左"倾错误，工农业生产遭受重大损失而不是高速发展。中苏关系与粮食出口都是次要原因，经济上的"左"倾错误才是造成当时中国经济遭受重大损失的主要原因。正确答案为 D。其所考查的知识点是《历史②必修》第 4 单元"中国特色社会主义建设的道路"第 12 课"经济建设的发展和曲折"。

如何回归历史教材？回归历史教材不是机械地死记硬背历史教材，在具体方法上应注意以下几点：

第一，依据考试大纲和课程标准的相关要求回归教材。如《历史①必修》第一单元"古代中国的政治制度"中的第 1 课"夏、商、西周的政治制度"。《考试大纲》要求相当笼统："商周时期的政治制度。"它涉及的政治制度实际上是很多的。如果我们结合《普通高中历史课程标准（实验）》中的"内容标准"要求，就不一样了，它被简化为"了解宗法制和分封制的基本内容，认识中国早期政治制度的特点"。也就是说，复习本课，我们只要理解和掌握"宗法制"和"分封制"，并由此"认识中国早期政治制度的特点"就可以了。

第二，重视主干知识，注意对课本内容的总体把握。主干知识是指对历史进程能够产生广泛影响的重要人物、事件和典章制度等，掌握了历史主干知识就掌握了历史发展的脉搏。特别是基础比较好的同学，不妨先回忆自己要看的这一部分的相关单元、课甚至子目的标题、大事年表等，通过对这些"纲"的综合、归纳，形成历史的阶段特征、基本线索。也就是将所学知识进行综合化、系统化，做到纲举目张，高屋建瓴。如中国近代的半殖民地化和中国的近代化问题，中国共产党的成熟和自我完善的问题，都必须站在相当的高度才能驾驭。基础较弱的同学，可以先看单元、课的子目的标题，首先对阶段特征和基本线索进行理解和记忆，同样可以做到"纲举目张"。

第三，重视历史事件的背景、经过、性质、结果和影响，从内涵和外延等方面把握历史事件的本质。基础好的同学应抱着查漏补缺的心态去看书，才有新的收获。具体做法可对照《考试大纲》中的考试范围，逐个对知识点进行背景、时间、地点、人物、过程或内容、影响、评价全面的地毯式搜查复述；落实课本对某些重要知识的准确表述，使自己在考卷中更多地使用专业术语。基础不太好的同学就要学会舍得，可以把要看的这一部分中你认为重要的问题先找一个出来，比如一些重要的历史人物、历史事件、典章制度和历史概念等，注意不能以时间有限为理由跳过复述、记忆这一环节，可是你在复述和记忆时可以抓中心词、关键词，不一定要求复述成完整的句子，然后再第二个、第三个如法炮制。

第四，纵向快速放映，横向广泛联系。高考前夕回归教材，绝不是逐行逐字地看书，而是"手翻脑想"的电影放映式复习。这里要强调快速，以保证效率和思维的提升及知识的线索化。就目前20天时间安排：前两周比较细地"放"一遍必修教材，第三周"放"第二遍，6月7日晚飞速地"放"第三遍。横向广泛联系是由某个重要的知识点或热点进行由此及彼的联系。这是适应小专题选择题考试的最佳方法，也是自己整理线索的有效途径。这样，通过以线（线索）带点（知识点）、以点（热点）引线（一连串的知识）的方法，可以达到考场上居高临下，运用自如的境界。

四、反思自身缺陷比盲目跟风重要

人们常说，人无完人。同学们学习历史也是如此，不同的学生在学习历史过程中总会存在这样或那样的缺陷。有些学生阅读历史教科书的习惯差，只看正文，不看单元导言、历史纵横、资料回放、插图、注释、模块链接、本课要旨、探究学习总结、大事年表等；有些学生记忆力差，不能清晰准确地讲清历史上重要人物的活动和业绩，重要的历史事件、组织机构以及与此有关的重要的时间、地点，更谈不上从纵向和横向两个角度去归纳、概括、挖掘彼此间的内在联系；有些学生基础知识不扎实，考试时巧妇难为无米之炊；有些学生阅读能力差，一看历史材料解析题，特别是看到文言文材料解析题，头就是大的；有些学生则粗枝大叶，考试时将试题看错导致不应有的失分；有些学生表达能力差，解题时总是"茶壶煮饺子倒不出来"；有些学生答题不规范，总是因丢三落四而失分……因此，考前一个月，我们应认真反思自己在日常历史学习和考试中所存在的种种问题，并对一些只要稍加注意，或不需要做很大努力就可以克服的历史学习缺陷应努力加以克服。我们如果能做到这一点，就能大大提高我们历史学习和复习效率，提高我们的考试成绩。

克服自身历史学习缺陷，说来容易做到难。这里，除了同学们长期形成的陋习和定式思维因素外，还与同学们心理浮躁、不重视、缺乏信心毅力有关，特别是临近高考，有关高考命题信息满天飞，不少学生根本无法静下心来学习，不遗余力整天打听各种高考命题信息，且为获得某种所谓的"绝密信息"而沾沾自喜。实际上，所谓的高考历史命题信息，或子虚乌有，或骗你掏钱，或是一些研究者的主观臆测，往往当不得真的。同学们在临近高考一个月时，千万不能为种种所谓"绝密信息"所忽悠，必须静下心来，反思自己的知识、能力、思维、解题等方面所存在的缺陷，并尽力给予弥补，才能赢得未来历史高考的胜利。

长期高三历史教学经验告诉我，当今高考历史命题确实存在关注时政热点和史学研究热点的现象。一些高考历史命题研究者，常常据此推出一些所谓高考信息试题，由于猜得多了，或多或少地会巧遇到当年某些高考试题所涉及的历史知识点。这只不过是瞎猫碰到死老鼠而已，绝不等于猜到或碰到了当年某一高考历史试题。在即将到来的高考中，同学们如果有幸碰到平时练习过的所谓"热点"材料或问题时，千万不可沾沾自喜。小心！或许它表面类似，实际上并不是；或许材料是，而依据材料所设计的问题是全新的；或许是一语甚至一字之差而改变了试题解答方向。

五、落实解题规范比答题无序重要

同学们在高考前最后一个月的历史复习中，肯定会做不少历史试卷或历史试题，这是不用回避的问题。即使同学们不想做，各种模拟训练和考试也会不断。考前做题训练是必要的，但不能陷于盲目做题之中。必须有意识地反思自己在解题过程中是否做到步骤化、规范化（如耐心阅读材料、搜索材料、筛选材料、提炼观点或要点，细心审读试题中的时空、限制词、答题词等），要让自己的解答规范有序，成竹在胸。要注意错题回访（尤其是基础题），找出错误的原因，努力减少审题、解题不规范等非智力因素而导致的失分。

长期高三历史教学经验告诉我，同学们在答题过程中存在的问题表现为四个方面：一是因基础知识掌握不牢，或不懂知识的迁移运用，该得的分不能全得。二是审题能力存在不足，如抓不住关键词，忽视试题中的时空、制约答题方向与答题内容的限制词，没有弄清答题角度，没有准确把握试题意图等。三是从材料中提炼出有效信息的能力不够，如阅读原始材料的能力不足；找不出材料中的隐含信息；特别是对一些图片、地图等非文字材料的挖掘不够；答案不根据材料回答，或根本与题目无关等。四是不注意答题的规范要求，卷面不够规范，段落、要点不清；语言不规范，不用学科语言；随意性较强，逻辑不严密；答题卡涂写错误等。

因此，为提高历史高考得分率，尽量减少历史高考中的失误，同学们在日常历史学习过程中，应有意识地训练下列内容：

第一，规范填涂答题卡，谨防填错（考号记错、写错），漏涂（考号写后忘了涂，或漏涂科目，或某一题未涂），错位（考号涂错位或选择题涂错位），涂错（考号明明写1，涂的却是0或明明选A却涂成B），没时间涂（考试结束，卡没涂完）。这里特别强调：同学们考号涂完后一定要再检查一遍；卷一做完后就把卡涂好，不要等到最后15分钟再涂，以避免匆忙中出错。

第二，主观材料题答题要规范。其一，在答题形式上要"段落化""提示化""序号化""整洁化"。"段落化"是指所需回答问题中有两个或两个以上小问题及问题明确要求回答两个或两个以上角度、侧面时，一定要坚持做到每个"小问题""角度""侧面"都要自成一个段落，使段落分明，条理清楚。"提示化"就是在每个"小问题""角度""侧面"加上"答题词"——原因、结果、理由、评价等，并加注冒号，之后再写答案内容。"序号化"是指回答"小问题""角度""侧面"的各个并列要点之间用①②……分隔，使要点突出，一目了然。"整洁化"指卷面美观，整齐洁净。要求使用高考指定的书写用笔，字体大小要适中，防止过大或过小，不写草字，最好用楷书或行书书写。卷面整洁、标点齐全，不涂抹、不画箭头、不加小注，勿将答案内容写入密封线内。其二，答案内容要"全面""简约"，即既要面面俱到，又要点到为止。"全面"指所回答问题的要点齐全。明显角度较易确定，碰到隐含角度时要注意运用平时分析问题的发散思维方法来确定。一般情况下，高考阅卷，大约每个要点2分。也就是说，如果某题为8分，同学们所回答的答案要求点不能少于4点，在把握不准的情况下，可比预测的要点多出1~2个要点，以免失分。"简约"就是指回答问题的语言简洁明了，通俗易懂，史论结合，使用历史学科语言，避免文学化语言。一般情况下，一个要点最多2~3句话表述足矣。

六、形成良好心态比紧张复习重要

高考承载着每一名高三学生的梦想，也承载着家长和亲朋们的希望，面对这样一次重要考试同学们都会有对未来美好的憧憬，同时也会经常产生一些担忧，担心高考发挥失常，担心高考时身体出现不利的状况，等等，从而导致焦虑、失眠、烦躁等不良心态，最终影响自己的高考成绩。因此，认识自我，甩掉包袱，以良好的心态迎接高考，是高考中获得理想成绩的前提条件。

认识自我，在历史复习迎考中，就是正确认识自己在历史学习方面有哪些优势，又有哪些劣势，我们应如何发挥自己的优势，克服自己的劣势。比如，自己的劣势是识记的历史知识太少，那么就应充分利用考前一个月的"空闲"多记忆一些历史知识。如果自己的劣势是不会撰写历史小论文题，自己就有意识地选做一些历史小论文题，提高自己撰写历史小论文题的能力。

甩掉包袱，就是甩掉自己在学习与考试上的心理包袱。因为，心理包袱是压力和负性情绪产生的内在因素，只有甩掉包袱才能保持内在的心理流畅当然。说实在话，同学们因种种因素影响或制约，使自己在历史学习方面存在某些劣势。有些历史学习劣势在老师正确指导和自己的主观努力之下是可以改变的，但有些历史学习方面的劣势不是短时间内能够弥补的。既然如此，我们就应该接纳独特的自己，正视自己的优势，面对自己的不完美，学会坦然放弃。如阅读历史文言文材料的能力，不可能在短短一个月之内发生质的提升。既然如此，我们就没有必要在这方面花费有限的时间，而应学会一些"巧"办法，以解燃眉之急。如利用删减法巧妙摘抄材料中的某些关键句子回答相关问题等。这样，我们可以通过放弃一些不能迅速解决的"劣势"问题，从而赢得某些时间来解决可以解决的"劣势"问题和充分发挥自己的优势。

七、按部就班学习比盯住考试结果重要

人们常说："考！考！老师的法宝。分！分！学生的命根。"高三历史学习是离不开种种考试的，而考试的分数对每位学生来说毫无疑问是非常重要的。要求同学们在高三历史学习阶段不关注自己的历史考试成绩高低是不现实的，甚至是错误的。我这里想说的是，同学们如果在考前一个月过于关注自己的日常考试成绩，反而不利于在未来高考中取胜。原因何在？因为过于关注自己每次历史考试成绩（结果），有可能会使自己产生两种不良心态：成绩高则沾沾自喜，认为自己的历史学习已经差不多了，进而放松反思，甚

至放弃对历史知识的学习和历史学科能力的提升。成绩低则垂头丧气，甚至因自己的历史成绩不好而对高考失去信心，进而放弃对历史的学习。正确的做法，就是不论日常考试成绩的高低，都应以良好的心态坚持按部就班地完成自己的历史学习任务。

所谓按部就班学习历史，就是在临近高考前的一个月，应科学制订自己的历史学习计划，不论出现何种情况，都要坚持按部就班地完成自己既定的学习计划。如何在临近高考前一个月制订适合自己的历史学习计划？就一般情况而言，前20天应重点做两件事：一是结合周练、强化模拟考试、高考历史研究方面的信息和老师的授课进行查漏补缺，认真弥补自己在历史知识和学科能力方面的缺陷；二是按历史必修1、必修2、必修3和任意一册选修教材的顺序，每5天阅读一册，将前面强调的回归历史教材真正落到实处。后10天除适当翻阅自己还不熟悉的历史教材中的知识点外，应重点注意两点：一是认真翻阅自己积累起来的"错题本"，反思自己的失误，总结经验教训，以防止考试失误悲剧的重演；二是调整好自己的心态与生物钟，以良好的心态迎接即将到来的高考。如果你能坚持落实这些历史学习计划，你就一定能在即将到来的高考中获得理想成绩。

八、总结考试经验教训提高应考技能

我在前面已经提到，高三学生在临近高考前一个月不可能不关注自己的考试结果（成绩）。实际上，不论你如何关注考试结果（成绩），每当同学们走出教室，你的考试成绩就已经定格，它已经成为不可改变的东西。因此，我们与其关注每次历史考试结果（成绩），还不如认真反思自己在考试过程中的种种失误，借以提升自己考试技能，养成良好的考试心态。因此，同学们应认真对待每一次考试，做到考前重视，准备充分，及时总结，结合老师的指导确定适合自己的应考策略，积累实战经验，特别是要提高适应性和发挥的稳定性。怎样确保发挥稳定呢？实际上，在知识与能力一定时，确保考试成绩的稳定性，最重要的就是应考的规范性。应考不规范，存在隐含失分现象较多。每年都有一部分考生考完比较乐观，有的分数估得挺高，而当拿到分数通知单却大失所望。产生这种现象的主要原因是应考不规范。如没有养成警觉意识，审题马虎，主观臆断，忽视题中隐含条件，凭感觉答题；遇到简单题或熟面孔的题，盲目高兴或仅凭老经验挥笔作答，结果造成本该得

分却没得分；平时不注意表达规范，不能规范使用术语答题，爱写大意，要点不明确，没养成检查的习惯，等等。由于高考对解题表达规范要求较高，加之高考阅卷速度快，解题不规范就成为影响正常得分的主要因素之一。

关注考试，提升自己的应考技能，还应注意三个方面：第一，考试前要做好心理上的准备，要有一个恰当的期望值，保持良好的竞争心态，树立敢打必胜的信心，在战略上藐视考试，在战术上重视考试。这样就能保持沉着冷静步入考场。第二，考试过程中应注意浏览全卷，胸有成竹；依次作答，敢于放弃；仔细审题，分清正误；推测排除，相信直接；对准题号，及时涂写；以分定答，史论结合；善于表达，不留空白；做后检查，系统补漏。第三，如果在考试过程中碰到不太熟悉的热点材料，千万不要心慌，因为万变不离其宗，考热点一定会以所学知识为依托，如"三农"问题（含土地问题）、两型社会等问题，都会以相关的历史知识为依托。因此，过好基础知识关，掌握方法，以不变应万变才是最重要的。

03

| 教材发掘 |

20 世纪 90 年代高考历史命题改革以来，每年历史或文科综合考试结束，耳旁总会响起："学生这三年历史又白学了，试题与历史教材毫无关系，命题者为何要这样为难我们历史教师和学生？唉！真是郁闷。"其实，一些中学历史教师和学生之所以产生如此感受，关键在于他们在对教材、教师和学生三者关系的认知上存在一定的缺陷。我们必须明白，历史教材、教师、学生是构建课堂教学活动、生成教学质量的基本要素，三者从不同角度、不同层面对教学活动和教学质量产生决定性、根本性、实质性的影响。教材是教师教学和学生学习的纽带，教学过程不是教师依据教材照本宣科的过程，而是教师依托教材，用自己的知识、智慧和技能，激活学生思维、发展学生智能、提升学生核心素养的过程。

历史教材是学生学习历史，获得系统历史知识，形成历史学科核心素养的主要材料，也是教师开展教学活动的主要材料。但历史教材相对于史学研究、教育教学改革和高考改革，必然存在一定的滞后性。教师的教学活动，必须关注史学研究新成果，必须关注历史课程标准和历史高考大纲的新变化，深入研究它们与现行历史教材之间的关系，求同存异，长善救失，科学有效地利用历史教材开展教学活动，提升课堂教学质量。

中国古代史新旧课程异同及复习对策①

随着新课程改革的不断深入，我国普通高考在 2007 年已有四个省市（区）按《普通高中历史课程标准（实验)》和《2007 年普通高等学校招生全国统一考试新课程标准历史科考试大纲》进行命题考试。因形势需要，全国普通高考其他文科综合卷或历史卷的命题，也或多或少地体现了高中历史新课程的理念和特点。因此，比较分析高中历史新旧课程的异同，积极应对，对提升高三历史复习或学习效率是有积极意义的。

一、先秦

1. 历史教学大纲、文综考纲与历史新课程标准、考纲的比较分析

现行全日制普通高级中学《历史教学大纲》，关于"祖国历史的开篇——先秦"的教学内容要点的必修内容包括：夏、商、西周的政治与经济；春秋战国纷争和民族融合；春秋战国时期的社会经济和社会改革；春秋战国时期的文化。不列入考试范围的阅读内容，有远古社会和传说时代；夏、商、西周的文化。《文科综合考试大纲》将其细化为：夏朝的建立；商朝的兴衰；武王伐纣和西周的分封制；国人暴动和西周灭亡；诸侯争霸和兼并战争；民族融合；春秋战国时期的农业、手工业、商业和城市；土地所有制的变迁；春秋战国时期的改革和变法；老子和孔子；百家争鸣；文学和艺术；天文和物理；扁鹊。

《普通高中历史课程标准（实验)》，关于"祖国历史的开篇——先秦"

---

① 本文先后发表于《中学历史教学参考》2007 年第 10 期，《中学政史地》2007 年第 10 期。但因两篇文章读者主体存在差异，故文章也略有差异。

教学内容的知识要点，有必修课程历史（Ⅰ）中的"古代中国的政治制度"中宗法制和分封制的相关内容，历史（Ⅱ）中的"古代中国经济的基本结构与特点"中的中国古代农业的主要耕作方式和土地制度，古代中国手工业、商业所涉及的相关内容，历史（Ⅲ）中的"中国传统文化主流思想的演变"中的百家争鸣、诸子百家和孔子、孟子、荀子等思想家以及儒家思想的形成的相关内容；选修课程（一）中的"商鞅变法"；选修课程（四）"东西方的先哲"中孔子的生平、基本思想观点和政治主张、在中国以及世界思想上的地位和影响的相关内容。《2007年普通高等学校招生全国统一考试新课程标准历史科考试大纲》中与"祖国历史的开篇——先秦"相关的考查知识点，必修课程为：商周时期的政治制度；"古代中国的经济"模糊涉及商周农业的主要耕作方式、土地制度、手工业的发展和商业的发展；春秋战国时期的百家争鸣。选修课程为：商鞅变法；孔子。

我们通过比较发现：《普通高中历史课程标准（实验）》与《历史教学大纲》的主要不同点：一是从宗法制的角度分析西周的分封制；对于商周时期的政治制度，《新课程标准历史科考试大纲》是一种宏观模糊处理。二是从中国封建社会经济发展的宏观角度出发，对先秦农业、手工业和商业进行了模糊处理。三是对先秦的社会改革重点突出商鞅变法。四是对先秦文化只突出孔子、孟子和荀子等儒家思想家及思想。这也许是近几年来全国文科综合考试，很少涉及考查分封制、商鞅变法和先秦儒家思想以外的其他内容的原因所在。

因此，我们在学习或复习"祖国历史的开篇——先秦"时，应主要注意：（1）分封制的内涵及对先秦历史发展的影响。（2）从社会转型的角度理解和分析商鞅变法。（3）从社会转型的角度理解和分析儒家思想的形成、价值和对中国及世界历史发展的影响，突出孔子在中国和世界上的历史地位。

2. 人教版历史新课标教材展现的新视点

与现行历史教材相比，《文科综合考试大纲》规定要考查的内容，在新课程标准教材有新的或不同表述，而应引起重视的有：①关于西周分封制"周公在推行分封制方面，起了重要作用"。"有些诸侯国成为开疆拓土的重要力量，形成对周王室众星拱月般的政治格局。周成为一个延续数百年的强国。""春秋时期的楚王问鼎，是诸侯国对分封制的公开挑战。"②从春秋战国时开始，"铁犁牛耕就成为中国传统农业的主要耕作方式"。

二、秦汉

1. 历史教学大纲、文综考纲与历史新课程标准、考纲的比较分析

现行全日制普通高级中学《历史教学大纲》，关于"封建大一统时期——秦汉"的教学内容要点的必修内容包括：秦朝统一和多民族的中央集权国家的建立、秦末农民战争、两汉时期的政治经济制度、两汉时期的民族关系和对外关系。《文科综合考试大纲》将其细化为：秦朝的统一；专制主义中央集权制度的建立；秦末农民战争；郡县制与封国制的并存；察举制；编户齐民；匈奴的兴衰；张骞通西域；西南夷与百越；与朝鲜的关系；与日本的关系；与西亚、欧洲的往来；丝绸之路；秦汉时期的科学技术、哲学与宗教、史学与文学、雕塑与绘画。

《普通高中历史课程标准（实验）》，关于"封建大一统时期——秦汉"教学内容的知识要点，有必修课程历史（Ⅰ）中的"古代中国的政治制度"中的"始皇帝"、郡县制、中国古代中央集权制度的相关内容，历史（Ⅱ）中的"古代中国经济的基本结构与特点"中的中国古代农业的主要耕作方式和土地制度、古代中国农业的基本特点、古代中国手工业发展基本史实和特征、古代中国商业发展的概貌和特点、"重农抑商"的相关内容，历史（Ⅲ）中的"中国传统文化主流思想的演变"中的汉代儒学成为正统思想，古代中国的科技成就与贡献，汉字、绘画的起源、演变的过程，中国书画的基本特征，诗经、楚辞、汉赋的相关内容；选修课程（四）"古代中国的政治家"中的秦始皇兼并六国、建立中央专制集权国家的主要史实、秦始皇的历史功过等；选修课程（六）"中国的历史文化遗产代表"中的秦始皇陵兵马俑、万里长城的相关内容。《2007 年普通高等学校招生全国统一考试新课程标准历史科考试大纲》将必修课程简化为：秦中央集权制度的形成；农业的主要耕作方式和土地制度；手工业的发展；商业的发展；汉代儒学成为正统思想；科技成就；汉字的起源演变和书画的发展；文学成就。选修课程简化为：秦始皇；秦始皇陵兵马俑；万里长城。

从上面的比较，我们可以发现《普通高中历史课程标准（实验）》《新课程标准历史科考试大纲》与现行《历史教学大纲》和《文科综合考试大纲》的主要不同点：一是从古代中国经济结构与特点的宏观角度，阐释秦汉的经济制度和经济发展状况。这一方面现行教学大纲和考试大纲不列入考试

范围，因此不需要关注。二是从中国传统文化主流思想的演变认识汉代儒学成为中国古代的正统思想。三是从宏观与专题的角度认识秦统一、中央集权和秦始皇的是与非。在知识构建上，历史新课程标准突出中央集权制度、经济结构与特点、思想和文化发展演变纵向综合，主题突出，整体感强。新课程这些变化理念，在近几年全国和一些省市命制的文科综合卷中有不少反映。

因此，我们在学习或复习"封建大一统时期——秦汉"时，要注意：（1）从历史发展的角度评析秦汉统一、中央集权制度的建立、秦始皇个人功过是非。（2）依据汉代儒学成为正统思想的基本史实，分析其因果和影响。（3）从历史发展的角度认识秦汉科技、文化成就的历史地位、贡献、特点。（4）对秦始皇陵兵马俑，我们不仅要认识它与秦暴政和灭亡的关系，更要从中国古代工艺、美术、造型、军事、政治、经济等方面理解其价值。（5）从建筑风格、复杂的建筑结构和浩大的建筑规模、长城在中国历史发展进程中的作用和影响方面评析万里长城。

2. 人教版历史新课标教材展现的新视点

第一，与现行历史教材相比，《文科综合考试大纲》规定要考查的内容，在新课程标准教材有新的或不同表述，而应引起重视的有：①秦始皇首创的皇帝制度，一方面以皇位世袭显示了权力的不可转移，另一方面以皇权至上显示了地位的不可逾越。这是中国封建专制制度的重要特征。②郡，是中央政府以下最高一级地方行政机构。……县，是郡的下级行政机构。……秦朝建立的中央集权专制统治的政治制度，奠定了中国两千多年封建政治制度的基本格局，为历代封建王朝所沿用，且不断得到加强和完善。③汉朝在中央设丞相、御史大夫、太尉，习称三公。④董仲舒糅合道家、阴阳五行家的一些思想改造儒家思想，形成了具有时代特色的新儒学体系。……儒家思想成为历代统治者推崇的正统思想，它也逐渐成为中国传统文化的主流思想。⑤秦始皇统一中国，结束了诸侯割据的政治局面，建立大一统的中央集权王朝，开创了中华民族国家统一的新纪元，这是秦始皇重大的历史贡献，他的暴政又导致了秦很快灭亡。⑥"长城是中国古代劳动人民汗水和智慧的结晶，后来成为中华民族的伟大象征。""无论从历史的悠久，工程的浩大，或气势的雄伟来说，长城都堪称是世界建筑工程史上的奇迹。"长城修建"都遵循因地制宜的原则，和当地的自然环境和谐地融为一体，取得了协调一致的效果。各段长城连缀起来，绵延不绝地横贯于中国北方大地，形成一种朴实浑厚、粗犷奔放、雄伟壮观、气势磅礴的独特风格，具有强大的美学魅力。""长城的防御工程，以烽燧内报警系统、城墙为前沿阵地，敌台为前沿战斗据点，关城为区域防线的支撑点，后方城障为纵深防线，并以军用道路互相联系沟通，具有强大的防御能力。""长城既是防御性的军事工程，同时也是伟大的艺术品。"长城"作为一项综合性的防御工程，主要是为了抵御北方游牧民族的南下侵扰。……有效地保护了内地的农业生产和人民的生命财产，同时也保障了丝绸之路的安全畅通，……促进了中西经济文化的交流。……对长城沿线经济、文化的发展，是个有力的推动。……成为联结游牧民族和农耕民族经济、文化的重要纽带。在和平时期……促进了各民族的经济、文化交流和民族融合"。⑦秦始皇陵兵马俑"体现了严密的组织"，"展现了秦军威武雄壮的豪迈气势"，"是秦代雕塑艺术品中的杰作"，"反映出我国古代工匠高超的技艺。……是我国雕塑艺术史上的一枝奇葩"。"秦兵马俑的出土，为我们研究秦朝政治、经济、军事制度、文化艺术及科学技术等，提供了极为重要的实物资料。"

第二，与现行历史教材相比，相同的历史内容，由现行教材中的小字变为新课程标准教材中的大字正文，地位提高的有秦始皇修筑万里长城。

三、三国两晋南北朝

1. 历史教学大纲、文综考纲与历史新课程标准、考纲的比较分析

现行全日制普通高级中学《历史教学大纲》，关于"封建国家分裂和民族大融合——三国、两晋、南北朝"的教学内容要点的必修内容包括：三国、两晋、南北朝时期的社会经济；三国、两晋、南北朝时期的文化。不列入考试范围的阅读内容，有三国、两晋、南北朝政权的更替和三国、两晋、南北朝时期的民族融合。《文科综合考试大纲》将其考查的知识点规定为：江南经济的发展；均田制；科学技术；道教与佛教；唯物论思想家；文学和艺术。

《普通高中历史课程标准（实验）》，关于"封建国家分裂和民族大融合——三国、两晋、南北朝"教学内容的知识要点，有必修课程历史（Ⅱ）中的"古代中国经济的基本结构与特点"中所涉及的古代中国农业的主要耕作方式和土地制度、手工业发展和商业发展的基本史实和基本特点，历史

（Ⅲ）中的"古代中国的科学技术与文化"中所涉及的科技成就、书画的相关内容；选修课程（一）"北魏孝文帝改革"。《2007年普通高等学校招生全国统一考试新课程标准历史科考试大纲》将其考查的知识点，必修课程规定为：农业的主要耕作方式和土地制度；手工业的发展；商业的发展；科技成就；汉字的起源演变和书画的发展；文学成就。选修课程为：北魏孝文帝改革。

从上面的比较，我们可以发现《普通高中历史课程标准（实验）》《新课程标准历史科考试大纲》与现行《历史教学大纲》和《文科综合考试大纲》的主要不同点：一是经济史和文化史变得模糊，其地位被削弱；二是"北魏孝文帝改革"在新课程中属于选修和选考内容，但在《历史教学大纲》中规定为阅读教材，而《文科综合考试大纲》仅考查其中的"均田制"，其他内容不做考试要求。这也是近几年来全国各地高考命题较少涉及的原因，即使涉及也多集中在经济和文化两个方面。

因此，我们在学习或复习"封建国家分裂和民族大融合——三国、两晋、南北朝"时，要注意：（1）从古代中国经济发展演变的角度认识"江南经济的发展"和"均田制"。（2）北魏孝文帝改革整体上虽然不做考试要求，但因考查"均田制"，最好在复习时略加涉及。（3）文化史的学习与复习，要重视科技成就、书画所取得的成就，认识这些成就与当时的政治经济的关系。

2. 人教版历史新课标教材展现的新视点

与现行历史教材相比，《文科综合考试大纲》规定要考查的内容，在新课程标准教材有新的或不同表述，而应引起重视的有：①北魏实行"均田制"，规定百姓占有田地的最高限额。除了将百姓原有的田地算作政府"授田"外，政府还将荒地和部分官田授给无地或少地的农民。……均田制并不能完全阻止土地兼并。②贾思勰的《齐民要术》，是世界上现存最早的杰出农书。③江南的开发，为唐宋时期我国经济重心的逐步南移打下了基础。

四、隋唐

1. 历史教学大纲、文综考纲与历史新课程标准、考纲的比较分析

现行全日制普通高级中学《历史教学大纲》，关于"封建社会的繁

荣——隋唐"的教学内容要点的必修内容包括：隋朝兴衰与唐前期的政局；隋唐时期的政治经济制度；隋唐时期的社会经济；隋唐时期各民族的发展和民族关系；隋唐时期的对外关系；隋唐时期的文化。《文科综合考试大纲》将其细化为：隋朝的建立与统一；两都的兴建和大运河的开凿；隋炀帝的暴政和隋朝的灭亡；唐朝的建立与"贞观之治"；武则天的统治；"开元之治"；三省六部制；科举制；租庸调制；两税法；农业；手工业；商业和城市；突厥；回纥；靺鞨；南诏；吐蕃；和新罗的交往；和日本的交往；和东南亚、印度半岛各国的交往；和中亚、西亚、欧、非各地的交往；科学技术；文学和艺术。

《普通高中历史课程标准（实验）》，关于"封建社会的繁荣——隋唐"教学内容的知识要点，有必修课程历史（Ⅰ）中的"古代中国的政治制度"关于从汉到元政治制度演变史实与特点中的相关内容，历史（Ⅱ）中的"古代中国经济的基本结构与特点"中的中国古代农业的主要耕作方式和土地制度、古代中国农业的基本特点、古代中国手工业发展的基本史实和特征、古代中国商业发展的概貌和特点、"重农抑商"的相关内容，历史（Ⅲ）中的"中国传统文化主流思想的演变"中的古代中国的科技成就与贡献、书画、唐诗的相关内容；选修课程（四）"古代中国的政治家"中的"贞观之治"的主要表现、唐太宗在推动中国封建社会发展中的历史作用。《2007年普通高等学校招生全国统一考试新课程标准历史科考试大纲》将必修课程简化为：汉到元政治制度的演变（涉及唐）；农业的主要耕作方式和土地制度、手工业的发展和商业的发展（涉及唐）；科技成就、汉字的起源演变和书画的发展和文学成就（涉及唐）；唐太宗。

从上面的比较，我们可以发现《普通高中历史课程标准（实验）》《新课程标准历史科考试大纲》与现行《历史教学大纲》和《文科综合考试大纲》的主要不同点：一是将隋唐时期的政治经济制度、社会经济发展、科学技术和艺术成就，置于整个中国古代历史发展长河中进行宏观描述与分析。二是重点突出了"贞观之治"、唐太宗和唐诗的历史地位。反映了历史新课程主题突出、整体感强的特点。

因此，我们在学习或复习"封建社会的繁荣——隋唐"时，要注意：（1）从宏观的角度理解和认识隋唐时期的政治经济制度、社会经济发展、科学技术和艺术成就在中国古代史的历史地位，分析其演变原因和影响。（2）

重点突出"贞观之治"的表现和因果关系，整合与唐太宗有关的政治、经济、军事、民族关系、对外关系和科技文化方面的知识，并进行辩证分析和评价，认识唐太宗在推动中国封建社会发展中的历史作用。(3)关注唐诗成就、繁荣原因和历史影响，注意分析唐诗对当时社会各方面的反映，说明社会存在决定社会意识，一定的文化是一定的政治经济的反映。

2. 人教版历史新课标教材展现的新视点

第一，与现行历史教材相比，《文科综合考试大纲》规定要考查的内容，在新课程标准教材有新的或不同表述，而应引起重视的有：①（唐代的曲辕犁表明）中国的耕犁已相当完善，一直为后世所沿用。②隋代著名画家展子虔的《游春图》，是现存中国最早的山水画。

第二，与现行历史教材相比，相同的历史内容，由现行教材中的小字变为新课程标准教材中的大字正文，地位提高的有"诗歌的黄金朝代"中的小字部分。

五、五代辽宋夏金元

1. 历史教学大纲、文综考纲与历史新课程标准、考纲的比较分析

现行全日制普通高级中学《历史教学大纲》，关于"五代辽宋夏金元"的教学内容要点的必修内容包括：北宋的建立和专制制度的加强；辽、西夏的建立与宋辽、宋夏的和战；北宋中期的社会危机和改革；金的建立与宋金的和战；元朝的建立和统一的多民族国家的发展；五代、辽、宋、夏、金、元时期的文化。《文科综合考试大纲》将其细化为：北宋的建立和分裂局面的结束；中央集权的强化；科举制的发展；北宋中期的社会危机；王安石变法；契丹的兴起和建国；宋辽的和战；西夏的建立；宋夏的和战；金的建立；辽和北宋的灭亡；南宋初年的抗金斗争；宋金对峙局面的形成；蒙古的兴起；忽必烈建立元朝和统一全国；行省制度和宣政院的设立；统一多民族国家的发展；元朝的灭亡；科学技术、理学和文学。

《普通高中历史课程标准（实验）》，关于"五代辽宋夏金元"教学内容的知识要点，有必修课程历史（Ⅰ）中的"古代中国的政治制度"中的汉到元政治制度的演变的相关内容，历史（Ⅱ）中的经济史仍为宏观描述（略）；历史（Ⅲ）中的"中国传统文化主流思想的演变"中的宋明理学代表人物和儒学的发展、科技发明、宋词和元曲等相关内容；选修课程（一）王安石变

法。《2007年普通高等学校招生全国统一考试新课程标准历史科考试大纲》将必修课程简化为：汉到元政治制度的演变；宋代理学；科技成就；文学成就。选修课程简化为：王安石变法。

从上面的比较，我们可以发现《普通高中历史课程标准（实验）》《新课程标准历史科考试大纲》与现行《历史教学大纲》和《文科综合考试大纲》的主要不同点：一是从宏观的角度叙述和分析宋元时期的政治制度和经济发展状况，由于宋元经济现行教学大纲和考试大纲不列入考试范围，因此不需要关注。二是从中国传统文化主流思想的演变认识宋代理学。三是王安石变法列为选修内容。

因此，我们在学习或复习"五代辽宋夏金元"时，要注意：（1）从历史发展的角度评析宋元时期的政治制度的演变。（2）突出王安石变法的因果与内容的分析。（3）从历史发展的角度认识宋元时期在科技、文化成就方面的历史地位、贡献、特点；略为关注一下理学的代表人物、特点和主要观点。

2. 人教版历史新课标教材展现的新视点

第一，与现行历史教材相比，《文科综合考试大纲》又规定要考查的内容，在新课程标准教材有新的或不同表述，而应引起重视的有：①（元朝）行省制度的创立，是中国古代地方行政制度的重大变革，是中国省制的开端。②朱熹是继孔孟之后中国古代最重要的儒学思想家。③王安石大胆改革，促进了北宋社会经济的发展和政治军事实力的壮大，在中国历史发展进程中发挥了重要作用。

第二，与现行历史教材相比，相同的历史内容，由现行教材中的小字变为新课程标准教材中的大字正文，地位提高的有关于朱熹地位简介。

六、明清

1. 历史教学大纲、文综考纲与历史新课程标准、考纲的比较分析

依据现行全日制普通高级中学《历史教学大纲》和《文科综合考试大纲》，"明清"时期必须掌握的知识点有：明朝的建立和君主专制的加强；《大明律》和特务统治的加强；八股取士；靖难之役和营建北京；满洲的兴起和建国；清军入关和统一中国；议政王大臣会议和军机处；文字狱；一条鞭法和摊丁入亩；农业、手工业、资本主义萌芽；和蒙古、新疆地区的关系；和西藏地区的关系；改土归流；台湾府的设置；清朝的疆域；郑和下西

洋；华侨与南洋的开发；戚继光抗倭；葡萄牙殖民者租占澳门；郑成功收复台湾；雅克萨自卫反击战；科学技术；进步的思想家；明清小说；类书、丛书的编纂；西学东渐。

综合《普通高中历史课程标准（实验）》和《2007年普通高等学校招生全国统一考试新课程标准历史科考试大纲》，新课程规定必须掌握的知识点为：明清君主专制制度的加强（主要是明朝内阁和清军机处）；资本主义萌芽与"重农抑商"和"海禁"政策；明清之际的儒学思想；文学成就（小说）；京剧等剧种的产生和发展；北京明清故宫、颐和园和皇家陵寝；山西平遥古城与安徽古村落；昆曲。

从上面的比较，我们可以发现《普通高中历史课程标准（实验）》《新课程标准历史科考试大纲》与现行《历史教学大纲》和《文科综合考试大纲》的主要不同点：一是经济方面集中在资本主义萌芽与"重农抑商"和"海禁"政策上，突出经济发展与封建国家政策之间的矛盾，揭示我国封建制度的衰落。二是在思想方面，从中国传统文化主流思想的演变认识清代儒学的变化，从而反映中国封建社会的衰落。三是在科学文化方面，突出了明清小说、京剧、昆曲成就，明清建筑成就，从文化的角度揭示封建社会的衰落。

因此，我们在学习或复习"明清"时，要注意：（1）纵横比较认识明清时期的君主专制制度的加强、资本主义萌芽与"重农抑商"和"海禁"政策。（2）关注明清时期儒学发展中的"异端"——反封建专制思想家及其主张，认识其历史地位与影响。（3）从历史发展的角度认识明清文化成就、特点和因果。（4）明清故宫应从政治、科技和历史文化遗产的角度理解，认识其价值。

2. 人教版历史新课标教材展现的新视点

第一，与现行历史教材相比，《文科综合考试大纲》规定要考查的内容，在新课程标准教材有新的或不同表述，而应引起重视的有：①（明朝时）中国历史上延续一千多年的宰相制度从此废除，君主专制达到了新的高度。②明清的重农抑商政策，不仅阻碍工商业的发展，而且强化了农业和家庭手工业相结合的自然经济，使之迟迟难以瓦解。③清代长期实行闭关锁国的政策，不仅妨碍海外市场的开拓，抑制资本的原始积累，阻碍资本主义萌芽的滋长；而且使中国与世隔绝，未能及时学习西方先进的科学知识和生产技术，以促进新的生产力的发展，使中国落后于世界潮流。④黄宗羲继承了先秦儒家的民本思想，批判旧儒学"君为臣纲"的封建思想，提出"天下为主，君为客"的崭新思想命题。

第二，与现行历史教材相比，相同的历史内容，由现行教材中的小字变为新课程标准教材中的大字正文，地位提高的有北京故宫。

中国近代现代史
新旧课程异同与高考命题趋势（上）①

厚今薄古是我们历史教材编写的重要特点。中国近代现代史相对于中国古代史而言，时间虽然不长，但篇幅达两册之多。为了分析方便，我便将《中国近代现代史新旧课程异同与高考命题趋势》分成了上、下两篇，希望能有助于提升高三文科师生历史复习或学习的效率。

一、清朝晚期中国开始沦为半殖民地半封建社会

1. 历史教学大纲、文综考纲与历史新课程标准、考纲的比较分析

我们经过比较发现《普通高中历史课程标准（实验）》《新课程标准历史科考试大纲》与现行《历史教学大纲》和《文科综合考试大纲》的主要不同点：一是关于列强侵华和中国军民的反抗史，新课程是一种宏观模糊处理，强调的是重大而基本的史实，突出了"中华民族英勇不屈的斗争精神"的价值观的教育。二是对于太平天国运动，新课程一方面删繁就简，突出主要史实；另一方面要求学生以此为例，认识农民起义在民主革命时期的作用与局限性，突出了辩证思维的理念。三是对鸦片战争后中国思想界的变化，新课程要求学生从宏观上把握中国人学习西方、寻求变革的思想历程。2004年以来，全国各地各类高考试卷对这一时期历史知识的考查多集中在两次鸦片战争及不平等条约对中国社会所产生的深刻影响、太平天国运动的理论纲领两个主要方面，较好地反映了历史高考命题向高中历史新课程转变的趋势。

---

① 本文发表于《中学政史地》2007 年第 11 期。

以两次鸦片战争所签订的不平等条约为例：2004 年春季卷 "南京、天津、北京三大条约共同点" 题，广东、广西卷 "领事裁判权" 题，全国文科综合 "沙俄侵略中国领土" 题，上海卷 "来华使节礼节" 题，2005 年广东卷 "自主独立的城市国家" 题，2006 年江苏春季卷 "天津商埠" 题，全国文科综合卷Ⅰ "通商口岸影响" 题，全国文科综合卷Ⅱ "片面最惠国待遇" 题，2007 年天津卷 "通商口岸与不平等条约和城市发展特点" 题等。其中，2006 年全国文科综合卷Ⅰ "通商口岸影响" 题，很有借鉴意义：

根据相关资料回答下列问题。

近代以来，在西方列强的武力胁迫下，清政府被迫签订了一系列不平等条约，开放了多处通商口岸，图9表示两次鸦片战争后清政府开放的通商口岸的分布。

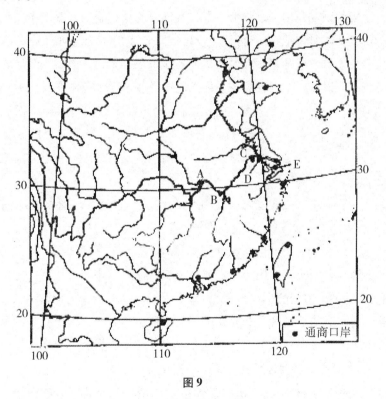

图 9

中华人民共和国的成立，开启了民族独立和富强的新时代。自 20 世纪 70 年代末以来，中国从实际出发，在总结社会主义建设经验教训的基础上，实行对外开放，综合国力不断增强。

（1）根据所学知识，分别指出两次鸦片战争后清政府开放的通商口岸的地理分布特点。（6分）

今中国虽与欧洲各国立约通商，开埠互市，然只见彼帮商船源源而来。今日开海上某埠头，明日开内地某口岸。一国争，诸国蚁附；一国至，诸国蜂从。滨海七省，浸成洋商世界；沿江五省，又任洋泊纵横。

——郑观应《盛世危言》

上海在鸦片战争前是清朝一千三百多个县中的一个普通县城，1943 年被辟为通商口岸。据《上海县续志》记载，光绪年间，"上海介四通八达之交，海禁大开，轮轨辐辏，竟成中国第一繁盛商埠"。

（2）结合上述材料及所学知识，分析通商口岸的开放对近代中国经济发展的双重影响。（14分）

从上面的试题我们可以看出：本题所创设的情境新颖，既将中国近现代开放的历史巧妙地结合在一起，又很好地实现了历史与地理知识的有机融合。从表面上看，试题并没有说到某一具体不平等条约，但学生要解答好本题，不仅要明确知道中国近代史上列强通过哪些不平等条约在长江流域开辟了哪些通商口岸，而且要理解这些通商口岸开辟对近代中国经济发展的影响。特别须要强调的是，在分析通商口岸对近代中国经济发展的双重影响时，还需要结合不平等条约其他条款对中国经济发展的影响，才能准确地得出正确答案。

因此，我们在学习或复习"清朝晚期中国开始沦为半殖民地半封建社会"时，应主要注意：（1）列强侵华史我们重在把握两次鸦片战争的因果，在新情境下，综合分析《南京条约》和《北京条约》等主要条约的危害，辩证认识列强侵华对近代中国历史发展的影响。（2）从中国近代历史的进程和中华民族英勇不屈的角度，辩证分析太平天国运动的因果与成败得失。（3）从社会转型的角度理解和分析鸦片战争后中国思想界的发展历程和因果，辩证地认识不同时期的"新思想"的价值和对中国历史发展的影响。

2. 人教版历史新课标教材展现的新视点

与现行历史教材相比，《文科综合考试大纲》规定要考查的内容，在新课程标准教材有新的或不同表述，而应引起重视的有：①虎门销烟，"把禁烟运动推向高潮"。②《天朝田亩制度》"实行均贫富，产品归公。因为无法调动人们的劳动积极性，所以只能是空想，根本无法实现"。

二、中国资本主义的产生、发展和半殖民地半封建社会的形成

1. 历史教学大纲、文综考纲与历史新课程标准、考纲的比较分析

我们经过比较发现《普通高中历史课程标准（实验）》《新课程标准历史科考试大纲》与现行《历史教学大纲》和《文科综合考试大纲》的主要不同点：一是有关列强侵华战争和中国人民的反抗斗争的内容变得比较宏观和模糊，其地位有所下降。二是重点突出了戊戌变法和康有为、梁启超的民族思想，强调其反封建专制的意义。三是在经济方面，从经济结构变动的角度，突出了洋务运动、中国近代民族资本主义产生的历史背景和基本史实。新课程这些变化理念，在近几年全国和一些省市命制的文科综合卷中有不少反映。

以戊戌变法为例，2005 年全国文科综合卷Ⅱ"变法通议"题、全国文科综合卷Ⅲ"戊戌变法与科举制"题、辽宁大综合卷"早期维新思想"题、江苏文科综合卷"戊戌变法与救亡图存"题、广东卷"康有为著作"题、上海卷"谭嗣同为变法流血"题，2006 年北京卷"托尧舜以行民主之太平"（《孔子改制考》）题、天津卷"梁启超翻译西学影响"题、重庆卷"康有为建资产阶级政党性质团体"题，2007 年天津卷"康有为思想主张"题、上海卷"梁启超维护国体"题、广东卷"梁启超思想自由主张"题、江苏卷"戊戌变法与新文化运动共同点"题等。其中，2007 年天津卷"康有为思想主张"题，在新旧课程结合上较为典型（第 38 题中的一部分）：

材料三：康有为在一份代拟奏折中说：东西各国之强，皆以立宪法开国会之故。国会者，君与国民共议一国之政法也。人君与千百万之国民合为一体，国安得不强？吾国行专制政体，一君与大臣数人共治其国，国安得不强？盖千百万之胜于数人者，自然之数矣。他在《日本变政记》按语中又说：吾今于此，尚非其时也。

（4）材料三中奏折的主旨是什么？结合所学知识说明"尚非其时"的社会原因。（答案：实行君主立宪是强国之路。资本主义发展不充分，维新派力量单薄；长期的君主专制统治，民主思想影响有限。）

（5）概括说明康有为的思想与材料一所反映的中国传统思想、材料二所反映的西方近代思想的关系。（答案：批判了君主专制思想，继承和改造了中国传统的民本思想；借鉴了西方启蒙思想。）

本题取材于康有为的一个奏折，情境新颖，设问巧妙：问题（4）的第一问是依据材料进行概括，考查了学生对材料本身的理解和从中提取有效信息的能力；但第二问则要求学生从当时历史背景出发，说明"尚非其时"的社会原因，学生较难全面分析得出答案。问题（5）是对整个题材料的一个总结，将古今中外的思想糅合在一起，难度较大，学生必须具备良好的历史知识和能力基础，并在解答时紧扣本题整体主旨，并结合每段材料的各自中心主旨，才能做好本问的答案。

因此，我们在学习或复习"中国资本主义的生产、发展和半殖民地半封建社会的形成"时，要注意：（1）从历史发展的角度对这一历史时期的甲午中日战争、八国联军侵华战争和中国人民反抗帝国主义侵略的义和团运动进行宏观把握，厘清其基本线索，辩证地评析列强侵华的影响和义和团运动的得失。（2）从经济结构和中国近代化的角度审视洋务运动。（3）关于中国民族资本主义生产的历史，我们复习时要从整个中国近代经济发展长河中，扣住经济结构的变动分析其历史产生的原因和历史地位，从政治、经济、思想文化等方面认识其历史影响。（4）关于康有为、梁启超与戊戌变法的复习，一要注意突出康、梁在戊戌变法中的地位，科学评析他们对戊戌变法和对中国近代历史发展的贡献；二要透过戊戌变法成败得失的分析，认识改革的复杂性、多样性和曲折性。

2. 人教版历史新课标教材展现的新视点

第一，与现行历史教材相比，《文科综合考试大纲》规定要考查的内容，在新课程标准教材有新的或不同表述，而应引起重视的有：①洋务运动创办的"民用工业，大多采取官督商办和官商合办的形式，有些商人为了营利，投资入股。这些民用工业，已具有资本主义性质"。②洋务派引进了西方资本主义国家的一些近代科学技术，培养了一批近代科技人才和技术工人，在客观上刺激了中国民族资本主义的发展。中国第一批近代企业在洋务派的倡导下开始出现。它对外国的经济侵略起到一定的抵制作用，对本国封建经济的瓦解也起到了一定的促进作用。③19世纪末期，中国民族资本主义有了初步发展。民族资产阶级作为新的政治力量开始登上了历史舞台。资产阶级维新派掀起了旨在救亡图存的维新变法运动；资产阶级革命派，发动了旨在推翻清王朝、建立共和国的辛亥革命。……同时，民族资产阶级上层中的一些人，把"振兴实业"看作决定国家命运的根本问题，倡导"实业救国"论。

④洋务派主张"中学为体,西学为用"……强调以中国的纲常名教作为决定国家社会命运的根本。⑤康有为"把儒家今文经学中的'三世说'和西方的进化论结合起来,把社会划分为据乱世、升平世、太平世三个发展阶段,所谓据乱世是君主专制制度,升平世是君主立宪制度,太平世是民主共和制度"。⑥光绪帝变法上谕,"基本上反映了维新派的愿望和要求"。⑦戊戌变法是资产阶级变革社会制度的初步尝试。⑧在维新思想家中,谭嗣同的思想尤其激进,带有比较明显的民主革命色彩。⑨义和团运动也沉重打击了清政府的反动统治,加速了它的灭亡。

第二,与现行历史教材相比,相同的历史内容,由现行教材中的小字变为新课程标准教材中的大字正文,地位提高的有:①洋务派与顽固派论战的观点。②早期维新代表人物与思想主张。③在义和团打击下,西方侵略者对中国民众力量的认识。

三、资产阶级民主革命和清朝的覆亡、北洋军阀的统治

1. 历史教学大纲、文综考纲与历史新课程标准、考纲的比较分析

我们经过比较发现《普通高中历史课程标准(实验)》《新课程标准历史科考试大纲》与现行《历史教学大纲》和《文科综合考试大纲》的主要不同点:一是辛亥革命史,有关辛亥革命的过程宏观化明显,强调重大史实,重点突出了其反封建性;有关北洋军阀的统治的历史被进一步削弱,只成为孙中山反封建专制斗争的一个背景。二是用人物专题的形式,突出了孙中山个人在中国近代历史上的地位。三是将民国时期的中国民族资本主义发展状况当作一个整体来叙述。

以孙中山领导辛亥革命为例,2005年全国文科综合卷Ⅱ"中华民国临时约法题"、全国文科综合卷Ⅲ"中华民国临时政府教育"题、天津卷"中华民国成立"题、辽宁大综合卷"临时约法"题、江苏卷"同盟会成立"和"辛亥革命"题、广东卷"三民主义"题,2006年全国文科综合卷Ⅰ"南京临时政府颁布《临时约法》目的"题、全国文科综合卷Ⅱ"南京临时政府承认不平等条约目的"和"孙中山规划'高原铁路系统'的战略意图"题、北京卷"孙中山具有现实意义的民族主义主张"题、江苏卷"孙中山'平均地权'思想"题,2007年全国文科综合卷Ⅱ"孙中山《民族主义》演讲"题、北京卷"孙中山探索"题、天津卷"孙中山'平均地权''耕者有其

田'主张"题等，从内容、考查的角度和考查的理念上反映了历史新课程对"孙中山"这一历史人物的掌握与考查的要求。如 2007 年全国文科综合卷Ⅱ"孙中山《民族主义》演讲"题：

阅读材料回答下列问题：

材料一：1924 年，孙中山在《民族主义》演讲中说："英俄两国现在生出了新思想，这个思想是有知识的学者提倡出来的，这是什么思想呢？是反对民族主义的思想。这种思想说民族主义是狭隘的，不是宽大的；简单的说，就是世界主义。现在的英国和以前的俄国、德国，以及中国现在提倡新文化的新青年，都赞成这种主义，反对民族主义……列宁为什么受世界列强的攻击呢？因为他敢说了一句话，他说世界上有两种人：一种是十二万万五千万人，一种是二万万五千万人；这十二万万五千万人，是受那二万万五千万人的压迫……我们要能够联合十二万万五千万人，就是提倡民族主义，自己先联合起来，推己及人，再把各弱小民族都联合起来，共同打破二万万五千万人，共同用公理去打破强权。强权打破以后，世界上没有野心家，到了那个时候，我们便可以讲世界主义。"

材料二：冷战结束后，经济全球化迅速发展，"一些评论家则更进一步指出民族国家的时代可能将终结，也有其他一些人认为这个结论下得为时过早，因为民族国家的功能只不过是发生了某种变化而已"。(《全球社会学》)

(1) 材料一中的"十二万万五千万人"和"二万万五千万人"分别指的什么？(答案：被压迫民族和压迫民族)

(2) 分析材料一中孙中山关于民族主义与世界主义关系的观点。(答案：民族主义与世界主义相互联系，民族主义是实现世界主义的前提条件，没有民族主义就没有世界主义。)

(3) 根据材料一，指出孙中山为什么在演讲中强调民族主义。(答案：被压迫民族需要民族主义以求得独立，但国际和国内出现忽视和否定民族主义的倾向。)

(4) 根据孙中山上述观点并结合所学知识，分析孙中山的"联俄"思想。(答案：强调自求解放，并联合世界上平等待我之民族；列宁领导下的苏俄倡导和支持被压迫民族反对国际帝国主义，因此中国应该联合苏俄。)

(5) 根据材料一并结合所学知识，谈谈对材料二中的观点的认识。(答案：第二次世界大战后，亚非拉国家相继独立，殖民主义体系瓦解，经济全球化成为当今世界发展的潮流，应该提倡全球意识，积极参与经济全球化；但由于存在不合理的世界政治经济秩序和强权政治，因此要维护民族国家的独立和各民族的平等。）

本题以孙中山《民族主义》演讲题材为切入点，联系现实热点，以孙中山民族主义思想演变为主线，不仅创造了一个全新的历史情境，而且全面考查了学生阅读材料、从材料中提取有效信息、整合和运用所学历史知识综合分析历史问题的能力。从而在知识与能力、过程与方法、情感态度和价值观方面，切合了高中历史新课程的理念和目标要求。

因此，我们在学习或复习"资产阶级民族革命和清朝的覆亡、北洋军阀的统治、资产阶级民族革命和清朝的覆亡、北洋军阀的统治"时，要注意：(1) 从反封建专制主义的角度把握辛亥革命的基本史实，认识辛亥革命和建立中华民国在中国近代民主革命中的地位和作用。(2) 注意将散布在现行教材各处有关孙中山的历史知识整合到一起，形成一个专题；从民主思想、推翻清朝封建专制主义统治建立资产阶级共和国、反对封建专制维护民主革命成果、发展民族资本主义经济和国共合作等方面，全面评析孙中山；注意从中国近代资产阶级民主革命进程和"亚洲觉醒"两个角度，综合评析孙中山在中国近代史上的历史地位。(3) 以辛亥革命后中国民族资本主义发展的"短暂春天"为核心，适当宏观整合民国其他时期中国民族资本主义发展状况，从整体上把握中国民族资本主义发展的曲折历程，从政治、经济、思想文化等方面综合评析中国民族资本主义发展对中国社会发展的影响，认识其曲折发展的因果与经验教训。

2. 人教版历史新课标教材展现的新视点

第一，与现行历史教材相比，《文科综合考试大纲》规定要考查的内容，在新课程标准教材有新的或不同表述，而应引起重视的有：孙中山设计在中国建立的新政治制度是"在西方资本主义国家通行的'三权分立'的基础上，增加了'考试权'和'监察权'两项，形成了'五权分立'的方案"。

第二，与现行历史教材相比，相同的历史内容，由现行教材中的小字变为新课程标准教材中的大字正文，地位提高的有：①资产阶级革命思想在中国的传播与兴中会。②孙中山发动两次护法运动。

四、革命的新曙光和国民革命运动

1. 历史教学大纲、文综考纲与历史新课程标准、考纲的比较分析我们经过比较发现《普通高中历史课程标准（实验)》《新课程标准历史科考试大纲》与现行《历史教学大纲》和《文科综合考试大纲》的主要不同点：一是新文化运动被列为选修教材，其地位下降，只突出其思想价值与在思想史上的历史地位。二是国民革命运动史的地位大大下降，被置于新民主主义革命史之中，重在其因果的了解。三是突出了马克思主义在中国的传播。

以新文化运动为例，2005 年全国文科综合卷 Ⅱ "文学革命先声" 题，2006 年江苏春季卷 "新文化运动前期口号" 题、北京卷 "德、赛先生" 题、天津卷 "兼有制度之争和思想之争" 题、四川卷 "甲午中日战争后到五四运动前中国政治、经济、思想方面重要变化" 题、江苏卷 "民主与科学口号" 题等，无不突出新文化运动的思想价值与在思想史上的历史地位。2007 年全国各地高考试卷没有涉及 "新文化运动" 方面的内容，则是新文化运动史地位下降的反映。

因此，我们在学习或复习 "革命的新曙光和国民革命运动" 时，要注意：（1）从宏观的角度理解和认识新文化运动、五四运动、中国共产党成立和马克思主义在中国的传播之间的因果关系。（2）以国共两党关系为主线，从反帝和反对北洋军阀专制统治两个方面整合教材中的相关史实，分析国民革命运动的成败因果、经验教训和在新民主主义革命中的地位。（3）从思想解放和影响社会发展的角度认识新文化运动和马克思主义在中国传播的历史意义。

2. 人教版历史新课标教材展现的新视点

第一，与现行历史教材相比，《文科综合考试大纲》规定要考查的内容，在新课程标准教材有新的或不同表述，而应引起重视的有：新文化运动 "为马克思主义的传播奠定了思想基础"。"新文化运动中，一些先进分子在批判封建正统思想的过程中，对东西方文化的某些提法，存在着绝对否定或绝对肯定的片面性。比如，把中国的一些优秀文化遗产当作封建糟粕一概加以否定。但是，这并不影响新文化运动对历史发展的积极促进作用。"

第二，与现行历史教材相比，相同的历史内容，由现行教材中的小字变为新课程标准教材中的大字正文，地位提高的有：①蔡元培任北大校长后的办学思想和行为。②胡适与陈独秀关于文学革命的文章。

中国近代现代史
新旧课程异同与高考命题趋势（下）①

前面我们已经详细分析了《中国近代现代史》上册新旧课程异同，并提出了一些复习对策。本文主要就《中国近代现代史》下册新旧课程异同做一比较分析，并就此提出一些复习对策，希望能有助于提升高三文科师生历史复习或学习的效率。

一、国共的十年对峙、抗日战争和解放战争

1. 历史教学大纲、文综考纲与历史新课程标准、考纲的比较分析

我们经过比较发现《普通高中历史课程标准（实验）》《新课程标准历史科考试大纲》与现行《历史教学大纲》和《文科综合考试大纲》的主要不同点：一是关于中国新民主主义革命史，除重点突出了中华民族的抗日战争外，其他方面只做宏观要求；但强调在了解主要史实的基础上，认识新民主主义革命胜利的历史意义。二是经济史方面新课程突破了旧课程的限制，将旧课程"国民政府初期的统治"中的"资本主义经济发展状况"这一阅读教材修订为必修内容。三是突出了毛泽东和毛泽东思想对中国革命胜利的深刻影响。四是从民主建设这一角度，相对突出了"抗日战争胜利前后人民群众反对国民党独裁统治的斗争"。

从2005年以来全国与各省市高考命题来看，国共十年对峙时期多考查工农武装割据、遵义会议和抗日民族统一战线形成问题；抗日战争时期多考查中国共产党和国民党抗日斗争，另考查了日本侵华暴行和毛泽东思想；解放

---

① 本文发表于《中学政史地》2007年第12期。

战争则集中考查解放军重大军事战略行动和涉及美国对华政策。它说明高考命题在考查内容选择上反映了新课程的要求。

以国共抗日为例，2005年全国文科综合卷Ⅲ，考查了抗日民族统一战线建立标志、根据地政权；上海卷考查了地道战、地雷战。2006年江苏卷考查了八路军徽章，北京卷考查了1937年《国共合作宣言》，四川卷考查了宋庆龄维护抗日民族统一战线。2007年上海卷考查了百团大战；江苏卷考查了第二次国共合作的标志，张自忠在枣宜会战中殉国，1945年台湾回归祖国。其中，2007年的上海卷考查的"百团大战"，在命题理念上比较典型地反映历史新课程理念：

1940年12月30日，中国共产党创建的第一个广播电台——延安新华广播电台第一次正式播音。当天可能播出的新闻是：

A. 百团大战的最新战况　　　B. 法西斯德国无条件投降

C. 人民解放军占领南京　　　C. 日本偷袭美国的珍珠港

上题从考查内容的角度看，没有什么新奇之处，它是在考查学生对所列历史事件发生时间识记的准确程度。多年来，历史学科高考命题考查学生识记历史时间的试题甚少。因为历史教学要求学生识记大量的历史时间，对学生来说是一件很痛苦的事，也不利于历史教育功能的发挥。但任何历史现象、事件、人物，都有其存在的时空，由此也展示了历史发展的因果等。学习历史是需要一定的时空观念的。本题的高明之处，一是在命题立意上，命题者并没有要求学生准确死记大量的历史时间；二是科学形象地创设了一种极具生活，甚至于诗意的历史情境："1940年12月30日，中国共产党创建的第一个广播电台——延安新华广播电台第一次正式播音"，给人一种欣喜、温馨之感；三是表面一看，似乎要求太高，时间识记以天计。实际上，四个选项中，B、D两项与1940年12月30日的时间相差太大，加之"二战"历程和历史"分期"这两个大的情境影响，考生很容易排除。而百团大战发生在1940年、珍珠港事件发生在1941年，考生基本上都有印象，只要略推理，答案就出来了。本题从考查内容和理念上，极好地反映了历史新课程理念。

因此，我们在学习或复习"国共的十年对峙、抗日战争和解放战争"时，要注意：（1）对中国新民主主义革命史实，重在抓住工农武装割据、遵义会议、西安事变和平解决、全民族抗战、八路军和新四军坚持抗日、重庆谈判、三大战役、渡江战役等重大意义的历史事件，从中认识新民主主义革命的曲折性和新民主主义革命胜利伟大的历史意义，认识中国共产党对中国革命胜利和中华民族复兴的伟大贡献。（2）从民主建设的角度，整合这三个历史时期，特别是抗日战争胜利前后，中国共产党和全国人民群众反对国民党独裁统治的斗争的基本史实，认识中国民主建设的艰巨性和曲折性。（3）整合这三个历史时期有关毛泽东活动和毛泽东思想形成与发展的基本史实，认识毛泽东对中国革命的贡献和毛泽东思想的正确性及其指导意义。（4）以材料解析的形式，适当关注这三个历史时期中国资本主义经济发展状况及其因果。

2. 人教版历史新课标教材展现的新视点

与现行历史教材相比，《文科综合考试大纲》规定要考查的内容，在新课程标准教材有新的或不同表述，而应引起重视的有：①1935年"国民政府也开始整军备战，确定西南为国防基地"。"国共两党开始秘密接触，寻求调整两党关系的途径，以利合作抗日。"②新民主主义革命的胜利，标志着中国一百多年屈辱和分裂的历史从此结束，人民企盼已久的独立、统一的新民主主义的新中国即将诞生。……是马克思主义在中国的胜利，是马克思列宁主义的普遍原理和中国革命的具体实践相结合的毛泽东思想的胜利。

二、中华人民共和国的成立和向社会主义过渡的实现

1. 历史教学大纲、文综考纲与历史新课程标准、考纲的比较分析

我们经过比较发现《普通高中历史课程标准（实验）》《新课程标准历史科考试大纲》与现行《历史教学大纲》和《文科综合考试大纲》的主要不同点：一是在政治史方面，弱化了以"三大运动"为代表的新中国成立初期的政权建设史，强化了人民代表大会制度、共产党领导的多党合作和政治协商制度等有关我国民主政治建设史。二是在经济史方面，从总结经验教训的角度突出了20世纪50年代至70年代我国探索社会主义建设道路的实践中的得与失中的相关内容。三是与新民主主义革命时期相联系，将这一历史时期的毛泽东与毛泽东思想作为一个整体进行了阐述。

从2005年以来全国与各省市的高考命题来看，对中华人民共和国成立和过渡时期的历史考查，多从民主与法制建设和经济恢复、发展与曲折的角度，考查了这一历史时期的政治经济举措。如2005年上海卷考查了具有临时宪法性质的《中国人民政治协商会议共同纲领》，广东卷考查了合理调整工

商业、"五反"运动等，天津卷考查了国民经济恢复和发展，辽宁卷考查了《中华人民共和国宪法》和"一五"计划，江苏卷考查了对资本主义工商业社会主义改造。2006 年全国文科综合卷 II 考查了"一五"计划与西藏有关的交通建设，江苏卷考查了合理调整工商业，北京卷考查了人民政协诞生的背景。2007 年北京卷考查了 20 世纪 50 年代发生在中国的政治经济大事，重庆卷考查了 20 世纪 50 年代中非合作的原因与作用。其中，2007 年北京卷第 37 题，很好地反映了历史新课程的特点：

理论指导、社会调查和问题讨论是学习历史的重要方法。试运用这些方法分析近代以来中外社会政治经济的演变。回答下列问题：

（1）史料研习

美国华盛顿纪念塔有一块来自中国的石碑。碑文取自《瀛环志略》："华盛顿，异人也。起事勇于胜广，割据雄于曹刘，既已提三尺剑，开疆万里，
　　　　　　　　　　　　　　①
乃不僭位号，不传子孙，而创为推举之法，几于天下为公。乎三代之遗意。其治国崇让善俗，不尚
　　　　②　　　　　　　　　　　　　　③
武功，亦迥与诸国异……米利坚（即美利坚）合众国之为国，幅员万里，不设王侯之
　　④
号，不循世袭之规，公器付之公论，创古今未有之局，一何奇也！"
　　　　　⑤

材料中画线的 5 部分，有 2 部分直接描述了美国政治制度，请写出序号：

_____

结合 1787 年宪法谈谈美国政治制度是怎样"创古今未有之局"的。（8 分）

（2）理论指导

资产阶级的共和国，外国有过的，中国不能有，因为中国是受帝国主义压迫的国家，唯一的路是经过工人阶级领导的人民共和国。

——毛泽东《论人民民主专政》

西方列强的入侵打破了中国原有的社会制度和秩序，先进的中国人开始了新探索。

结合所学知识，完成下表。（14分）

	理论来源	基本主张	实践过程	结果
孙中山		三民主义，建立资产阶级民主共和国		建立中华民国，但未改变半殖民地半封建社会的性质
毛泽东	马列主义		走农村包围城市的道路，取得抗日战争和解放战争的胜利	

（3）社会调查

调查历史见证人，了解北京市民对50年代新社会的感受。请参照示例，任选一个题目说明调查理由。（6分）

答题示例

调查题目：1950—1952年农村土地改革

调查理由：了解当时农村废除封建剥削关系、农民获得土地的感受

调查题目①：1953—1956年社会主义改造

调查题目②：1954年第一届全国人大召开

调查题目：（写出序号）_____

调查理由：

（4）问题讨论

日本、西欧国家在20世纪五六十年代普遍经历了一个经济高速增长期。对这一时期这些国家经济繁荣的原因，有不同的认识角度，请你任选一个角度结合史实加以概括。（8分）

角度1：经济因素   角度2：政治因素

从上题我们可以看出：本题在命题思路上，与传统材料试题大不相同，试题由史料研习、理论指导、社会调查、问题讨论四部分构成，由浅入深，逐步推进，集多种知识、能力和方法要求于一体，多方面反映了高中历史新课程目标要求与考查特点，特别是很好地反映了历史研究性学习目标要求。

在"史料研习"方面：①"不传子孙，而创为推举之法""不设王侯之

号，不循世袭之规，公器付之公论"，两句中的"推举""不循世袭"表明美国实行的政治制度中的选举制与任期制。②美国1787年宪法涉及的知识点包括分权与制衡原则、三权分立的政治体制、总统共和制的政体形式、联邦制的国家结构。题目中限定的范围是"政治制度"，故只在后三个知识点做出选择。"古今未有"，则可把联邦制一项排除出去，因为当时英国已经是联邦制国家。

在"理论指导"方面：近代思想理论来源无非两个方面，一是内：儒家思想；二是外：包括西方资产阶级民主思想和马克思主义。孙中山三民主义的实践过程注意在不同阶段的不同表现。毛泽东理论的基本主张及其结果涉及内容比较多，择要简单概括即可。

在"社会调查"方面：关键是抓住"北京市民对50年代新社会的感受"，再依据范例分析我国20世纪50年代所发生在北京，又能给北京市民新社会的感受的重大历史事件或历史现象，在于答出社会主义改造和一届人大的实质性和核心内容。

在"问题讨论"方面：解答时要分两步解决。一是确定这一时期日本与西欧经济发展的共同原因，二是确定在这些原因里面哪些属于政治因素，哪些属于经济因素。

因此，我们在学习或复习"中华人民共和国的成立和向社会主义过渡的实现"时，要注意：（1）从民主政治建设的角度整合这一历史时期的基本史实，从民主与法制建设的角度认识新中国的诞生、新中国成立初期"三大运动"和"三反""五反"运动。（2）从建设有中国特色的社会主义的角度，整合这一历史时期我国经济建设的基本史实，总结其经验教训；联系这一历史时期民主政治建设的成败得失，认识民主政治建设对经济建设的深刻影响。（3）正确认识毛泽东在这一历史时期的贡献与失误。

2. 人教版历史新课标教材展现的新视点

与现行历史教材相比，《文科综合考试大纲》规定要考查的内容，在新课程标准教材有新的或不同表述，而应引起重视的有：①中国共产党根据国情确定了中国特色社会主义的政治制度，其中最重要的就是基于民主集中制的人民代表大会制度。②第一次全国人民代表大会的召开，是中国人民政治生活中进一步民主化的标志，它结束了中国人民政治协商会议代行全国人民代表大会的职权，以"共同纲领"代替国家宪法的过渡状态。这为加强我国人民民主制度，发扬社会主义民主，健全社会主义法制初步奠定了基础。实践证明，人民代表大会制度作为我国的根本政治制度，是符合中国实际的，体现了社会主义制度的优越性和社会主义民主的广泛性。③1949 年举行的中国人民政治协商会议，初步建立了共产党领导的多党合作和政治协商制度。此后，中国人民政治协商会议在团结各阶级、各阶层的力量，恢复和发展国民经济，巩固新生的人民政权，实现社会主义改造方面都发挥了重要作用。④实行民族区域自治，载入了 1954 年宪法。这样，民族区域自治就成为中国的一项基本国策和基本政治制度。

三、社会主义建设的曲折发展和社会主义现代化建设新局面

1. 历史教学大纲、文综考纲与历史新课程标准、考纲的比较分析

我们经过比较发现《普通高中历史课程标准（实验）》《新课程标准历史科考试大纲》与现行《历史教学大纲》和《文科综合考试大纲》的主要不同点：一是经济方面系统突出我国社会主义从确立到曲折探索，最后确立社会主义市场经济体制的全过程。二是政治方面，突出民主与法制建设。三是思想方面，要系统理解从毛泽东思想，到邓小平理论，再到"三个代表"的发展过程。四是从世界的整体角度看我国对外政策与成就。

从 2005 年以来，全国与各省市高考对这两个历史时期的知识点考查得比较多。但从考查的内容来看，多集中在两个方面：一是经济建设的曲折发展和社会主义现代化建设新时期经济建设的发展；二是社会主义民主政治与法制建设的得失和经验教训。

以新中国成立后社会主义经济发展历程为例，2005 年广东卷考查了"大跃进"运动中泛滥的"左"倾错误的主要标志、广东成为最早对外开放地区之一的优势和 1958 年、1987 年中共制定的基本路线（或者总路线）内容以及对当时社会的主要作用（或者影响），江苏卷考查了对资本主义工商业的社会主义改造采取的政策，上海卷考查了我国经济发展最快的时期。2006 年北京卷考查了家庭联产承包责任制的作用，四川卷考查了改革开放后我国农村和城市体制改革的内容、方向和启示，江苏卷考查了中共十一届三中全会的内容，广东卷考查了农村经济结构的变化。2007 年江苏卷考查了中共"八大"和 1973 年国民经济恢复出现的原因。现以 2006 年北京卷"家庭联产承包责任制"题为例：

农村的发展应该在党和政府政策的引导下，统筹规划，因地制宜，注重实效。回答：

（1）图16、17是20世纪80年代初安徽凤阳来风的资料：

图16 实行联产承包责任制后，凤阳县农民喜获丰收。"保证国家的，留足集体的，剩下都是自己的。"

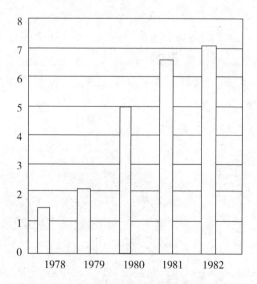

图17 凤阳县粮食产量变化表

结合资料及历史知识，以凤阳的变化为例说明家庭联产承包责任制的重大作用。

从表上看，本题作为一道材料解析题，似乎没有什么新奇之处。实际上，只要我们仔细分析就可以发现其高明之处：一是试题所提供的两个材料很好地反映了高中历史新课程三维目标要求。图片材料（图16）既形象地反映了包产到组、包产到户后的农民生活和心态，也折射了改革对调动农民生产积极性，解放农村生产力的重要意义；图表材料（图17）则形象地反映了凤阳包产到组、包产到户后粮食产量连年增长。两则材料既突出各自的信息重点，又相互补充，相得益彰，从而使本题寓知识与能力、过程与方法、情感态度与价值观考查于一体。二是本题设问，限制"以凤阳的变化为例"，用一个"变化"之词，实际上又凸显了"家庭联产承包责任制"出台的历史背景，从而使考生进一步深刻认识到打破"一大二公"的人民公社旧体制的必要性，从整体上认识和把握新中国成立后国民经济曲折发展的历程，暗合了高中历史新课程以专题呈现历史知识的特点。

因此，我们在学习或复习"社会主义建设曲折发展和社会主义现代化建设新局面"时，要注意：（1）要从政治、经济、思想、外交四个方面全面系统地了解我国社会主义制度的曲折发展史，分析其因果，从中总结出有益的经验和教训。（2）要从世界整体的角度理解和掌握中国社会主义曲折发展史，从而正确理解我国不同历史时期的政策，特别是经济和外交政策的变化，明确其因果得失。（3）要从历史发展的角度理解毛泽东思想、邓小平理论和"三个代表"思想之间的关系，认识继承与发展的重要性。（4）注意从正反两个方面整合这一历史时期我国在民族与法制建设方面的成就和失误，分析其因果，总结其经验和教训。

2. 人教版历史新课标教材展现的新视点

第一，与现行历史教材相比，《文科综合考试大纲》规定要考查的内容，在新课程标准教材有新的或不同表述，而应引起重视的有：①"文化大革命"时期，民主法制遭到空前的践踏。②中国在联合国合法席位的恢复，突出说明长期以来美国实行孤立中国政策的破产，是中国外交的重大胜利。中国在联合国合法权利的恢复，也更有利于中国在国际事务中发挥更大的作用。③中美关系的正常化与中日建交，促进了中国外交事业的发展。许多国家纷纷同中国建立外交关系，在国际上掀起了一个同中国建交的热潮。从20世纪50年代起，因美国孤立遏制中国而形成的外交僵局终于被打破，中国外交打开了新局面。④"大跃进"和"人民公社化运动"，是党在探索中国社会主义道路过程中的一次严重失误。1959—1961 年，国家和人民面临新中国成立以来未曾有过的严重经济困难。

　　第二，与现行历史教材相比，相同的历史内容，由现行教材中的小字变为新课程标准教材中的大字正文，地位提高的有：①邓小平《解放思想，实事求是，团结一致向前看》的报告与评价。②（十一届三中全会）成为我国开辟中国特色社会主义道路的起点，开创中国社会主义现代化建设新时期的伟大起点。

世界近代现代史
新旧课程异同与高考命题趋势（上）①

依据普通高中《历史教学大纲》的规定，世界近代现代史属于选修教材，放在高二开设，供文科方向的学生选修。然而，《普通高中历史课程标准（实验）》规定在体例和内容上，为古今中外历史合编，也就是说，无论是必修内容，还是选修内容，都包含了世界近代和现代史内容。因此，比较研究世界近代现代史新旧课程的异同，对把握世界近代现代史学习或复习方向，提高学习或复习的针对性和效益，是有重要意义的。为了分析方便，我将《世界近代现代史新旧课程异同与高考命题趋势》分成了上、下两篇，希望能有助于提升高三文科师生历史复习或学习的效率。

一、资本主义手工工场时期的世界

从广义上说，"资本主义手工工场时期的世界"，应包括现行人教版《世界近代现代史》上册第一章"资本主义在欧洲的兴起"和第二章"资产阶级革命时代的东西方世界"。

1. 历史教学大纲、文综考纲与历史新课程标准、考纲的比较分析

我们经过比较发现《普通高中历史课程标准（实验）》《新课程标准历史科考试大纲》与现行《历史教学大纲》和《文科综合考试大纲》的主要不同点：一是从经济的角度突出新航路的开辟和殖民扩张。二是从政治的角度突出西方人文精神、资产阶级革命与欧美资产阶级代议制的确立与发展及其关系，而把有关欧美资产阶级革命和代议制度确立过程中的斗争过程弱化

---

① 本文发表于《中学政史地》2008 年第 1 期。

为选修教材。新课程这种处理，实际上是重人文思想、代议制度和世界市场形成三个问题，或者说重文艺复兴、启蒙运动、早期资产阶级革命和新航路开辟的因果，而弱化其过程。三是必修课程强调重大思想理论和政治制度的考查，选修课程则强调重大思想理论和政治制度形成过程的考查。四是有不少内容是《文科综合考试大纲》、现行《历史教学大纲》和教材中没有的，或者表述、考查的角度不同的内容。2004年以来，文科综合测试和历史卷中的历史命题，集中考查了新航路开辟的影响、启蒙运动的民主与法制思想、英法美资产阶级革命在民主与法制建设方面的成果，就很好地体现了这一变化。

以英法美资产阶级革命的民主与法制建设为例，2004年江苏卷考查了《权利法案》和《人权宣言》评述，广西历史卷考查了法国大革命用法令的形式解决农民土地问题；2005年全国文科综合卷Ⅱ考查了法国1791年宪法内容，天津文科综合卷考查了法国1791年宪法对君主权力的限制，上海卷考查了《拿破仑法典》；2006年天津卷考查了法国大革命中制宪会议的职能，上海卷考查了《权利法案》与英国君主立宪形成的关系，江苏卷考查了启蒙思想对美国独立战争和建国的影响、《独立宣言》与《人权宣言》之间的关系；2007年北京卷考查了1787年宪法与美国政治制度，天津卷考查了《拿破仑法典》的作用、洛克的启蒙思想对英国民主国家建设的影响，江苏卷考查了英国政治制度的创新。其中2006年江苏卷较为全面地考查了启蒙思想及其对法美民主与法制建设的影响：

十七八世纪的欧洲启蒙运动为资产阶级取得统治地位提供了思想和理论准备。

（1）列举三位十七八世纪法国启蒙思想家，概括其主要学说。

（2）欧洲启蒙思想最早在北美结出了政治成果，启蒙思想的哪些观念对北美独立与建国产生了什么相应影响？

（3）北美独立战争期间颁布的文献，与后来法国大革命中哪份著名文献体现了相同的思想？它们之间有什么关系？

本题是以启蒙思想对法美资产阶级革命与民主法制建设影响为主题而展开命题的，既考查了历史基础知识，又考查了学生的能力。第（1）问，主要考查学生对法国三位启蒙思想家的思想主张的掌握状况和概括能力，要求学生回顾教材中的相关知识指出"伏尔泰的君主立宪主张，孟德斯鸠的三权分立学说,卢梭的'社会契约'论和'人民主权'说"。第(2)问是在第(1)问的基础上,联系美国独立战争的因果,具体分析说明启蒙思想对北美独立与建国的影响:"人民主权"说和"社会契约"论,是北美独立战争的理论依据,它们在《独立宣言》中得到充分体现。根据三权分立原则制定了1787年宪法,确立了共和政体。第(3)问则是在解答第(2)问的基础上,比较分析北美独立战争与法国大革命两部文献的异同,揭示其内在联系:《独立宣言》与法国大革命中的《人权宣言》,都体现了启蒙思想中的"人民主权"说和"社会契约"论精神,前者为后者提供了范本。由此可见,在同一主题下,三个问题环环相扣,逐步深入,深刻揭示了启蒙思想对资产阶级革命和民主法制建设的影响,充分体现了历史新课程民主与法制建设主题。

因此,我们在学习或复习"资本主义手工工场时期的世界"时,要注意:(1)新航路的开辟和欧洲殖民扩张对欧洲资本主义发展和世界市场形成的意义。(2)文艺复兴和启蒙运动中思想家的主要思想内涵和对欧美资产阶级革命及政治制度确立的深刻影响。(3)理解掌握英国《权利法案》和英国资产阶级君主立宪制的特点;理解掌握法国《人权宣言》《1791年宪法》和《拿破仑法典》的内涵与价值;理解掌握美国《独立宣言》的意义,《1787年宪法》的主要内容和联邦制的权力结构及其评价;比较美国总统制与英国君主立宪制的异同,认识其配制。(4)根据学什么考什么的原则,对《新课程标准历史科考试大纲》的新内容不要涉及,以免加重学生负担。(5)注意从宏观上,依据《新课程标准历史科考试大纲》的表述,用小专题的形式整合《文科综合考试大纲》规定考查的知识点,构建新知识系统。如"新航路的开辟、殖民扩张与资本主义世界市场的形成和发展""欧美资产阶级代议制的确立与发展"等小专题。

2. 人教版历史新课标教材展现的新视点

第一,相同的历史事件、历史现象和历史人物,在新课程标准教材有新的或不同表述,而应引起重视的有:①关于"光荣革命",现行教材说"它标志着英国资产阶级革命结束",而新课程标准教材则说"它最重要的成果是君主立宪制的建立"。②美国1787年宪法,"体现了'分权与制衡'的原则","是世界历史上第一部比较完整的资产阶级成文宪法,奠定了美国政治制度的法律基础……1787年宪法将西欧资产阶级政治学说与美国实际相结合，在美国建立起资产阶级共和制度，保障了资产阶级的政治和经济利益，促进了美国资本主义的发展"。"宪法的初衷并非给予民主力量更大的权利。"③新航路的开辟，使世界"各地的文明发生接触和碰撞，开始了汇合交融，日益连成一个整体"。④启蒙运动中，洛克是"资产阶级分权与制衡学说的创始人"，"启蒙运动的核心是'理性'……是判断是非的唯一标准，……用理性力量努力构建一个更符合理性和人性的社会"。卢梭的民主思想"不仅转变为法国大革命的檄文《人权宣言》的基本精神，被凝练为'自由、平等、博爱'的响亮口号，而且为北美独立战争提供了理论根据"。⑤美国《独立宣言》，"体现了平等与天赋人权、主权在民、人民革命权利"等民主思想；是"世界上'第一个人权宣言'"。⑥法国的《人权宣言》，"成为法国1791年宪法的前言。……它将启蒙思想发扬光大，并用法律的形式固定下来，起到承前启后、继往开来的巨大作用"。对于新课程标准教材出现的这些新结论、评价或观点，复习备考时只要运用所学知识进行理解就可以了，不必死记硬背。

第二，相同的历史内容，由现行教材中的小字变为新课程标准教材中的大字正文，地位提高的有：①新航路开辟经过。②英国资产阶级革命中的议会起源。③关于卢梭《论人类不平等的起源和基础》和《社会契约论》一系列评述。④美国1787年宪法中的一些具体法律规定。对于这些内容，在复习备考时，不要因现行教材是小字而忽视。

二、资本主义世界体系的初步形成和社会主义运动的发展

1. 历史教学大纲、文综考纲与历史新课程标准、考纲的比较分析

我们经过比较发现《普通高中历史课程标准（实验）》《新课程标准历史科考试大纲》与现行《历史教学大纲》和《文科综合考试大纲》的主要不同点：一是从生产力的角度突出科学技术和工业革命，以及它们对资本主义世界市场形成的影响；二是从国际关系的角度突出殖民扩张和掠夺与资本主义世界市场形成的关系；三是从政治的角度说明资本主义政治体系的初步形成，间接揭示资本主义革命和改革与资本主义世界市场形成的关系；四是从社会主义理论和无产阶级追求民主的斗争角度来突出社会主义运动的发展；五是新课程标准删除了19世纪六七十年代的资产阶级革命和改革中的美国内战、德国和意大利统一、亚洲革命风暴。新课程标准对这一历史时期

教学内容的安排，体现了重视民主建设、重生产力作用和经济联系，轻武装斗争的历史观。在知识构建上，历史新课程标准从"民主"和"世界市场"两个方面，起了承上启下的作用，主题突出，整体感强。

从高考命题来看，2001—2005 年，全国和各省市区高考命题对这一历史时期关注得较少。2006 年，情况发生了很大变化，全国两套文科综合卷、上海卷、广东卷、江苏卷，都考查了这一历史时期的内容，并集中在社会主义运动史和 19 世纪六七十年代资产阶级革命和改革两个方面。2007 年江苏卷考查了 19 世纪六七十年代德、俄崛起之路，即德国的统一及对外政策，沙俄1861 年改革及对外政策。

如 2006 年全国文科综合卷 I，关于社会主义运动史的考查：

在社会主义运动的历史上，巴黎公社和十月革命具有重要的历史意义，回答 16～19 题。

16. 巴黎公社是无产阶级革命的一次伟大尝试。巴黎公社（D）

A. 是在推翻法兰西第二帝国基础上直接建立的

B. 推动了第一国际的建立

C. 标志着无产阶级第一次登上政治历史舞台

D. 在打碎资产阶级国家机器方面提供了有益的经验

17. 俄国十月革命具有划时代的意义。十月革命（D）

A. 是在工人阶级占人口大多数的国家中取得胜利的

B. 推翻了俄国沙皇专制统治

C. 中止了帝国主义大战

D. 推动了第三国际的建立

18. 巴黎公社和以列宁为首的苏维埃政权采取的措施中，相同的是（C）

A. 实行土地改革　　　　　B. 取消一切商品贸易

C. 以革命武装代替旧军队　　D. 给予国内各民族平等权利

19. 十月革命的胜利对殖民地半殖民地国家产生了巨大影响，中国先进知识分子（A）

A. 找到了一条改造中国的新的革命道路

B. 提出了只有民主与科学才能使中国富强的主张

C. 提出了彻底的反帝反封建的民主革命纲领

D. 认识到统一战线是中国革命胜利的法宝

本组试题，不仅仅考查了因种种原因近几年被重视的社会主义运动史，而且将社会主义运动史作为一个整体，以专题的形式来考查，较好地体现了新课程知识体系与理念。

因此，我们在学习或复习"资本主义世界体系的初步形成和社会主义运动的发展"时，要注意：(1) 殖民扩张与掠夺是资本主义列强建立世界市场的主要途径。(2) 工业革命对资本主义世界市场发展有着深刻的影响。(3) 关注工业革命与科学社会主义、巴黎公社、俄国 1861 年改革和日本明治维新之间的关系；从资本主义世界体系初步形成的角度认识工业革命、俄国 1861 年改革和日本的明治维新。(4) 从无产阶级争取民主斗争的角度理解掌握英国的宪章运动、《共产党宣言》、巴黎公社和第一国际的相关史实与结论。(5) 理解马克思、恩格斯的革命活动和主要理论贡献，体会其为创立马克思主义学说而不懈奋斗的探索精神。(6) 从近代化的角度理解和掌握 1861 年俄国农奴制改革和日本明治维新，并注意分析其对俄国、日本历史发展与国际关系的影响；注意比较分析俄国 1861 年改革、日本的明治维新和中国的洋务运动。

2. 人教版历史新课标教材展现的新视点

第一，与现行历史教材相比，《文科综合考试大纲》规定要考查的内容，在新课程标准教材有新的或不同表述，而应引起重视的有：①在评价工业革命和蒸汽机的作用时，明确指出："蒸汽机和轮船的出现，大大改变了交通运输条件，世界各地的联系更加紧密，交往也更加便捷。19 世纪中后期，一个统一的世界市场形成了。"②关于《共产党宣言》，课程标准教材中的篇幅有较大的增加，一是强调无产阶级斗争的作用；二是在分析社会发展规律时，既肯定了"资本主义制度取代封建制度的进步作用，以及资本主义带来的生产力的飞速发展"，也从生产力发展的角度指出了"资本主义最终必将被共产主义取代"和无产阶级"将成为资本主义的掘墓人"。③关于巴黎公社革命的评价，增加了巴黎公社是"把人类从阶级社会中永远解放出来的伟大的社会革命的曙光"。④关于俄国 1861 年改革内容，表述明确改为"法令规定土地仍然归属地主所有，但农民可以赎买一块份地"。在评价中增加了"这次改革实际上是地主阶级对农民的一次大规模掠夺"。

第二，与现行历史教材相比，相同的历史内容，由现行教材中的小字变为新课程标准教材中的大字正文，地位提高的有：①空想社会主义的代表人物。②俄国 1861 年改革的背景中有关农奴制的落后和农奴起义（选修）。③日本明治维新背景中倒幕派的代表人物高杉晋作，明治维新中国家对私人企业的扶植与无偿转让国有企业（选修）。④资本主义世界市场的初步形成中的英国成为"世界工场"的地位。

三、垄断资本主义的形成

1. 历史教学大纲、文综考纲与历史新课程标准、考纲的比较分析

我们经过比较发现《普通高中历史课程标准（实验）》《新课程标准历史科考试大纲》与现行《历史教学大纲》和《文科综合考试大纲》的主要不同点：一是从生产力的角度突出科学技术和第二次工业革命，以及它们对资本主义世界市场形成的影响；二是删除了有关主要资本主义国家向帝国主义过渡和亚洲、非洲、拉丁美洲民族民主运动的发展史；三是从民主的角度展示这一历史时期社会主义运动发展史，突出了第二国际争取工人民主的斗争史实。新课程标准对这一历史时期教学内容的安排，再一次体现了历史新课程建设重视民主建设、生产力的作用的历史观和知识体系的整体性。

历史新课程这一变化，反映在高考命题上，就是集中考查第二次工业革命成果与影响、西方殖民扩张与亚洲民族解放运动。2005 年上海卷考查了第二次工业革命对世界发展的影响，江苏卷考查了印度两次民族解放运动的不同点；2006 年全国文科综合卷Ⅱ考查了世界科技经济中心的转移，天津卷考查了第二次工业革命的发明，江苏卷考查了这一历史时期的亚洲民族解放运动。现以 2006 年全国文科综合卷Ⅱ关于科技经济中心转移为例说明：

阅读下列材料：

材料一　10 世纪至 19 世纪中叶中西科技成就简表

时间	欧洲	时间	中国
0—15 世纪	远洋航海技术	宋元明前期	印刷术、指南针和火药的划时代发展，远洋航海技术
16 世纪	哥白尼太阳中心说	明中期	李时珍《本草纲目》

续表

时间	欧洲	时间	中国
17 世纪	伽利略天文望远镜 哈维血液循环学说 波义耳近代化学 笛卡尔解析几何 牛顿力学体系	明后期 清	徐光启《农政全书》 徐霞客《徐霞客游记》 宋应星《天工开物》
18—19 世纪中叶	瓦特蒸汽机 法拉第电磁感应原理 细胞学说 分子—原子结构学说 进化论	清	

材料二　恩格斯指出，工业的巨大工作为力学、化学、物理学提供了大量可供观察的材料、试验手段和工具，"真正有系统的实验科学，这时候才第一次成为可能"。（《自然辩证法》）

恩格斯还认为，"社会一旦有技术上的需要，则这种需要就会比 10 所大学更能把科学推向前进"。（《致瓦·博尔吉乌斯》）

材料三　清雍正皇帝反复强调"农为天下之本务，而工贾皆其末也"，"市肆之中多一工作之人，即田亩之中少一耕稼之人"。（《清世宗实录》）

回答：

（1）根据材料一，说明在 10 至 19 世纪中叶，与欧洲相比，中国科技水平所处的地位发生了什么变化。根据材料一、二并结合所学知识，指出 16 至 19 世纪中叶中西方科技的根本性差异。

（2）根据材料二与所学知识，从经济、政治、思想文化三个方面，分析欧洲近代科技迅速发展的原因。

（3）根据材料二、三与所学知识，分析清代（鸦片战争前）中国科技发展停滞的原因。

（4）简述从中西方科技发展变化的历史中得到的启示。

我们从上述材料和所设问题可以看出，试题主要围绕中西方科技成就及其因果而展开。从考查的历史知识体系和能力要求来看，与高中历史新课程在历史知识体系和能力要求上基本重合。因为《普通高中历史课程标准（实验）》必修Ⅲ明确要求："概述古代中国的科技成就，认识中国科技发明对世界文明发展的贡献。""了解经典力学的主要内容,认识其在近代自然科学理论发展中的历史地位。""简述进化论的主要观点,概括科学与宗教在人类起源问题上产生分歧的根源。""以蒸汽机的发明和电气技术的应用等为例,说明科学技术进步对社会发展的作用。""知道相对论、量子论的主要内容,认识其意义。"

因此,我们在学习或复习"垄断资本主义的形成"时,要注意:(1)从民主与世界市场的角度,重新构建相关历史知识。(2)突出第二次工业革命对民主建设和资本主义世界市场形成的影响,关注电气技术的应用及对人类社会发展的巨大影响。(3)从民主的角度理解掌握"亚洲、非洲、拉丁美洲民族民主运动的发展""社会主义运动的进一步发展和列宁主义的诞生"的相关史实与结论。(4)从科学技术的双重性、资本主义发展与世界市场的关系理解"第一次世界大战"。

2. 人教版历史新课标教材展现的新视点

第一,与现行历史教材相比,《文科综合考试大纲》规定要考查的内容,在新课程标准教材有新的或不同表述,而应引起重视的有:①"电的广泛使用,是第二次工业革命的一个显著成就。……电力对人们的社会生活发生重大影响,则是在发电机出现以后。"②第二次工业革命中,"在整个工业生产结构中,重化工业取代轻纺工业,成为工业生产的主要组成部分"。③"第二次工业革命的浪潮不但在美国、德国、法国和日本等国同时出现,还扩展到世界其他地方,推动了世界范围工业生产的空前发展。随着工业的进步,更多的产品销往世界各地,世界市场得到进一步发展。""第二次工业革命中发展起来的新型交通工具和通信手段,为世界市场的发展提供了先进的物质条件。""随着世界市场的发展,国际分工日益明显。"亚非拉成为粮食和原料的供给地和商品、资本的输出市场,"殖民地和半殖民地新兴的民族资产阶级也开始发展民族工商业,资本主义的民办体系最终建立起来。"④"20世纪生产力的迅速发展和科技的飞速进步,为世界大战的爆发和扩大提供了必要的物质和技术基础,也使战争变得更加残酷。""同盟国集团在第一次世界大战中最终战败,是由经济、军事、国内和国际力量对比等多方面原因造成的。""第一次世界大战给欧洲带来了深刻的经济和政治危机。……(苏俄)日益成为欧洲政治中的一个不可忽视的因素。……欧洲在国际上的统治地位发生动摇。……几个世纪以来形成的以欧洲为中心的世界格局受到了挑战。……也使日本获得了发展和扩张的良机。""第一次世界大战成为一系列新技术发展的催化剂。……促使政府机构改变了职能。……改变了人们的思想观念……社会主义的理想和观念，深刻影响了人类社会的各个方面。……和平主义思潮盛行一时。"

　　第二，与现行历史教材相比，相同的历史内容，由现行教材中的小字变为新课程标准教材中的大字正文，地位提高的有：①第二次工业革命中的钢铁等重工业。②美孚石油公司。③英德矛盾和"巴尔干火药桶"。④英法协约和英俄协约的原因、过程和影响。

世界近代现代史
新旧课程异同与高考命题趋势（下）①

一、"一战"后的东西方世界

"一战"后的东西方世界，从现行历史教材体系角度来说，包括《世界近代现代史》下册第一章"俄国十月社会主义革命和民族解放运动高涨"和第二章"第一次世界大战后的资本主义世界"第一至三节内容。

1. 现行历史教学大纲与历史新课程标准的异同与应对策略

现行全日制普通高级中学《历史教学大纲》，关于"'一战'后的东西方世界"的教学内容要点的必修内容，包括俄国十月革命的胜利、苏联的社会主义建设、"凡尔赛—华盛顿体系"的建立、1929—1933 年资本主义世界的经济危机，阅读选修的内容为亚非的民族解放运动、20 年代主要资本主义国家，不列入高考内容范围。

《普通高中历史课程标准（实验）》，关于"'一战'后的东西方世界"这一历史时期的教学内容的知识要点，有必修课程历史（Ⅰ）中的"从科学社会主义理论到社会主义制度的建立"中的俄国十月革命胜利的史实和历史意义。必修课程历史（Ⅱ）中的"罗斯福新政与资本主义运行机制的调节"中的 1929—1933 年资本主义世界经济危机爆发的原因、特点和影响，罗斯福新政的背景、主要内容、特点和作用；"苏联社会主义建设的经验与教训"中的战时共产主义政策、新经济政策因果和斯大林模式及经验教训。选修课程（三）"凡尔赛—华盛顿体系下的和平"。

---

① 本文发表于《中学政史地》2008 年第 2 期。

比较《历史教学大纲》和《普通高中历史课程标准（实验）》我们可以发现：《普通高中历史课程标准（实验）》与《历史教学大纲》都从社会发展和国际关系的角度，重点突出了俄国十月革命、苏联社会主义建设的经验与教训、"凡尔赛—华盛顿体系"和罗斯福新政在这一历史时期乃至世界历史进程中的重要地位。如果说《普通高中历史课程标准（实验）》与《历史教学大纲》在这些问题的选择上存在不同的话，主要表现在"凡尔赛—华盛顿体系"评析的角度上，《普通高中历史课程标准（实验）》，彰显了这一体系与"一战"后"和平"局面关系。新课程标准对这一历史教学内容的处理，为我们理解"二战"爆发原因、英法的绥靖政策埋下了伏笔。

因此，我们在学习或复习"垄断资本主义的形成"时，要注意：（1）从生产力与生产关系、经济基础与上层建筑的关系的角度理解和掌握俄国十月革命、苏联社会建设和美国罗斯福新政。（2）对于"凡尔赛—华盛顿体系"，我们既要关注其实质和不稳定性，又要关注其在维护"一战"后"和平"所起的作用，以及对英法绥靖政策和"二战"爆发的影响。

2. 文科综合考试大纲与新课程标准历史科考试大纲的异同与应对策略

现行《文科综合考试大纲》关于"'一战'后的东西方世界"规定的考查知识点为：俄国十月革命的胜利和历史意义，向社会主义的过渡，苏联社会主义的建立，苏联的工业化和农业集体化，高度集中的经济政治体制的形成，巴黎和会的召开，《凡尔赛和约》的签订和"凡尔赛体系"的建立，国际联盟的成立，华盛顿会议，1929—1933 年资本主义世界经济危机，美国罗斯福新政，德国法西斯专政的建立，日本法西斯专政的建立。

《2007 年普通高等学校招生全国统一考试新课程标准历史科考试大纲》中与"'一战'后的东西方世界"这一历史时期相关的考查知识点，必修课程为：俄国十月革命，战时共产主义政策和新经济政策，"斯大林模式"，1929—1933 年资本主义世界经济危机，罗斯福新政。选修课程为：凡尔赛体系的构建，华盛顿体系的构建，"非战公约"，国际联盟。

从所列考试纲目，我们可以看出：《新课程标准历史科考试大纲》与《文科综合考试大纲》都重点突出了俄国十月革命、苏联社会主义建设的经验与教训、"凡尔赛—华盛顿体系"，1929—1933 年资本主义世界经济危机和罗斯福新政。但《新课程标准历史科考试大纲》将"向社会主义的过渡，苏联社会主义的建立，苏联的工业化和农业集体化，高度集中的经济政治体制的形成"等具体考点知识，变成了"斯大林模式"；增加了"非战公约"；删除了德国法西斯专政的建立、日本法西斯专政的建立。

依据这些异同，我认为在未来的复习备考中，我们要关注下列问题：一是从人类社会历史发展的进程认识俄国十月革命胜利及历史意义；二是结合现实从生产关系的角度认识"斯大林模式"对苏联乃至社会主义国家的影响和罗斯福新政的价值；三是结合现实认识"凡尔赛—华盛顿体系"所建立的国际关系准则、对世界和平与战争的重大影响。

3. 现行历史教材与历史新课程标准教材的异同与应对策略

第一，与现行历史教材相比，《文科综合考试大纲》规定要考查的内容，在新课程标准教材有新的或不同表述，而应引起重视的有：①俄国"二月革命"后，"当时的苏维埃领导人支持临时政府，临时政府掌握着实际权力"；十月革命胜利"对人们的启示是：资本主义可以被社会主义所取代"。②"罗斯福新政在很大程度上缓和了美国的社会矛盾。它为美国广大的普通百姓提供最低限度的经济安全保障，改善公众的生活状况，缓解了经济危机引发的社会危机。""罗斯福新政在很多方面改变了美国人的生活。新政实施期间，美国联邦政府的规模、职能和总统的权力急剧扩大，联邦政府的影响以前所未有的程度渗透到美国的日常生活中，社会保障体系的初步建立，使社会弱势群体相当数量的成员首次享有法定的经济保护。"③在余粮收集制下，"农民实际上是将粮食无偿地交给国家……严重损害了农民的利益"。④关于"斯大林模式"的评价："一些资本主义国家也借鉴苏联一些做法，对本国实行一定程度的宏观调控。""斯大林模式开辟了一种不同于市场经济的计划经济体制和新型的工业化模式，是苏联在进行社会主义建设中的探索和创新。这一模式在初期和战争时期曾发挥过积极作用。但是，它不是建设社会主义的唯一模式，不适用于其他社会主义国家，对"二战"后苏联的发展也是不利的。"

第二，与现行历史教材相比，相同的历史内容，由现行教材中的小字变为新课程标准教材中的大字正文，地位提高的有：①向社会主义过渡（新经济政策）。②关于苏联"农业集体化"的具体内容。③"斯大林模式"在政治、经济上的特征或表现。④英、法、美操纵和会情况，巴黎和会与华盛顿会议关于中国山东问题，国际联盟机构和美国没有参加国联问题。

二、法西斯势力的形成和第二次世界大战

1. 现行历史教学大纲与历史新课程标准的异同与应对策略

现行全日制普通高级中学《历史教学大纲》，关于"法西斯势力的形成和第二次世界大战"的教学内容要点的必修内容包括：法西斯国家的扩张和反法西斯斗争的开始，第二次世界大战的爆发和扩大，世界反法西斯战争的转折和胜利。

《普通高中历史课程标准（实验）》，关于"法西斯势力的形成和第二次世界大战"教学内容的知识要点，只有选修课程（三）"第二次世界大战"。其内容包括第二次世界大战爆发的背景、从局部战争逐步走向全面战争、反法西斯同盟的建立、各大战场的重要战役、反法西斯战争的胜利的历史意义和历史教训。

比较《历史教学大纲》和《普通高中历史课程标准（实验）》我们可以发现：《普通高中历史课程标准（实验）》与《历史教学大纲》的主要不同点：一是知识构建体系不同，也就是将《历史教学大纲》中"第一次世界大战后资本主义世界"纲目下的"1929—1933 年资本主义世界的经济危机"中关于德日法西斯专政的建立和"法西斯国家的扩张和反法西斯斗争的开始"的内容简化为第二次世界大战的背景和从局部战争走向全面战争。二是突出了第二次世界大战胜利的历史意义和历史教训。新课程标准对这一历史时期教学内容的安排，体现了重视世界大战的因果分析、强调总结世界大战给人类所带来的惨痛教训，其旨在帮助学生树立和平意识，防止世界大战悲剧的重演。这种反思战争理念的历史试题，在近几年来的文科综合考试试题中是有较好体现的。如 2006 年全国文科综合试卷Ⅰ中关于法德"和解"方面的选择题就较好地体现了这种理念。这也与当今我国所倡导的建设和谐社会和和谐世界的理念相吻合。

因此，我们在学习或复习"法西斯势力的形成和第二次世界大战"时，要注意：（1）从世界大战爆发原因和历史教训的角度认识"法西斯国家的扩张和反法西斯斗争的开始"。（2）从反法西斯同盟国家胜利的原因和历史教训的角度认识第二次世界大战的爆发和扩大、世界反法西斯战争的转折和胜利。（3）从政治、经济、国际关系、科学技术等不同的角度反思第二次世界大战的影响和历史经验教训。

2. 文科综合考试大纲与新课程标准历史科考试大纲的异同与应对策略

现行《文科综合考试大纲》关于"法西斯势力的形成和第二次世界大战"规定的考查知识点为：德国法西斯专政的建立；日本法西斯专政的建立；共产国际建立反法西斯统一战线的斗争；埃塞俄比亚抗击意大利的侵略；西班牙内战；慕尼黑阴谋；第二次世界大战的爆发和西线形势；苏德战争爆发和日军偷袭珍珠港；世界反法西斯同盟的形成；世界反法西斯战争的转折；世界反法西斯战争的胜利；第二次世界大战的影响。

《2007年普通高等学校招生全国统一考试新课程标准历史科考试大纲》中与"法西斯势力的形成和第二次世界大战"相关的考查知识点，选修课程为：第二次世界大战爆发的历史背景；第二次世界大战的进程；反法西斯战争胜利的历史意义。

比较《新课程标准历史科考试大纲》与《文科综合考试大纲》所列考试纲目，我们可以看出：《新课程标准历史科考试大纲》对第二次世界大战的因果和过程进行了宏观处理，弱化了有关第二次世界大战因果和过程中的具体史实。这种处理，一方面为历史新课程下"一纲多本"的命题提供灵活的空间；另一方面又重点突出了对第二次世界大战因果的考查，切合了《普通高中历史课程标准（实验）》要求。

因此，在未来的复习备考中，我们要注意关注下列问题：一是注意两个考试大纲所重点关注的第二次世界大战的因果，尤其是注意分析和总结其历史教训。二是注意引导学生运用已学的有关第二次世界大战的因果和历史教训的知识，评析新材料、新情境、新观点。三是从构建和谐社会和和谐世界的角度认识第二次世界大战。四是注意比较分析第一次世界大战与第二次世界大战的异同，从中寻找世界大战的相关规律，进一步总结历史教训。

3. 现行历史教材与历史新课程标准教材的异同与应对策略

第一，与现行历史教材相比，《文科综合考试大纲》规定要考查的内容，在新课程标准教材有新的或不同表述，而应引起重视的有：①1936年，广田弘毅上台组阁，听命于军部法西斯势力，初步建立起军事法西斯专政。②西班牙内战既是一场西班牙人民反对国内反动保守势力的革命战争，同时也是一场有国际力量卷入的反法西斯民族解放战争。③德意日"结成了'柏林—罗马—东京轴心'。这样，在30年代初，欧亚分别出现两个战争策源地，初步形成一个最富侵略性的法西斯国家集团"。④不列颠之战，"希特勒的侵略计划第一次未能得逞"。⑤1940 年 9 月，德、意、日正式结成三国军事同盟。⑥太平洋战争爆发，第二次世界大战达到了真正的世界规模。⑦法西斯国家的侵略对全人类的安全和民主制度构成严重威胁。……国际反法西斯联盟是不同社会制度的国家组成的国际反法西斯统一战线，……这就为最后战胜法西斯轴心国奠定了坚实的基础。尽管在联盟内部不时产生矛盾和斗争，但摧毁法西斯是他们共同目标。正是这种根本利益使他们在战争中互相配合，并赢得了最后胜利。⑧莫斯科之战是德国陆军在第二次世界大战中遭受的第一次重大失败，宣告德军"闪电战"的破产。……（斯大林格勒保卫战）不仅使苏德战场局势发生了根本转折，而且对推动整个反法西斯战局的变化也具有深远的影响。⑨法西斯主义就是战争，防止法西斯主义死灰复燃，是消除战争隐患的关键。在战争爆发前，少数国家推行绥靖政策，……未能阻止法西斯国家的局部侵略战争演变为全面侵略战争。在战争中，一些国家墨守成规，军事思想陈旧落后，缺乏创新精神，结果有的遭到亡国的厄运，有的付出了惨重的代价。……历史的经验告诫我们，世界和平是不可分割的，爱好和平的国家政府和人民只有同心协力，共同维护，和平才能持久。

第二，由于第二次世界大战史在《普通高中历史课程标准（实验）》中属于选修内容，依据《普通高中历史课程标准（实验）》编写的历史教材，与现行历史教材相比，凡是相同的历史内容，基本上将现行教材中的小字变成了新课程标准教材中的大字正文，在形式上地位有所提高。但由于现行教材中有关第二次世界大战的小字内容，多为战争经过或一些事件的具体描述，因此，在复习或学习现行教材中的第二次世界大战相关小字内容时，只要适当关注一下就可以了，不要死记教材中所有的小字内容，以免加重学习负担。

三、第二次世界大战后的世界

1. 现行历史教学大纲与历史新课程标准的异同与应对策略

现行全日制普通高级中学《历史教学大纲》，关于"第二次世界大战后的世界"的教学内容要点的必修内容包括：战后的国际关系，战后的主要资本主义国家，战后的社会主义国家，美苏争霸，亚洲的经济的发展。不列入考试范围阅读的内容有殖民体系的崩溃和第三世界的兴起。

《普通高中历史课程标准（实验）》，关于"第二次世界大战后的世界"

教学内容的知识要点，有必修课程历史（Ⅰ）中的"当今世界政治格局的多极化趋势"中的美苏两极对峙格局的形成，欧洲共同体形成，日本成为世界经济大国和中国的振兴，不结盟运动的兴起的相关内容。历史（Ⅱ）中的"罗斯福新政与资本主义运行机制的调节"中的第二次世界大战后美国等当代资本主义的新变化；"苏联社会主义建设的经验与教训"中的从赫鲁晓夫改革到戈尔巴乔夫改革的基本历程；"当今世界经济的全球化趋势"中的布雷顿森林体系，以美国为主导的资本主义世界经济体系的形成的相关内容。选修课程（三）"雅尔塔体系下的冷战与和平""烽火连绵的局部战争"中的朝鲜战争、越南战争、中东战争、印巴战争和两伊战争。

比较《历史教学大纲》和《普通高中历史课程标准（实验）》我们可以发现：《普通高中历史课程标准（实验）》与《历史教学大纲》的主要不同点：一是进一步突出了美苏在战后政治、经济体系的地位与作用，揭示了国际政治经济格局由两极向多极化逐渐演变的过程和原因；二是从生产力与生产关系的角度，实事求是地展现了"二战"后社会主义与资本主义的发展变化；三是从战争与和平的角度，探求国际关系的演变。在知识构建上，历史新课程标准围绕"世界政治经济格局和国际关系"的角度展开，承上启下，主题突出，整体感强。2006 年全国文科综合卷Ⅰ中的"法德关系"选择题组，就比较好地体现了这一新课程理念。

因此，我们在学习或复习"第二次世界大战后的世界"时，要注意：（1）第二次世界大战后世界政治、经济格局演变的主要史实和演变原因。（2）从生产力与生产关系的角度，正确认识"二战"后资本主义新变化和苏联的社会主义的改革。（3）从世界和平与发展、美苏争霸的角度，认识"二战"后的国际关系、朝鲜战争、越南战争和两伊战争。

2. 文科综合考试大纲与新课程标准历史科考试大纲的异同与应对策略

现行《文科综合考试大纲》关于"第二次世界大战后的世界"规定的考查知识点为：战后初期世界形势和雅尔塔体系的确立；对德国、日本法西斯的处置；两极格局的形成；战后的主要资本主义国家美国、西欧、日本，矛盾与问题；战后的社会主义国家、战后初期的苏联；社会主义阵营的形成；苏联的改革和挫折；东欧的变革；中国建设中国特色的社会主义；美苏争霸格局的形成；80 年代中后期的美苏关系；韩国和新加坡经济的发展；印度经济的发展；西亚国家经济的发展。

《2007年普通高等学校招生全国统一考试新课程标准历史科考试大纲》中与"第二次世界大战后的世界"相关的考查知识点，必修课程为：从赫鲁晓夫改革到戈尔巴乔夫改革；第二次世界大战后美国等国资本主义的新变化；美苏两极对峙格局的形成；多极化趋势在曲折中发展；布雷顿森林体系的建立。选修课程为：美苏冷战局面的形成；世界人民反战和平运动的高涨；七八十年代美苏由紧张对抗到谋求缓和对话；联合国的产生及其在维护世界和平中的主要活动；朝鲜战争与越南战争；中东战争；印巴战争与两伊战争。

从所列考试纲目，我们可以看出：《新课程标准历史科考试大纲》与《文科综合考试大纲》都重点突出了两极格局的形成与演变、苏联的改革、"二战"后资本主义的新发展和美苏争霸。两个考试大纲所展示的这一特点，在2006年全国文科综合试卷Ⅰ中的"法德关系"选择题组中得到了反映。

因此，在未来的复习备考中，我们要注意关注下列问题：一是关注意两个考试大纲所突出关注的共同问题，如两极格局演变、苏联的改革、"二战"后资本主义的新发展和美苏争霸等。二是关注战争与和平的问题，也就是从世界和平与战争的角度认识美苏争霸和一些局部战争。三是从世界政治、经济格局演变的角度认识中国、西欧和日本的发展变化。四是注意比较分析"二战"后苏联的历次改革的异同及对苏联和世界的影响。

3. 现行历史教材与历史新课程标准教材的异同与应对策略

第一，与现行历史教材相比，《文科综合考试大纲》规定要考查的内容，在新课程标准教材有新的或不同表述，而应引起重视的有：①雅尔塔体系是"以美、苏为主导的国际关系新体系"，"奠定了战后世界两极格局的框架"。②杜鲁门主义的出台标志着美苏"冷战"的开始。③中国加入社会主义体系，使世界政治力量的对比发生了有利于社会主义的巨大变化，有利于维护世界和平促进人类的进步事业。④欧洲煤钢共同体（联营）……促使了法德这个政治宿敌开始走向和解。⑤20世纪80年代，日本成为仅次于美国的世界第二经济大国。⑥（20世纪90年代，美国）倡导介于自由放任和国家干预之间的第三条道路，对美国经济实行改革，……美国经济出现了历史上空前的持续117个月的增长。⑦赫鲁晓夫对斯大林的批判，在客观上有利于破除对斯大林的迷信，但一味否定斯大林，没有对斯大林的功过做出实事求是的分析，又造成了人们的思想混乱。⑧"布雷顿森林体系"使美元在战后国际货币体系中处于中心地位，美国由此建立起以美元为支柱的国际货币制度，掌握了资本主义世界的经济命脉。"布雷顿森林体系"的建立，使国际货币金融关系有了统一的标准和基础，暂时结束金融领域的混乱局面，维持战后世界货币体系的正常运转。"布雷顿森林体系"，在相对稳定的情况下扩大了世界贸易。……客观上起了扩大世界购买力的作用。同时，固定汇率制在很大程度上消除了由于汇率波动而引起的动荡，有利于世界贸易的发展和国际资本的流动，为世界经济的恢复和发展创造了条件。但是，这个体系也加强了美国在国际金融中的特权和支配地位。⑨雅尔塔体系"对维护战后世界和平秩序、清除法西斯主义、恢复和发展各国经济，都有一定的积极作用。……雅尔塔体系的确立，意味着近三百年来以维持欧洲大国均势为中心的传统的国际关系格局，已被美苏两极格局所取代"。⑩华约组织成立之初在保障世界和平和社会主义国家安全，反对帝国主义侵略方面起了积极作用。古巴导弹危机是美苏两国的一次核赌博。此后，苏联大力发展核武器，美国也竭力保持自己的核优势，美苏两国核军备竞赛不断升级。以苏联出兵阿富汗为标志，苏联的霸权主义发展到顶峰。两伊战争还造成了中东国家的分裂。……两伊战争为美苏等国插手这一地区事务创造了条件。

第二，与现行历史教材相比，相同的历史内容，由现行教材中的小字变为新课程标准教材中的大字正文，地位提高的有：①联合国安理会。②欧洲煤钢共同体（联营），欧洲共同体。③赫鲁晓夫改革措施。④布雷顿森林体系。⑤"柏林墙"和"古巴导弹事件"。⑥中东战争。⑦两伊战争。

四、世界格局的变化和近现代科学技术

1. 现行历史教学大纲与历史新课程标准的异同与应对策略

现行全日制普通高级中学《历史教学大纲》，关于"世界格局的变化和近现代科学技术"的教学内容要点的必修内容包括：东欧剧变和苏联解体；世界政治格局的多极化趋势；经济全球化趋势及人类面临的共同问题；科学技术。不列入考试范围阅读内容，有学术思潮与教育、文学艺术。

《普通高中历史课程标准（实验）》，关于"世界格局的变化和近现代科学技术"教学内容的知识要点，有必修课程历史（Ⅰ）中的"当今世界政治格局的多极化趋势"中的苏联解体后两极格局瓦解和多极化趋势加强的相关内容，历史（Ⅱ）中的"当今世界经济的全球化趋势"中的欧洲联盟、北美

自由贸易区、亚太经济合作组织、世界贸易组织和中国加入世界贸易组织、经济全球化发展趋势及问题的相关内容，历史（Ⅲ）中的"近代以来世界科学技术的历史足迹"中的经典力学、进化论、蒸汽机的发明和电气技术的应用与作用、相对论、量子论、网络技术的相关内容；选修课程（三）"和平与发展——当今世界的时代主题"；选修课程（四）"杰出的科学家"中的牛顿、爱因斯坦等人的成长历程及主要科学成就。

比较《历史教学大纲》和《普通高中历史课程标准（实验）》我们可以发现，《普通高中历史课程标准（实验）》与《历史教学大纲》的主要不同点：一是突出了苏联解体后世界政治格局多极化和经济全球化问题；二是突出了经济全球化过程中的重要国际经济组织；三是科学技术方面注意突出那些对人类社会发展产生过重大和深刻影响的科学技术成就及相关科学家。新课程标准对这些历史教学内容的安排，进一步突出了主题，整体感更强。

因此，我们在学习或复习"世界格局的变化和近现代科学技术"时，要注意：（1）从宏观上掌握世界政治和经济格局的演变及原因。（2）从世界政治格局多极化和经济格局全球化的角度关注世界或区域性经济组织的演变因果。（3）分析世界政治经济格局变化过程中所出现的种种问题及影响。（4）在掌握世界重大科学成果发展变化的基础上，从纵横、积极与消极方面分析科学成果的影响。

2. 文科综合考试大纲与新课程标准历史科考试大纲的异同与应对策略

现行《文科综合考试大纲》关于"世界格局的变化和近现代科学技术"规定的考查知识点为：东欧剧变；苏联解体；世界政治的发展和地区冲突；冷战后的国际形势；霸权主义和地区冲突；世界经济的发展，经济全球化和经济区域化；人类面临的共同问题；17世纪至20世纪初的自然科学；现代科学技术。

《2007年普通高等学校招生全国统一考试新课程标准历史科考试大纲》中与"世界格局的变化和近现代科学技术"相关的考查知识点，必修课程为：经典力学；进化论；蒸汽机的发明和电气技术的应用；两极格局的瓦解和多极化趋势的加强；世界经济区域集团化；世界贸易组织和中国的加入；相对论和量子论；现代信息技术。选修课程为：和平与发展是当今世界的时代主题；牛顿、爱因斯坦。

从所列考试纲目，我们可以看出：《新课程标准历史科考试大纲》与

《文科综合考试大纲》都重点突出了世界政治的多极化、经济区域集团化，但《新课程标准历史科考试大纲》突出和平与发展是当今世界的时代主题。在近现代科学技术方面，《新课程标准历史科考试大纲》改变了《文科综合考试大纲》的宏观模糊表述，注意突出具体的重大科学技术成就和相关科学家。这一特点，在 2006 年全国文科综合卷 II 中的第 38 题有较好的反映。

因此，在未来的复习备考中，我们要注意关注下列问题：一是从和平与发展的角度认识世界政治多极化和经济全球化问题。二是注意辩证分析重大科学技术成就对人类社会发展的影响。三是整合世界和区域性经济组织相关知识，辩证分析其对世界和中国的政治、经济发展的影响。

3. 现行历史教材与历史新课程标准教材的异同与应对策略

第一，与现行历史教材相比，《文科综合考试大纲》规定要考查的内容，在新课程标准教材有新的或不同表述，而应引起重视的有：①欧盟扩大、统一货币欧元和建立欧洲快速反应部队，"有利于推动世界格局向多极化方向发展"。②北美自由贸易区是世界上第一个由发达国家和发展中国家共同组成的经济集团，因而具有重大意义。③达尔文的进化论，"引起了生物学的一场革命"，"对欧洲思想界产生了巨大影响"，"在欧洲科学界，特别在宗教界引起了轩然大波"。"进化论在处于国家危亡时期的中国思想界也引起巨大震动。"

第二，与现行历史教材相比，相同的历史内容，由现行教材中的小字变为新课程标准教材中的大字正文，地位提高的有：①欧洲联盟、北美自由贸易区、亚太经济合作组织。②牛顿力学体系的预见性。③爱因斯坦相对论理论与牛顿力学之间的关系。

04

试题纵横

命制试题是每一位教师的必修课。试题质量的高低，能在某种意义上反映命制者的敬业精神、价值追求、知识储备和专业素养。

研究与命制高质量试题，既能有力促进教师广泛阅读种种历史著作和史学研究最新成果，提升教师的专业素养，拓展教师的学术视野；又能有力促进教师深入研究历史课程标准、历史考试大纲、中学历史教材和历史教学，从而促进教师的专业发展和教学质量的提高。

人人都说，高考不仅是中学教学的指挥棒，也在相当程度上决定着莘莘学子的前程与命运。因此，高考试题的命制绝不能等闲视之，我们应坚决杜绝似是而非、模棱两可，甚至错误的劣质试题。否则，将损害国家的教育形象，损害高考的权威和公平公正，损害试题命制者的威望，影响考生的前程与命运。

选择题答案因局限于教材失误例说①

历史选择题是当今高考的一个重要题型，也是一种丰富多彩的题型，可谓一题一貌，百题百问。就历史单项选择题而言，它有一个重要特征就是题干与选项答案之间有着严密的逻辑关系，且答案是唯一的。但我们在日常历史教学中，也不时发现一些历史试题编制者在其创制的历史单项选择题中，因其设计局限于现行高中历史教材而出现失误。

【例1】下列列强与中国签订的不平等条约中没有涉及关税的是：

A. 南京条约 　　　　　　　B. 天津条约

C. 马关条约 　　　　　　　D. 辛丑条约

本题作者所给的答案为 D。依据现行人教版高中历史教材《中国近代现代史》下册中的相关内容，其答案是没有问题的。然而，只要我们阅读一下《辛丑条约》内容原文，我们就可以发现《辛丑条约》也涉及了关税。如《辛丑条约》第六款（戊）明确规定：

所定承担保票之财源开列于后：

一、新关各进款俟前已作为担保之借款各本利付给之后余剩者，又进口货税增至切实值百抽五，将所增之数加之，所有向例进口免税各货，除外国运来之米及各杂色粮面，并金银以及金银各钱外，均应列入切实值百抽五货内。

二、所有常关各进款，在各通商口岸之常关均归新关管理。

三、所有盐政各进项，除归还前泰西借款一宗外，余剩一并归入。至进口货税增至切实值百抽五，诸国现允可行，唯须二端：一、将现在照估价抽

―――――――――

① 本文发表于《历史学习》2009 年第 2 期。

收进口各税，凡能改者，皆当急速改为按件抽税几何。定办改税一层如后：为估算货价之基，应以一千八百九十七、八、九三年卸货时各货牵算价值，乃开除进口税及杂费总数之市价。其未改以前各该税，仍照估价征收。二、北河、黄浦两水路均应改善，中国国家即应拨款相助。增税一层，俟此条款画押日两个月后，即行开办。除在此画押日期后至迟十日已在途间之货外，概不得免抽。（翦伯赞、郑天廷主编《中国通史参考资料·近代部分》（修订本）下册中的《辛丑条约》）

由此可见，例1答案D是错误的，本题没有答案。

【例2】唐朝中期的两税法、明朝推行的一条鞭法和清朝期实行的地丁银制度都是中国古代重要的赋役制度，三者的相似之处在于：

A. 都征收银两

B. 都因损害地主和官僚的利益而遭到反对

C. 都不以人丁为征税的标准

D. 都加强对土地和财产数量的征税

本题作者所给的答案为D，并在所附【解析】中认为："'征收银两'开始于一条鞭法；地丁银制度的实施没有遭到地主阶级的反对；两税法和一条鞭法实施时，人头税的比重虽然减少，但并未废除。因此A、B、C三项都不正确。"实事求是地说，A、C是没有问题的，但B项作者解析是不正确的。地丁银制度，从本质上说，就是将丁税摊入田亩中统一按田亩多寡征税，这就必然导致占有大量土地的官僚、地主比以前交更多的税。因此很多富人对此政策不满，产生抵制心理，只是这一点我们教材没有展开说明而已。早在康熙时就有人公开为乡绅富户做辩护，有的人甚至煽动"有田之家同心协力赴上台力辩"，以图逼使官府再回复按丁征银（康如琏：康熙《鄞县志》卷之四，《田赋志》，《赋役》）。雍正初年，浙江全省"丁归粮办"，省城杭州府的一些"田多丁少"的地主富户，竟先后两次聚众闹事。第一次是在雍正三年（1725）春天，他们"蛊惑百余人，齐集巡抚衙门，喊叫拦阻摊丁"。接着次年七月，又乘全省"十一郡贡监劣衿俱在省下场"，进行乡试的机会，由"劣恶"金济路带头，"暗中雇出土棍闻尚德等，复挟故智，聚众进城"（《朱批谕旨》，雍正四年八月初二浙江巡抚李卫奏）。他们甚至"鸣锣执旗"，"喊叫罢市"，以阻挠"摊丁入地"的进行（《朱批谕旨》，雍正四年九月初二浙闽总督高其倬奏）。直隶肃宁县有的地主自"摊丁入地"后，就借此"事端","每亩加租二分"（尹侃：乾隆《肃宁县志》卷七，《人物》），把摊入地粮的丁银重新转嫁于贫苦农民的头上。因此，本题 B 项也是正确答案。

【例3】第二次鸦片战争和八国联军侵华战争的相似之处有：

①侵略者都由海上登陆进犯京津 ②战争期间清帝都曾出逃 ③侵略者都曾遭到中国民众的武装抵抗 ④战后都签订了赔款的不平等条约

　　A.①②　　　　　B.①②③　　　　　C.①②④　　　　D.①②③④

本题作者提供的答案为 C，并在所附的答案解析中明确指出："第二次鸦片战争期间，侵略者只是遭到中国爱国官兵的武装抵抗，只有在第二次鸦片战争结束后，清政府与列强勾结，太平天国才进行反侵略的斗争。八国联军侵华战争遭到义和团的武装抵抗。"历史上在第二次鸦片战争期间真的没有民众武装抵抗侵略者吗？回答自然是否定的。实际上，在第二次鸦片战争期间，中国人民自发地开展武装抵抗外国侵略者的水平高于第一次鸦片战争中的三元里人的抗英斗争。主要表现为广东民众纷纷组织团练抗击英法侵略者。如三元里附近的九十六乡，组织起团练，南海、番禺县民众在佛山镇组织团练局，佛山团练局后来又进扎花县，并准备收复广州城。在广州北门外石井，"团练百数十乡"，"不容敌人入其境"，英法军几次想去征讨均挫败而返。他们在英法侵略者所窃踞的广州将军署衙门前贴上揭帖说："我东莞勇，现驻榕树头，尔外人敢到此与我打仗，定杀尔片甲不回。"巴夏里带数百人去镇压，遭伏击，"巴酋亦堕马，几被获，经汉奸扶掖逃回"（华廷杰：《触藩始末》奏下，《第二次鸦片战争》（二）第194—195 页）。中国东南沿海民众的分散武装反抗英法侵略者，虽然在规模上和影响上不及太平天国和义和团运动，但我们不能因此而否定第二次鸦片战争期间，外国侵略者不曾遭到中国民众的武装抵抗。因此，本题的答案应为 D 项。

总之，上述这些命题给我们的最大教训就是：命题者应不断提高自己的历史专业素养，创制历史选择题时一定要慎重，千万不要将自己的视野束缚在教材里，不要以为教材中没有的事实上就不存在。要知道，学生的思维素养，甚至于命运就掌握在我们手中。就广大高中文科学生而言，我们应学会质疑，不要盲目相信一些质量不高，甚至低劣的复习资料，以免对自己的学习成绩与人生产生负面影响。

加强专业修养，提升试题品质①

——从评阅某地《2014 年公开考录教师 笔试试卷·历史学科》说起

2014 年 8 月 13 日，本人有幸参加评阅某地教师招聘考试历史试卷。稍读评阅样卷，我就被其试题与答案惊呆了："这是历史教师招聘考试试卷吗？这是哪位历史教育专家命制的？竟是如此缺乏严谨！"或许有人会说："不可能吧？这么重要的教师招聘考试，怎会出现不严谨的考试试题？！"说实在的，我也不敢相信。因为，能有机会参加如此重要考试命题的人，应该其专业水准不是泛泛之辈。然而，我所评阅的《2014 年公开考录教师笔试试卷·历史学科》确实存在试题不严谨的问题。为证明本人所言不虚，现仅举两例予以说明：

例 1：历史课程性质主要具有思想性、基础性、_____和_____等特性。

本题是一道填空题，命题者所给答案为"人文性""综合性"。

从命题学的角度看，作为填空题，在试题结构上一般由"不完整语句"和"空"组成。它要求应试者依据"不完整语句"提供的信息，利用自己所掌握的知识，从科学与逻辑的角度在所给的"空"上填写出唯一的答案内容。那么，依据本题所提供的"历史课程性质……等特性"，其答案是否仅有命题者所给的"人文性"和"综合性"呢？回答是否定的。尽管《义务教育历史课程标准（2011 年版）·课程性质》中明确指出，义务教育阶段7—9 年级的历史课程特性主要包括思想性、基础性、人文性和综合性，但这

---

① 本文发表于《中学历史教学参考》2014 年第 11 期。

并不意味着该题的答案是严谨科学的。其理由有二：

第一，什么是课程性质与特性？或许本人孤陋寡闻，我至今也没有看到过权威的标准解读。但有关性质与特性，是有权威标准解读的。所谓性质，严格意义上来说，是指事物的本质，是一个事物所具有的区别于其他事物的根本属性；特性则是指某人或某事物所特有的性质。从这个意义上说，性质与特性并不完全相同，《义务教育历史课程标准（2011 年版）·课程性质》将历史课程性质概述为思想性、基础性、人文性、综合性等特性，恕我直言，这是不符合"性质"与"特性"的定义要求的。因为，义务教育阶段不少学科的课程标准也用过思想性、基础性、人文性、综合性来概括其学科特性。如《义务教育思想品德课程标准（2011 年版）》在"课程性质"中就将其特性概述为思想性、人文性、实践性和综合性。因此，与其说思想性、基础性、人文性和综合性体现了历史课程性质或特性，还不如说它们体现了基础教育特性，并从不同角度或侧面揭示了历史发展内涵和历史教育的价值效应。

第二，命题者所提供的信息"历史课程性质主要具有思想性、基础性等特性"，表述比较模糊，缺乏时空、课标或著作版本等严格限制，应试者难以依据其表述给予准确回答。因为，截至目前，描述历史课程性质的历史课程标准已有三个版本，即《义务教育历史课程标准（实验稿·2001 年版）》《义务教育历史课程标准（2011 年版）》《普通高中历史课程标准（实验·2003 年版）》，且三个版本描述是不一样的。如《普通高中历史课程标准（实验·2003 年版）》将历史课程性质描述为"普通高中历史课程，是用历史唯物主义观点阐释人类历史发展进程和规律，进一步培养和提高学生的历史意识、文化素养和人文素养，促进学生全面发展的一门基础课程"。据此描述，我们可以从中提炼出科学性（阐释人类历史发展进程和规律）、思想性（历史意识）、人文性（文化素养和人文素养）、全面性（促进学生全面发展）和基础性（基础课程）。也正因为试题所提供的信息模糊，限制不严，应试者只好依据自己对历史课程性质的理解来回答，故答案五花八门。归纳起来，其主要有思想性、基础性、人文性、综合性、科学性、规律性、阶级性、发展性、历史性、复杂性、间接性、延续性、总结性、逻辑性、多样性、系统性，等等。除却思想性、基础性、人文性和综合性，依据历史与历史教育本身内涵，以及《义务教育历史课程标准（2011 年版）》对历史课程性质的思想性、基础性、人文性、综合性等特性的概述原则，我们能说上述其他答案都是错误的吗？回答是否定的。如复杂性、延续性、多样性等，确实从某个侧面或角度揭示了人类历史发展的特性。

命题者为何会命制出这样的"问题试题"？我想其原因主要有三：一是现行《义务教育历史课程标准（2011年版）》有关"课程性质"阐释本身存在问题。有关这一点，我这里不想展开。因为，它不是一两句就能够说得清楚的问题。二是命题者思维僵化。他将《义务教育历史课程标准（2011年版）》奉为圣经，因而主观认为，我依据课标表述命制试题是不会存在问题的。三是专业修养和学识视野有限，这是导致"问题试题"出现的根源所在。如果命题者专业意识强，就会在命题时反问自己：什么是历史课程性质？新版课标将义务教育阶段的历史课程性质概括为思想性、基础性、人文性和综合性对吗？完整吗？是否还有其他特性？如果命题者学识视野宽广，他也会意识到，截至目前，教育部已经颁发了初高中三个版本的历史课程标准；他就会自觉查询其他两个版本有关历史课程性质的阐述，就会发现这样命题会出问题；他即使要命制这道试题，也会做这样的表述："《义务教育历史课程标准（2011年版）》将历史课程性质主要概括为思想性、基础性、_____和_____等特性。"如此，本题就不会出现问题。

例2：我国是一个统一的多民族国家，历史上各民族间既有刀光剑影，也有"和同为一家"的佳话，请你回顾历史，探究以下问题：

（1）汉唐时期，有三位公主谱写了民族团结的佳话，这三位公主分别是谁？

（2）请列举汉、唐、清设置的管辖今新疆地区的军政机构的名称。

这是一道冠有"探究问题"的历史简答题，命题者所给的答案是：（1）王昭君、文成公主、金城公主。（2）汉朝：西域都护。唐朝：安西都护府、北庭都护府。清朝：伊犁将军。

作为历史简答题，顾名思义，就是要求应试者在撰写问题答案时应简洁明了，一语中的。实际上，命题者所给予本题的答案也明显体现了这一特点。但本题要求应试者"探究"其设置的"问题"，这就存在问题了。即它已经不是要求其答案是否简洁的问题，而是命题者所提供的答案是否完整、是否存在错误的问题，其评判标准或要求是否具有开放性的问题。

第（1）问，命题者要求应试者"探究"出汉唐时期谱写民族团结佳话的"三位公主"，其答案为王昭君、文成公主、金城公主，且没有在试题或答案评判中注出"只要答案符合题意即可"。这样，问题就大了。其一，据有关统计，汉唐政府（皇帝或皇室）曾与边疆少数民族政权首领和亲多达 30 余次，远不止王昭君、文成公主、金城公主三人。如公元前 105 年，西汉将宗室女刘细君嫁给乌孙王，同乌孙和亲。细君公主很是悲伤，自己作歌说："吾家嫁我兮天一方，远托异国兮乌孙王。穹庐为室兮旃为墙，以肉为食兮酪为浆。居常土思兮心内伤，愿为黄鹄兮归故乡。"（《汉书·卷九十六下·西域传第六十六下》）。实际上，应试者中就有人回答"细君公主"的。其二，严格地说王昭君不是汉皇室公主。王昭君名嫱，本是汉元帝时期的宫女，西汉南郡秭归（今湖北省兴山县）人。史载，昭君入宫多年，无缘面君。公元前 33 年，北方匈奴首领呼韩邪单于主动来汉朝，对汉称臣，并请求和亲，以结永久之好。汉元帝尽召后宫妃嫔，王昭君挺身而出，慷慨应诏。又昭君"丰容靓饰，光明汉宫，顾影徘徊，竦动左右。帝见大惊，意欲留之，而难于失信，遂与匈奴"。（《后汉书·卷八十九·南匈奴传》）

第 (2) 问，试题要求"探究""列举汉、唐、清设置的管辖今新疆地区的军政机构的名称"，其所给答案为"汉朝：西域都护。唐朝：安西都护府、北庭都护府。清朝：伊犁将军"。也没有在试题或答案评判中注出"只要答案符合题意即可"。于是，本题就存在两个问题：其一，汉朝的"西域都护"是官名，而非军政机构名称。当时的机构名应为西域都护府。据《汉书·西域传》记载，早在太初三年（前 102）后"自敦煌至盐泽，往往起亭，而轮台、渠犁皆有田卒数百人，置使者校尉领护，以给使外国者"《汉书·郑吉传》。又称"初置校尉，屯田渠犁"。公元前 68 年改置"使护鄯善之西校尉"，公元前 60 年改为"都护西域"，建立西域都护府。其二，清朝从 1644 年入关建立在全国的统治，到 1912 年 2 月 12 日清帝被迫退位，历时 260 余年。为了加强对新疆的管辖，清朝乾隆帝在平定准噶尔贵族大小和卓兄弟叛乱后，于 1762 年设置伊犁将军一职，统辖天山南北两路。故伊犁将军为官名而非机构名，作为军政机构名应称为伊犁将军府。清朝后期，左宗棠率领清军在消灭入侵新疆的浩罕汗国将领阿古柏收复新疆过程中，提出了取消原来的军府制度，在新疆建省，实行与内地一样的行政管理的主张。1877 年 8 月 17 日，他正式向朝廷提出此议。1884 年 11 月 17 日清政府决定在新疆建立行省，并任命刘锦棠为新疆行省第一任巡抚。实际上，应试者就有人回答"建立新疆行省"的。

命题者为何会命制出这样的"问题试题"与"问题答案"？我想，其主要原因有二：一是受思维定式影响。如果我估计不错的话，命制这一试题的应是一位初中历史教师。因为，本题是一种典型的初中历史考试试题的表达方式。命题者给予的答案之所以只有"（1）王昭君、文成公主、金城公主。（2）汉朝：西域都护。唐朝：安西都护府、北庭都护府。清朝：伊犁将军"而没有其他答案，就是因为他执教的初中历史教材只叙述了这些内容，再无其他。二是专业修养和学识视野有限，这是导致"问题试题"与"问题答案"出现的根源所在。我猜想，这位命题者在大学时代的历史专业学习肯定不够扎实，是以应试学习为主的学生；大学毕业从教后，可能不再或很少阅读历史专业著述，日常历史教学主要"研究"历史教科书、历史教学参考书和历史练习资料，关注的重点就是如何提高学生的考试成绩。于是，出现这样的"问题试题"与"问题答案"就成为必然。如果命题者历史专业知识扎实，学识视野宽广，只要其对历史上的"和亲"政策、清朝起止时间及对边疆地区的管辖历史稍做思考，就不会出现这类低级错误。如"和亲"政策在汉初推行数十年之久，又王昭君出塞"和亲"发生在西汉后期，整个西汉参与"和亲"的"公主"怎么也不止王昭君一人啊？

或许有人会说，上述现象纯属个别，用不着大惊小怪。我的回答是"非也"！我评阅历史教师招聘考试试卷确实是第一次，对这类考试试题质量是否经常存在问题我不敢断言。不过，本人曾多次参加省里对各市州的中考历史试卷的评价，也时常发现这类"问题试题"。现再举几例予以简要评析（为保护命题者，下列例题有关省市名称已经略去，请海涵）。

例3："江山如此多娇，引无数英雄竞折腰，数风流人物，还看今朝。"这是毛泽东在1936年写的《沁园春·雪》中的著名词句。此时，中国工农红军：

A. 实现了井冈山会师　　　　B. 到达了吴起镇

C. 完成了二万五千里长征　　D. 渡过了金沙江

该题参考答案要求选C。但该词写于1936年2月，而长征结束于1936年10月三大主力红军会师于甘肃会宁，故C答案错误。倒是选项A、B、D三项，均发生在1936年2月之前，符合题意。

例4：与图2遗迹有关的历史事件是：

图 2

A. 鸦片战争   B. 第二次鸦片战争

C. 甲午中日战争   D. 八国联军侵华战争

本题所给的标准答案为 B。然而，有关圆明园遗迹形成今天我们看到的现状，与中国近代史上列强两次侵华战争有关：一是第二次鸦片战争，二是八国联军侵华战争。因此，本题 B、D 两项都是正确答案。

例 5：初三某班班委会因为班上纪律混乱，准备制定严格的班规来约束同学们的行为，他们的主张和战国时期百家争鸣中哪一学派主张相似：

A. 儒家   B. 法家   C. 道家   D. 墨家

本题所给标准答案为 A。其不严谨主要表现在形而上学和望文生义：一是将班规等同于"法"；二是错误地认为，战国时期只有法家主张"法治"。战国时期，最强调"法治"的自然莫过于"法家学派"。但这并不等于说，其他学派在治国问题上就不讲"法"，就不讲"规"。如战国儒家代表人物之一的荀子，在治国问题上就主张"隆礼尊贤而王，重法爱民而霸"，强调"其礼义，制法度"，以转化人性之"恶"。实质上，儒家自孔子以来所倡导的"礼治"本身，就是一种"规范"与"秩序"。

例 6：人们把我国古代刻在龟甲或兽骨上的文字称为"_____"。

本题所给标准答案为"甲骨文"。其不严谨之处在于用"古代"取代了"商周"这一特定时间限制。因为，中国古代史包括了从上百万年前的原始人类到 1840 年鸦片战争前夕的历史。我们能说，明朝时期人们在龟甲或兽骨上刻写的"汉字"或其他文字是"甲骨文"吗？显然，这是不可能的。

当今是一个考试时代，学生升学选拔需要考试，很多行业的就业或引进人才需要考试，且存在不少应试入围者的笔试成绩相差无几（1~2 分）的情况。用考试的手段选拔人才，其主旨在于选拔那些真才实学者，并确保选拔的公平公正。因而，科学命制考试试题，并给出科学的评判标准与答案，就成为确保其宗旨实现的前提条件。否则，就有可能使我们的选拔宗旨成为一句空话！但愿我们的历史教师或历史教研员，能与时俱进，多研读一些历史专业著述和历史教学方面的著述，加强自己的专业修养，拓展自己的学识视野，使我们的历史教学与历史试题命制不出现错误，这无论对自己，还是对被选拔者、对他人、对社会、对国家、对民族，都是有益的。我愿与同仁共勉！

第32题有失严谨^①

1998年全国高考历史试题第32题在试题命制上有失严谨。

32. 要了解"王莽改制"的史实，可查阅：

A. 《史记》　　　B. 《汉书》　　　C. 《后汉书》　　　D. 《资治通鉴》

参考答案为BD。从命题内容和所给答案来看，命题者旨在考查学生对"王莽改制"的时间、内容和《史记》《汉书》《资治通鉴》所记史实起止时间及"断代史"概念的掌握与迁移分析能力，其立意是好的。但由于题干限制不严，所给答案严格地讲是不对的。因为，就"王莽改制"的史实而言，我们可以狭义地理解为改制内容，也可广义地理解为改制内容和因果。而不论怎样理解，我们只要从《后汉书》查到相关史实，哪怕是一句，就可印证答案不成立。

例如，《后汉书·光武帝本纪》记载："及王莽篡位，忌恶刘氏，以钱文有金刀，故改为货泉。"此文明确指出了王莽改革币制一事及原因。至于论及原因记载是否正确，那是另外一回事。又如，《后汉书·光武帝本纪》还载，建武六年（公元30年）"十一月丁卯，诏王莽时吏人没人为奴婢不应旧法者，皆免为庶人"。这里，既说明王莽有关奴婢制改革失败，奴婢买卖仍然存在，又说明王莽时原西汉以来有关奴婢旧法被破坏。至于因王莽改制失败而引起的混乱和农民起义，《后汉书》中的"光武帝本纪""刘盆子传""刘玄传"等，更有大量记载。

实际上，如果命题者把原题题干改为"要确切了解'王莽改制'内容的史实，主要应查阅"，就不会产生上述歧义了。

---

① 本文发表于陕西师大主编的《中学历史教学参考》1998年第10期。是《众说纷纭话命题——1998年高考历史试题大家谈》中的一部分。

文综二道历史选择题商榷①

今年的高考尘埃落定，有关"文综"试题质量，见仁见智的文章会不少。本人不揣浅陋，就其中的两道历史选择题提出商榷，旨在求教于专家和同仁。

首先，我们看第13题：

13. 宋代教育的特点是（　　）

A. 书院在教育体制中占据重要地位

B. 严格控制思想，不允许学生发表不同见解

C. 学校教育未受变法运动的影响

D. 道德培养与能力培养并重

本题所给答案为 A。就教育体制而论，宋代教育体制与宋代以前各代教育体制相比，"书院在教育体制中占据重要的地位"，无疑是宋代教育的一个特点。但是，将此作为宋代教育的唯一特点，则是不正确的。所谓特点，是一事物与另一事物相比较而言的。由于人们看问题的角度不同，同一事物会呈现出不同的特点。就宋代教育而言，其特点是多方面的。从教育的内容和教学方法的角度看，"道德培养与能力培养并重"也是宋代教育的一个特点。这一特点是相对于明清学校教育而言的。

其次，我们看第25题：

中国劳动人民不仅创造了完美的园林艺术，而且善于吸收国外建筑艺术成就。被誉为"万园之园"的圆明园，荟萃了东西方建筑艺术的精华。下图

---

① 本文发表于2001年海南《考试报》649期。后又收入陕西师大主编的《中学历史教学参考》2001年第8期"众说纷纭话命题"之中。

所示建筑表现的艺术风格是：

    A. 巴洛克   B. 洛可可   C. 哥特式   D. 罗马式

    本题所给答案为 A。就圆明园建筑艺术风格而言，本题所给答案是正确的。应该说，本题立意很好。它考查了学生在理解和掌握《世界近代现代史》上册第五章第三节"艺术"中有关巴洛克艺术特点的基础上，运用这一知识分析和解决具体问题的能力，且实现了中外历史的有机综合。然而，问题在于，仅就试题提供的图片学生是无法判断出圆明园的建筑风格是巴洛克艺术的。因为，有关巴洛克艺术教材正文是这样叙述的："17 世纪，巴洛克艺术在欧洲兴起。这和当时西班牙、法国确立强大的封建君主专制统治有关。巴洛克式的风格正符合这种统治的要求：显示威严和力量。"接着，小字体补充说："巴洛克艺术最初起源于意大利，但兴盛于 17 世纪的法国。17世纪，意大利开始流行巨大的、沉重的、怪异的建筑，柱子粗大，屋顶安置许多雕像，使人产生豪华感。……"然而，该图圆明园某建筑遗址所示，并不能体现出巴洛克艺术"巨大、沉重、怪异""威严和力量"这些特点。因此，依据教材所述巴洛克建筑艺术特点和试题所给图片，学生是无法判断出正确答案的。事实上，文科综合能力测试一结束，考生纷纷向历史教师求教。虽然，也有少数考生做对了，但基本上是瞎猜出来的。几乎没有学生是经过严密思考得出的答案。从这一角度讲，这一命题是失败的。

《堂吉诃德》没有"歌颂反抗
斗争精神"吗?①

2006年普通高等学校招生全国统一考试文科综合能力测试Ⅰ第23题是这样的:

在14—17世纪的欧洲和中国都产生了许多脍炙人口的文学作品。其中《堂吉诃德》和《水浒传》的相同之处是:

A. 歌颂反抗斗争精神　　　　B. 揭露社会的黑暗

C. 推崇人文主义　　　　　　D. 反映了资本主义萌芽发展的要求

本题所提供的正确答案是B。事实上,选项"A. 歌颂反抗斗争精神"也是正确答案。其理由如下:

第一,现行高中《中国古代史》教材第144页关于《水浒传》的介绍明确指出:"它描写北宋末年宋江领导的农民起义,塑造了许多被逼上梁山的英雄好汉形象,歌颂了农民的斗争精神。"因此,《水浒传》"歌颂反抗斗争精神"是没有问题的,是符合选项A的要求的。现在关键的问题是《堂吉诃德》是否"歌颂了反抗斗争精神"。

第二,《堂吉诃德》没有歌颂反抗斗争精神吗?首先,与现行高中《世界近代现代史》上册配套的《世界近代现代史上册·教师教学用书》第28页明确指出:"(《堂吉诃德》)歌颂了西班牙人民渴望自由、追求真理、反抗压迫的崇高品质。"其次,有关《堂吉诃德》的这类评价,也体现在不少历史著作中或其他书评中:①朱寰主编的中央广播电视大学教材《世界简

---

① 本文是当年高考结束之后,就试题存在的问题有感而发,并在一些高考研讨会上以报告的形式交流。

史》第 259 页中明确指出："这部作品……讽刺旧贵族、旧制度、旧道德，歌颂西班牙人民热爱自由、追求真理、向往自由平等的美好生活。这是塞万提斯人文主义思想的表现。"②刘明翰等编写的《外国历史常识》第 382 页中写道："作品反封建的进步倾向是十分鲜明的。"③陈应祥、马家骏、石丽生主编的《外国文学》第 195 页中明确指出："作者多次借堂吉诃德的口咒骂了他所处的时代是'多灾多难的时世'，是'万恶的时代'，表达了他反封建专制、向往自由幸福的人文主义理想。"第 198 页中又写道："塞万提斯在嘲笑骑士制度的同时，又把改革社会的希望寄托在过时的理想化的骑士身上，企图通过令人发笑的喜剧性人物形象，向西班牙专制制度及社会上的种种腐朽罪恶现象进行斗争。"不用再多地列举，《堂吉诃德》"歌颂了反抗精神"是没有疑问的。同样，选项 A 是正确答案也是没有疑问的。

我们天天在喊素质教育，天天要求学生不要唯书是从，可是我们的高考命题，实在有点让那些推行素质教育的教师寒心，更让学生寒心。一个选择题是 4 分，敢于不唯书的学生得到的结果是少了"要命"的 4 分，有些学生可能因此与重点大学无缘，有些学生也可能因这一原因而名落孙山。这一题给我们的深刻教训是：命题者千万不要局限于教材，不要以为教材中没有的事实上就不存在。要知道，考生的命运可掌握在你们手中哦！